Die Regulierung der Vorstandsvergütung in börsennotierten Unternehmen

Europäische Hochschulschriften Recht

European University Studies in Law

Publications Universitaires Européennes de Droit

Band/Volume **6175**

Philipp Ulrich Keinath

Die Regulierung der Vorstandsvergütung in börsennotierten Unternehmen

Eine Untersuchung der Regulierungsgründe und Regulierungsinstrumente

PETER LANG

Bibliografische Information der Deutschen Nationalbibliothek
Die Deutsche Nationalbibliothek verzeichnet diese Publikation in der Deutschen Nationalbibliografie; detaillierte bibliografische Daten sind im Internet über http://dnb.d-nb.de abrufbar.

Zugl.: Tübingen, Univ., Diss., 2019

Stiftung
Landesbank Baden-Württemberg

Die Drucklegung der Dissertation wurde gefördert von der Stiftung Landesbank Baden-Württemberg.

Gedruckt auf alterungsbeständigem, säurefreiem Papier.
Druck und Bindung: CPI books GmbH, Leck

D 21
ISSN 0531-7312
ISBN 978-3-631-81834-3 (Print)
E-ISBN 978-3-631-82515-0 (E-PDF)
E-ISBN 978-3-631-82516-7 (EPUB)
E-ISBN 978-3-631-82517-4 (MOBI)
DOI 10.3726/b17087

Diese Publikation wurde begutachtet.

www.peterlang.com

Vorwort

Die vorliegende Untersuchung wurde vom Fachbereich Rechtswissenschaft der Eberhard-Karls-Universität Tübingen im Sommersemester 2019 als Dissertation angenommen. Die mündliche Prüfung fand am 8. Juli 2019 statt. Für die Veröffentlichung sind Rechtsprechung und Literatur bis Ende des Jahres 2019 berücksichtigt worden.

Danken möchte ich an erster Stelle meinem akademischen Lehrer, Herrn Professor Dr. Jens-Hinrich Binder LL.M. (London). Er hat nicht nur umgehend das Erstgutachten erstellt, sondern die Arbeit stets umfassend gefördert.

Des Weiteren danke ich meinem Tutor, Herrn Professor Dr. Michael Arnold, der mich während meiner Dissertation im Rahmen meiner Tätigkeit bei der Sozietät Gleiss Lutz fortlaufend unterstützt und für mich hervorragende Arbeitsbedingungen geschaffen hat. In diesem Zusammenhang danke ich auch der Sozietät Gleiss Lutz für die spannende und abwechslungsreiche promotionsbegleitende Tätigkeit in der gesellschaftsrechtlichen Beratungspraxis, bei der ich viel lernen durfte und die aufgrund der vielen praktischen Einblicke auch für die vorliegende Arbeit förderlich war.

Herrn Professor Dr. Hermann Reichold danke ich für die Übernahme und zügige Erstellung des Zweitgutachtens, Herrn Dr. Philipp Maximilian Holle für viele anregende Diskussionen und Frau Ulrike Wall für die Durchsicht meiner Arbeit.

Nicht zuletzt gilt mein ganz herzlicher Dank meiner Familie, insbesondere meinen Eltern Monika und Armin, die mich während des Studiums und der Promotion auf vielfältige Weise unterstützt haben und stets ein Rückhalt waren.

Meinen Eltern ist die Arbeit gewidmet.

Stuttgart, im Dezember 2019
Philipp Keinath

Inhaltsverzeichnis

Abkürzungsverzeichnis

a.A.	andere(r) Ansicht
Abl.	Amtsblatt
Abs.	Absatz
a.E.	am Ende
a.F.	alte Fassung
AG	(Die) Aktiengesellschaft / Amtsgericht
AktG	Aktiengesetz
a.M.	am Main
Am. Econ. Rev.	American Economic Review
Anm.	Anmerkung
AR	Der Aufsichtsrat
ArbHdb.	Arbeitshandbuch
Art.	Artikel
BaFin	Bundesanstalt für Finanzdienstleistungsaufsicht
BB	Betriebs-Berater
Bd.	Band
BFS	Boos/Fischer/Schulte-Mattler
BFuP	Betriebswirtschaftliche Forschung und Praxis
BGB	Bürgerliches Gesetzbuch
BGBl.	Bundesgesetzblatt
BGH	Bundesgerichtshof
BGHSt	Entscheidungen des Bundesgerichtshof in Strafsachen
BGHZ	Entscheidungen des Bundesgerichtshof in Zivilsachen
BMF	Bundesministerium der Finanzen
BT	Bundestag
BT-Drs.	Drucksachen des Deutschen Bundestages
BVerfGE	Entscheidungen des Bundesverfassungsgerichts
CCZ	Corporate Compliance Zeitschrift
CF	Corporate Finance
Corp. Ownership & Control	Corporate Ownership & Control
DAV	Deutscher Anwaltverein
DB	Der Betrieb

DCGK	Deutscher Corporate Governance Kodex
Del. J. Corp. L.	Delaware Journal of Corporate Law
DIHK	Deutscher Industrie- und Handelskammertag e.V.
Diss.	Dissertation
DJ	Deutsche Justiz
DR	Deutsches Recht
DStR	Deutsches Steuerrecht
EBA	European Banking Authority
EBOR	European Business Organization Law Review
ECFR	European Company and Financial Law Review
Einl.	Einleitung
endg.	endgültig
Eur. Fin. Mgmt.	European Financial Management
EuZW	Europäische Zeitschrift für Wirtschaftsrecht
e.V.	eingetragener Verein
f.	folgende
F.A.Z.	Frankfurter Allgemeine Zeitung
ff.	fortfolgende
Fin. Rev.	Financial Review
Fn.	Fußnote
FS	Festschrift
FSB	Financial Stability Board
FSF	Financial Stability Forum
gem.	gemäß
Geo. L.J.	Georgetown Law Journal
GG	Grundgesetz
GmbHR	GmbH-Rundschau
Großkomm AktG	Großkommentar Aktiengesetz
GVwR	Grundlagen des Verwaltungsrechts
GWR	Gesellschafts- und Wirtschaftsrecht
Habil.	Habilitationsschrift
Harv. Bus. Rev.	Harvard Business Review
Hdb.	Handbuch
HGB	Handelsgesetzbuch
Hrsg. / hrsg.	Herausgeber / herausgegeben
Hs.	Hauptsatz

IMF	International Monetary Fund
Indus. & Lab. Rel. Rev.	Industrial and Labor Relations Review
InsO	Insolvenzordnung
InstitutsVergV	Institutsvergütungsverordnung
IRZ	Zeitschrift für Internationale Rechnungslegung
J. Acct. & Econ.	Journal of Accounting and Economics
J. Corp. L.	Journal of Corporation Law
J. Econ. Lit.	Journal of Economic Literature
J. Econ. Persp.	Journal of Economic Perspectives
J. Fin.	Journal of Finance
J. Fin. Econ.	Journal of Finance Economics
Jg.	Jahrgang
J.L. & Econ.	Journal of Law and Economics
J. Manag. Inq.	Journal of Management Inquiry
J. Pol. Econ.	Journal of Political Economy
JuS	Juristische Schulung
JW	Juristische Wochenzeitung
JZ	Juristenzeitung
Kap.	Kapitel
KK-AktG	Kölner Kommentar zum Aktiengesetz
KWG	Gesetz über das Kreditwesen
LG	Landgericht
lit.	Buchstabe
MA	Massachusetts
Mitbegr.	Mitbegründer
MüKoAktG	Münchener Kommentar zum Aktiengesetz
MüKoBGB	Münchener Kommentar zum Bürgerlichen Gesetzbuch
MüKoHGB	Münchener Kommentar zum Handelsgesetzbuch
n.F.	neue Fassung
NJOZ	Neue Juristische Online-Zeitschrift
NJW	Neue Juristische Wochenschrift
Nomos-BR	NomosBundesrecht
Nr.	Nummer
NStZ	Neue Zeitschrift für Strafrecht

NZA	Neue Zeitschrift für Arbeitsrecht
NZG	Neue Zeitschrift für Gesellschaftsrecht
OLG	Oberlandesgericht
Oxf. Rev. Econ. Pol.	Oxford Review of Economic Policy
Q. J. Econ.	Quarterly Journal of Economics
RdA	Recht der Arbeit
Rev. Fin.	Review of Finance
RGBl.	Reichsgesetzblatt
RGZ	Entscheidungen des Reichsgerichts in Zivilsachen
RIW	Recht der Internationalen Wirtschaft
RL	Richtlinie
Rn.	Randnummer
S.	Seite
SAG	Gesetz zur Sanierung und Abwicklung von Instituten und Finanzgruppen
Sec.	Section
SJZ	Schweizerische Juristen-Zeitung
sog.	sogenannte(r/s)
Stetson L. Rev.	Stetson Law Review
S.Z.	Süddeutsche Zeitung
u.a.	und andere
UCLA L. Rev.	University of California, Los Angeles Law Review
UMAG	Gesetz zur Unternehmensintegrität und Modernisierung des Aktienrechts
UNSW L.J.	University of New South Wales Law Journal
US	Vereinigte Staaten
USA	Vereinigte Staaten von Amerika
U. Toronto L.J.	University of Toronto Law Journal
v.	von / vor
VAG	Versicherungsaufsichtsgesetz
Vand. L. Rev.	Vanderbilt Law Review
Verh. d. BT	Verhandlungen des Deutschen Bundestages
VersR	Versicherungsrecht
VersVergV	Versicherungsvergütungsverordnung

vgl.	vergleiche
VO	Verordnung
Vorb.	Vorbemerkung
VorstAG	Gesetz zur Angemessenheit der Vorstandsvergütung
VorstKoG	Gesetzes zur Verbesserung der Kontrolle der Vorstandsvergütung und zur Änderung weiterer aktienrechtlicher Vorschriften
VorstOG	Gesetz über die Offenlegung der Vorstandsvergütungen
VW	Versicherungswirtschaft / Volkswagen
Wahlp.	Wahlperiode
WiSt	Wirtschaftswissenschaftliches Studium
WM	Wertpapier-Mitteilungen
WPg	Die Wirtschaftsprüfung
ZCG	Zeitschrift für Coporate Governance
ZfB	Zeitschrift für Betriebswirtschaft
ZfbF	Zeitschrift für betriebswirtschaftliche Forschung
ZGR	Zeitschrift für Unternehmens- und Gesellschaftsrecht
ZHR	Zeitschrift für das gesamte Handels- und Wirtschaftsrecht
ZIP	Zeitschrift für Wirtschaftsrecht
ZRP	Zeitschrift für Rechtspolitik
zugl.	zugleich

§ 1 Einleitung

I. Hintergrund der Untersuchung

Die Vergütungen von Vorstandsmitgliedern börsennotierter Unternehmen sorgen seit geraumer Zeit immer wieder für öffentliche Empörungen.[1] Das verwundert nicht, denn Vorstandsmitglieder erhalten Vergütungen, die das Einkommen eines gewöhnlichen Arbeitnehmers um ein Vielfaches übersteigen. Bestes Beispiel sind die rund 20 Millionen Euro, die *Bill McDermott* im Jahr 2017 für seine Tätigkeit als Vorstandsvorsitzender von SAP erhielt. Aber nicht nur die Höhe von Vorstandsvergütungen, sondern auch beträchtliche Abfindungszahlungen an ausgeschiedene Vorstandsmitglieder führen in der Öffentlichkeit zu Unverständnis.[2] Zuletzt war es die Abfindungszahlung an *Christine Hohmann-Dennhardt*, worüber sich die Öffentlichkeit empörte.[3] Diese musste ihr Amt als Vorstandsmitglied von VW im Zusammenhang mit dem Diesel-Skandal nach gerade einmal einjähriger Amtszeit niederlegen, erhielt dafür aber einen Betrag von über 12 Millionen Euro. Vor diesem Hintergrund ist es nachvollziehbar, dass das Verlangen nach einer Vergütungsregulierung für Vorstandsmitglieder in der Öffentlichkeit groß ist.

Die Gesetzgebung hat sich der Regulierung von Vorstandsvergütungen in börsennotierten Unternehmen in den letzten Jahren vermehrt angenommen. Auslöser waren Erkenntnisse über die Vergütungspraktiken in börsennotierten Unternehmen, die sich während der Aufarbeitung der Finanzkrise von 2008 offenbarten. Aufgrund dieser Erkenntnisse kam es auf internationaler und nationaler Ebene zu einer Regelungsflut. Dabei wurden nicht nur bestehende Vergütungsvorgaben reformiert, sondern es wurde auch eine Vielzahl von neuen Vergütungsvorschriften erlassen. Insgesamt führten die Regelungsinitiativen dazu, dass inzwischen zahlreiche Vorschriften existieren, die alle darauf abzielen, die Vergütungssysteme von Vorstandsmitgliedern börsennotierter Unternehmen zu regulieren.

---

1 Vgl. dazu etwa *Frühauf/Knop*, Ackermann und Jain liefern sich Gehaltsrennen, F.A.Z. vom 21.3.2012, S. 15; *Hank/Meck*, Millionen-Bonus für Winterkorn, F.A.Z. vom 10.4.2016, S. 1; *Neuscheler*, Der Gehaltsabstand wächst wieder, F.A.Z. vom 6.7.2018, S. 24.

2 Exemplarisch *Busse/Willmroth*, Wenn sich der Rauswurf auszahlt, S.Z. vom 12.4.2018, S. 15.

3 Siehe dazu *Germis/Knop*, Hohmann-Dennhardt erhält bis zu 15 Millionen Euro Abfindung, F.A.Z. vom 31.1.2017, S. 21; *Hägler*, Gut abgesichert, S.Z. vom 30.12.2017, S. 26.

Die Rechtswissenschaft ist bemüht, im Umgang mit den Vergütungsvorschriften für Klarheit zu sorgen. Im Schrifttum finden sich zahlreiche Beiträge, die versuchen, die oftmals weit gefassten Voraussetzungen der Vorschriften über die Vorstandsvergütungen auszulegen und inhaltlich auszufüllen. Zugleich wird eine Vielzahl von Empfehlungen und Anregungen darüber abgegeben, was sich an den Vorgaben der bestehenden Vergütungsvorschriften ändern müsste, um die Regulierung von Vorstandsvergütungen in börsennotierten Unternehmen zu verbessern. Grundlegende Fragen einer Regulierung von Vorstandsvergütungen, namentlich ob eine Vergütungsregulierung notwendig ist und welche der verschiedenen zur Verfügung stehenden Regulierungsinstrumente für eine Vergütungsregulierung zweckmäßig sind, bleiben dabei zumeist unberücksichtigt. Vor allem in der deutschsprachigen Literatur werden diese Fragen nur vereinzelt und oberflächlich thematisiert.[4] Eine gründliche Aufarbeitung fehlt. In diese Lücke soll die vorliegende Arbeit stoßen und der Frage nachgehen, inwieweit es notwendig ist, Vorstandsvergütungen in börsennotierten Unternehmen zu regulieren und welche Regulierungsinstrumente sich hierfür eignen.

II. Gegenstand und Gang der Untersuchung

Um die Aufgabenstellung mit dem nötigen Tiefgang untersuchen zu können, ist es zunächst erforderlich, sich die Entwicklung der Vorschriften über die Vorstandsvergütung und die damit jeweils verfolgten Regelungsziele vor Augen zu führen. Daher werden im ersten Teil der Arbeit die Entwicklung und Hintergründe der allgemein geltenden aktienrechtlichen Vergütungsvorschriften (§ 2) sowie der besonderen, speziell im Finanzsektor geltenden Vergütungsvorschriften (§ 3) dargestellt.

Teil zwei der Arbeit widmet sich zunächst der Frage, ob und weshalb es notwendig ist, Vorstandsvergütungen in börsennotierten Unternehmen zu regulieren. Ausgangspunkt ist dabei zunächst die Binnenstruktur der Aktiengesellschaft und die Frage, inwieweit durch die Vergütung konkrete Verhaltensanreize gesetzt werden können (§ 4). Ausgehend hiervon wird untersucht, ob es nötig ist, dass der Gesetzgeber Einfluss auf die Ausgestaltung der zu setzenden Verhaltensanreize nimmt (§ 5). Ferner wird herausgearbeitet, ob sich vergütungsregulierende Maßnahmen damit rechtfertigen lassen, ein in der Öffentlichkeit herrschendes Ungerechtigkeitsempfinden zu beseitigen (§ 6). Anschließend

4 Explizit dieser Thematik angenommen haben sich bislang *Habersack*, NZG 2018, 127 ff.; *Raapke*, Regulierung der Vergütung, S. 3 ff.

wird untersucht, welche verfassungsrechtlichen Grenzen dem Gesetzgeber bei der Regulierung von Vorstandsvergütungen gesetzt sind. Dabei wird namentlich auf die grundrechtlich geschützte Freiheit eingegangen, Verträge nach eigenem Ermessen gestalten zu können (§ 7).

Teil drei der Arbeit beleuchtet die zur Verfügung stehenden Regulierungsinstrumente und deren Zweckmäßigkeit. Zunächst wird die Möglichkeit betrachtet, eine zahlenmäßige Höchstgrenze für die Vergütungen von Vorstandsmitgliedern festzuschreiben (§ 8). Anschließend richtet sich der Blick darauf, wie der Gesetzgeber auf die Struktur der Vorstandsvergütung Einfluss nehmen könnte (§ 9). In einem weiteren Schritt wird untersucht, wie die Kompetenzen der Organe bei der Festsetzung der Vorstandsvergütung verteilt werden sollten (§ 10). Ferner wird herausgearbeitet, inwieweit eine Pflicht, Vorstandsvergütungen offenzulegen, ein geeignetes Mittel zur Regulierung darstellt (§ 11).

Der vierte und letzte Teil der Arbeit befasst sich mit nachträglichen Eingriffsmitteln und Sanktionen. Konkret wird untersucht, inwieweit sich nachträgliche Eingriffe in bestehende Vorstandsverträge dazu eignen, auf die Ziele hinzuwirken, die mit einer Vergütungsregulierung verfolgt werden. Dabei lässt sich unterscheiden zwischen einer gesellschaftsinternen Herabsetzung von Vorstandsvergütungen (§ 12) und behördlichen Anordnungsbefugnissen gegenüber börsennotierten Unternehmen (§ 13). Schließlich wird gefragt, ob sich Sanktionen dazu eignen, regulierend auf Vorstandsvergütungen einzuwirken (§ 14). Die Arbeit endet mit einer Zusammenstellung der Untersuchungsergebnisse.

1. Teil Entwicklung der Vergütungsvorschriften und Hintergründe

§ 2 Aktienrecht

I. Erstmalige Regulierung der Vorstandsvergütung

1. Weltwirtschaftskrise von 1929 bis 1931 als Auslöser

Auslöser der bis heute andauernden Diskussionen über eine Vergütungsregulierung im Aktiengesetz waren Auswirkungen der von 1929 bis 1931 andauernden Weltwirtschaftskrise.[5] Zahlreiche Unternehmen fielen in den Konkurs oder befanden sich in einer finanziellen Notlage. Aufgrund der negativen wirtschaftlichen Entwicklung kam es in Deutschland dazu, dass das geltende Recht den wirtschaftlichen Gegebenheiten nicht mehr gerecht wurde.[6] Der damalige Gesetzgeber sah akuten Handlungsbedarf und suchte die bestehende Rechtslage anhand von Notverordnungen möglichst schnell an die wirtschaftliche Realität anzupassen.[7] Ziel war es, eine Grundlage für den Wiederaufbau der deutschen Wirtschaft zu schaffen und diese vor einem endgültigen Niedergang zu bewahren.[8] In diesem Zusammenhang rückten erstmals auch die Dienstvergütungen[9] in den Unternehmen in den Fokus des Gesetzgebers. Denn die finanziell Not leidenden Unternehmen waren mit den beträchtlichen, vor der Weltwirtschaftskrise vereinbarten Dienstvergütungen schlichtweg überfordert.[10] Um zu verhindern, dass hohe Dienstvergütungen finanziell Not leidende Unternehmen wirtschaftlich zugrunde richteten, stellte der damalige Gesetzgeber mit dem Erlass der Notverordnung vom 6. Oktober 1931[11] erstmals Bestimmungen auf,

---

5 Vgl. RGZ 141, 150, 152; *Klausing*, Reform des Aktienrechts, S. 167; *Koehler* in Teichmann/Koehler, AktG, § 78 Anm. 2a; *Nörr*, ZHR 150 (1986), 155, 166; *Vogels*, JW 1931, 3644 ff.

6 Vgl. *Klausing*, Reform des Aktienrechts, S. 18, 27; *Maltschew* in Bayer/Habersack (Hrsg.), Aktienrecht im Wandel, Bd. I, Kap. 14 Rn. 6; *Quassowski*, JW 1930, 2618.

7 *Maltschew* in Bayer/Habersack (Hrsg.), Aktienrecht im Wandel, Bd. I, Kap. 14 Rn. 11; *Nörr*, ZHR 150 (1986), 155, 166.

8 *Quassowski*, JW 1930, 2618.

9 Siehe zur Terminologie Dritte Verordnung des Reichspräsidenten zur Sicherung von Wirtschaft und Finanzen und zur Bekämpfung politischer Ausschreitungen vom 6.10.1931, 5. Teil, Kap. 3, RGBl. I S. 537, 557; RGZ 141, 150, 152; RGZ 148, 81, 87.

10 Vgl. RGZ 141, 150, 152; RGZ 148, 81, 87; *Hüffer* in Bayer/Habersack (Hrsg.), Aktienrecht im Wandel, Bd. II, Kap. 7 Rn. 56; *Vogels*, JW 1931, 3644, 3645.

11 Dritte Verordnung des Reichspräsidenten zur Sicherung von Wirtschaft und Finanzen und zur Bekämpfung politischer Ausschreitungen vom 6.10.1931, 5. Teil, Kap. 3, RGBl. I S. 537, 557 f.

die es Dienstherren ermöglichten, Dienstvergütungen nachträglich herabzusetzen.[12] Die Voraussetzungen für eine Herabsetzung waren, dass Dienstvergütungen vor dem Erlass der Notverordnung vereinbart worden waren, diese mit Rücksicht auf die nun bestehende Geschäfts- oder Vermögenslage des Unternehmens als übermäßig hoch anzusehen waren und deren Weitergewährung dem Dienstberechtigten deshalb nach Treu und Glauben nicht mehr zugemutet werden konnte.

Nach dem Erlass der Notverordnung wurden vergütungsregulierende Vorschriften nun auch Gegenstand aktienrechtlicher Reformüberlegungen.[13] Hintergrund waren Missstände, die der damalige Gesetzgeber in der herrschenden Vergütungspraxis ausgemacht hatte. Zum einen gab die enorme Vergütungshöhe mancher Vorstandsmitglieder Anlass zu der Annahme, dass Vorstandsmitglieder sich lieber selbst bereicherten, als die eigentlichen Unternehmensziele zu verfolgen,[14] zum anderen wurden Vorstandsbezüge oftmals selbst dann ausgezahlt, wenn sich eine Gesellschaft bereits in einer wirtschaftlichen Notlage befand und ihr der Konkurs drohte.[15] Um diesen Missständen zu begegnen, diskutierten zunächst die Mitglieder des vorläufigen Reichswirtschaftsrats die Aufnahme einer nachträglichen Herabsetzungsmöglichkeit ins Aktiengesetz.[16] Im Jahr 1933 ergriffen die Nationalsozialisten die Macht und trieben die Aktienrechtsreform weiter voran. Dabei erstreckten sich die Überlegungen neben einer Herabsetzungsvorschrift auch auf die Aufnahme einer allgemeinen Vorschrift, die Vorstandsbezüge in erträglichen Grenzen halten sollte.[17] Diese Reformüberlegungen

---

12 *Koch,* WM 2010, 49; *Koehler* in Teichmann/Koehler, AktG, § 78 Anm. 2a.

13 Vgl. die Protokolle der Verhandlungen des Arbeitsausschusses des Vorläufigen Reichswirtschaftsrats, abgedruckt bei Schubert/Hommelhoff (Hrsg.), Die Aktienrechtsreform am Ende der Weimarer Republik, 101 ff.

14 *Napthali,* Protokolle der Verhandlungen des Arbeitsausschusses des Vorläufigen Reichswirtschaftsrats, abgedruckt bei Schubert/Hommelhoff (Hrsg.), Die Aktienrechtsreform am Ende der Weimarer Republik, 101, 197 f.

15 *Eggert,* Protokolle der Verhandlungen des Arbeitsausschusses des Vorläufigen Reichswirtschaftsrats, abgedruckt bei Schubert/Hommelhoff (Hrsg.), Die Aktienrechtsreform am Ende der Weimarer Republik, 101, 170 f.; *Schlegelberger/Quassowski,* AktG, § 78 Rn. 1.

16 Protokolle der Verhandlungen des Arbeitsausschusses des Vorläufigen Reichswirtschaftsrats, abgedruckt bei Schubert/Hommelhoff (Hrsg.), Die Aktienrechtsreform am Ende der Weimarer Republik, 101, 170 ff., 198 f., 246, 255, 696, 709.

17 Vgl. die Protokolle des Aktienrechtsausschusses der Akademie für Deutsches Recht, abgedruckt bei Schubert/Schmid/Regge (Hrsg.), Akademie für Deutsches Recht 1933–1945, Bd. I, S. 223 ff., 332 ff.

dürften auch durch die nationalsozialistische Ideologie beeinflusst worden sein. Denn nach dem im Nationalsozialismus herrschenden Grundsatz „Gemeinnutz geht vor Eigennutz" sollte die Wirtschaft eine der Volksgemeinschaft dienende Funktion einnehmen und Individualinteressen sollten zugunsten des Allgemeininteresses weichen.[18] Bekräftigt wurden die Reformüberlegungen zur Aufnahme einer Vergütungsregulierung ins Aktiengesetz schließlich durch die Rechtsprechung des Reichsgerichts. Denn dieses setzte der anhaltenden Diskussion über die allgemeine Möglichkeit einer Vergütungsherabsetzung in Krisenzeiten einer Gesellschaft ein Ende und leitete eine solche aus dem Grundsatz von Treu und Glauben ab.[19]

2. Aufnahme von Grundsätzen über die Bezüge von Vorstandsmitgliedern ins Aktiengesetz von 1937

Im Ergebnis führten die auf eine Vergütungsregulierung abzielenden Reformbestrebungen dazu, dass der Gesetzgeber mit der Einführung des Aktiengesetzes von 1937[20] erstmals Grundsätze über die Bezüge von Vorstandsmitgliedern in Aktiengesellschaften aufstellte.[21] Gemäß § 78 Abs. 1 AktG 1937[22] hatte der Aufsichtsrat dafür zu sorgen, dass die Gesamtbezüge eines Vorstandsmitglieds in einem angemessenen Verhältnis zu den Aufgaben des Vorstandsmitglieds und zur Lage der Gesellschaft standen. Der Begriff „Gesamtbezüge" war weit auszulegen und bezog sich auf sämtliche Leistungen, die ein Vorstandsmitglied mit Rücksicht auf seine Tätigkeit von der Gesellschaft erhielt.[23] Erfasst wurden unter anderem das Gehalt, Gewinnbeteiligungen, Provisionen und Nebenleistungen jeder Art, wie die nicht abschließende Aufzählung in § 78 Abs. 1 AktG 1937 klarstellte.

---

18 *Buchner* in Rottleuthner (Hrsg.), Recht, Rechtsphilosophie und Nationalsozialismus, 92; *Buwert,* DR 1935, 67; *Geßler*, JW 1937, 497, 500; *Goette,* FS Hopt, 689, 693; *Herrmann/Nitsch,* Die Wirtschaft im Nationalsozialistischen Weltbild, S. 30 f.; *Hitler,* DR 1937, 45, 46 f.; *Reupke,* Der Nationalsozialismus und die Wirtschaft, S. 28 ff.

19 RGZ 148, 81, 90 ff.

20 Gesetz über Aktiengesellschaften und Kommanditgesellschaften auf Aktien (Aktiengesetz) vom 30.1.1937, RGBl. I S. 107.

21 Amtliche Begründung zu § 78 AktG 1937, abgedruckt bei *Klausing,* Aktiengesetz, S. 64 f.; *Fleischer* in Spindler/Stilz, AktG, § 87 Rn. 2; *Geßler*, JW 1937, 497, 499; *Herbig/Geßler/Hefermehl,* DJ 1937, 184, 186; *Schlegelberger/Quassowski,* AktG, § 78 Rn. 1.

22 § 78 des Gesetzes über Aktiengesellschaften und Kommanditgesellschaften auf Aktien (Aktiengesetz) vom 30.1.1937, RGBl. I S. 107, 121.

23 *Schlegelberger/Quassowski,* AktG, § 78 Rn. 3.

Ferner sah § 78 Abs. 2 AktG 1937 eine Möglichkeit vor, Vorstandsbezüge in Krisenzeiten einer Gesellschaft auf ein angemessenes Maß herabzusetzen. Voraussetzung war eine so wesentliche Verschlechterung in den Verhältnissen der Gesellschaft, dass die Weitergewährung der Vorstandsbezüge eine schwere Unbilligkeit für die Gesellschaft sein würde. Sah der Aufsichtsrat diese Voraussetzung nach pflichtgemäßer Prüfung als erfüllt an, war er dazu verpflichtet, die Bezüge von Vorstandsmitgliedern herabzusetzen.[24] Setzte der Aufsichtsrat die Bezüge von Vorstandsmitgliedern herab, ließ das den Anstellungsvertrag der Vorstandsmitglieder im Übrigen unberührt. Um Vorstandsmitglieder bei einer Herabsetzung jedoch nicht schutzlos zu stellen, konnten diese ihren Anstellungsvertrag gemäß § 78 Abs. 2 AktG 1937 zum Schluss des nächsten Kalendervierteljahres mit einer Frist von sechs Wochen kündigen.

II. Übernahme der wesentlichen Anforderungen in das Aktiengesetz von 1965

Bei der anschließenden Aktienrechtsreform im Jahr 1965 hielt der damalige Gesetzgeber an den Grundsätzen über die Bezüge von Vorstandsmitgliedern fest und übernahm diese ohne wesentliche Änderungen ins Aktiengesetz von 1965[25].[26] Was sich lediglich änderte, war die Stellung der Grundsätze über die Bezüge von Vorstandsmitgliedern im Aktiengesetz. Diese lassen sich seither nicht mehr § 78 AktG, sondern § 87 AktG entnehmen.[27]

III. Einführung des Gesetzes über die Offenlegung der Vorstandsvergütung 2005

Die nächste gesetzliche Änderung im Zusammenhang mit der Vorstandsvergütung erfolgte erst im Jahr 2005. Mit der Einführung des Gesetzes über die Offenlegung der Vorstandsvergütungen (VorstOG)[28] verschärfte der damalige Gesetzgeber die Transparenzvorschriften für börsennotierte

---

24 *Schlegelberger/Quassowski,* AktG, § 78 Rn. 12.

25 Aktiengesetz vom 6.9.1965, BGBl. I S. 1089.

26 *Fleischer* in Spindler/Stilz, AktG, § 87 Rn. 2; *Spindler* in MüKoAktG, § 87 Rn. 6; *van Kann/Keiluweit,* DStR 2009, 1587; zu den Änderungen siehe *Kort* in Großkomm AktG, § 87 Rn. 12 f.

27 *Kort* in Großkomm AktG, § 87 Rn. 9; *Spindler* in MüKoAktG, § 87 Rn. 6.

28 Gesetz über die Offenlegung der Vorstandsvergütungen (Vorstandsvergütungs-Offenlegungsgesetz – VorstOG) vom 3.8.2005, BGBl. I S. 2267.

Aktiengesellschaften. Es genügte nicht mehr, die Bezüge aller Vorstandsmitglieder in ihrer Gesamtheit in den Jahresbericht aufzunehmen. Vielmehr wurden börsennotierte Aktiengesellschaften gemäß § 285 Nr. 9 lit. a HGB a.F.[29] dazu verpflichtet, die Gesamtbezüge eines jeden Vorstandsmitglieds individualisiert im Jahresbericht offenzulegen.[30]

Durch diese Änderung erfolgte eine Angleichung an internationale Standards.[31] Ferner handelte es sich um eine Reaktion des Gesetzgebers auf die Weigerung zahlreicher Aktiengesellschaften, der unverbindlichen Empfehlung des Deutschen Corporate Governance Kodex Folge zu leisten,[32] Vorstandsvergütungen individualisiert offenzulegen.[33] Hintergrund der Reform war nicht etwa ein Informationswunsch der Öffentlichkeit, sondern die Vergütungs- und Kontrollhierarchie in der Aktiengesellschaft:[34] Nach der Gesetzesbegründung wird der Aufsichtsrat in seiner Funktion als zuständiges Organ für die Festsetzung der Vorstandsvergütung durch die Hauptversammlung überwacht.[35] Um diese Überwachungsaufgabe ordnungsgemäß wahrnehmen zu können, reiche es jedoch nicht aus, wenn die Hauptversammlung lediglich die Gesamtvergütung des Vorstands einsehen könne. Denn nur, wenn Vorstandsvergütungen individualisiert offengelegt würden, könne die Hauptversammlung hinreichend prüfen, ob die vom Aufsichtsrat festgesetzten Vorstandsvergütungen den einzelnen Leistungen von Vorstandsmitgliedern entsprächen.[36] Sinn und Zweck der

---

29 Nunmehr inhaltsgleich in § 162 Abs. 2 AktG geregelt.

30 *Kort* in Großkomm AktG, § 87 Rn. 24 f.; *Leuering,* NZG 2005, 945; *Spindler,* NZG 2005, 689; *Thüsing,* ZIP 2005, 1389; *van Kann,* DStR 2005, 1496.

31 *Thüsing,* ZIP 2005, 1389; *van Kann,* DStR 2005, 1496.

32 Ziffer 4.2.4. Satz 2 des Deutschen Corporate Governance Kodex in der Fassung vom 21.5.2003.

33 Beschlussempfehlung und Bericht des Rechtsausschusses zum Entwurf eines Gesetzes über die Offenlegung der Vorstandsvergütungen (Vorstandsvergütungs-Offenlegungsgesetz – VorstOG) vom 29.6.2005, BT-Drs. 15/5860, S. 9; *Fleischer,* DB 2005, 1611; *Spindler,* NZG 2005, 689, 690; *van Kann,* DStR 2005, 1496.

34 Abgeordnetenentwurf eines Gesetzes über die Offenlegung der Vorstandsvergütungen (Vorstandsvergütungs-Offenlegungsgesetz – VorstOG) vom 31.5.2005, BT-Drs. 15/5577, S. 5.

35 Abgeordnetenentwurf eines Gesetzes über die Offenlegung der Vorstandsvergütungen (Vorstandsvergütungs-Offenlegungsgesetz – VorstOG) vom 31.5.2005, BT-Drs. 15/5577, S. 5.

36 Abgeordnetenentwurf eines Gesetzes über die Offenlegung der Vorstandsvergütungen (Vorstandsvergütungs-Offenlegungsgesetz – VorstOG) vom 31.5.2005, BT-Drs. 15/5577, S. 5.

Pflicht, Vorstandsvergütungen individualisiert offenzulegen, war es somit, der Hauptversammlung die Einsicht in die einzelnen Vorstandsbezüge zu vereinfachen, damit die Hauptversammlung Vorstandsvergütungen auf ihre Angemessenheit im Sinne des § 87 Abs. 1 Satz 1 AktG prüfen kann.[37] Zugleich sollte die Reform den Anlegerschutz verbessern. Da seitdem Vorstandsvergütungen individualisiert mit dem für jedermann zugänglichen Jahresabschluss beziehungsweise Lagebericht offengelegt werden müssen,[38] können potenzielle Anleger die Bezüge von einzelnen Vorstandsmitgliedern bei ihrer Anlageentscheidung berücksichtigen.[39]

IV. Einführung des Gesetzes zur Angemessenheit der Vorstandsvergütung 2009

1. Reaktion auf die Finanzkrise von 2008

Auf das VorstOG folgte im Jahr 2009 das Gesetz zur Angemessenheit der Vorstandsvergütung (VorstAG)[40]. Das VorstAG war eine Reaktion des Gesetzgebers auf die Finanzkrise von 2008.[41] Auslöser für die Reform waren fehlerhafte Verhaltensanreize, die der Gesetzgeber in den Vergütungsstrukturen von Vorstandsmitgliedern ausmachte. Auf kurzfristigen Erfolg ausgerichtete Vergütungsbestandteile hätten dazu beigetragen, dass Vorstandsmitglieder den Blick auf ein langfristiges Unternehmenswachstum verloren und bereit waren,

---

37 Abgeordnetenentwurf eines Gesetzes über die Offenlegung der Vorstandsvergütungen (Vorstandsvergütungs-Offenlegungsgesetz – VorstOG) vom 31.5.2005, BT-Drs. 15/5577, S. 5; Beschlussempfehlung und Bericht des Rechtsausschusses zum Entwurf eines Gesetzes über die Offenlegung der Vorstandsvergütungen (Vorstandsvergütungs-Offenlegungsgesetz – VorstOG) vom 29.6.2005, BT-Drs. 15/5860, S. 9.

38 Abgeordnetenentwurf eines Gesetzes über die Offenlegung der Vorstandsvergütungen (Vorstandsvergütungs-Offenlegungsgesetz – VorstOG) vom 31.5.2005, BT-Drs. 15/5577, S. 5; *van Kann,* DStR 2005, 1496, 1497.

39 Abgeordnetenentwurf eines Gesetzes über die Offenlegung der Vorstandsvergütungen (Vorstandsvergütungs-Offenlegungsgesetz – VorstOG) vom 31.5.2005, BT-Drs. 15/5577, S. 6; Beschlussempfehlung und Bericht des Rechtsausschusses zum Entwurf eines Gesetzes über die Offenlegung der Vorstandsvergütungen (Vorstandsvergütungs-Offenlegungsgesetz – VorstOG) vom 29.6.2005, BT-Drs. 15/5860, S. 9.

40 Gesetz zur Angemessenheit der Vorstandsvergütung (VorstAG) vom 31.7.2009, BGBl. I S. 2509.

41 Vgl. Beschlussempfehlung und Bericht des Rechtsausschusses zum Entwurf eines Gesetzes zur Angemessenheit der Vorstandsvergütung (VorstAG) vom 17.6.2009, BT-Drs. 16/13433, S. 1.

unverantwortliche Risiken einzugehen.[42] Primäres Ziel des VorstAG war es daher, Anreize in der Vergütungsstruktur von Vorstandsmitgliedern zugunsten einer nachhaltigen und langfristigen Unternehmensführung zu stärken.[43] Ferner sollte es Aufsichtsräten in Krisenzeiten der Gesellschaft erleichtert werden, die Vergütungen von Vorstandsmitgliedern herabzusetzen.[44] Hintergrund war eine praktische Bedeutungslosigkeit der Herabsetzungsvorschrift.[45] Um dieser ein Ende zu setzen, sollten die Voraussetzungen für eine Herabsetzung klarer und schärfer gefasst werden.[46] Darüber hinaus wollte der Gesetzgeber Aufsichtsräten die Bedeutung der Vergütungsfestsetzung vor Augen halten und die Transparenz innerhalb des Aufsichtsrats bei der Vergütungsgestaltung verbessern.[47] Nicht zuletzt sollte Aktionären eine Kontrollmöglichkeit hinsichtlich des Vergütungssystems von Vorstandsmitgliedern eingeräumt werden.[48]

2. Reform der aktienrechtlichen Vergütungsvorschriften

Kernstück des VorstAG war die Änderung von § 87 AktG.[49] Bislang hatte der Aufsichtsrat bei der Festsetzung der Gesamtbezüge eines Vorstandsmitglieds gemäß § 87 Abs. 1 AktG dafür zu sorgen, dass diese in einem angemessenen Verhältnis

---

42 Beschlussempfehlung und Bericht des Rechtsausschusses zum Entwurf eines Gesetzes zur Angemessenheit der Vorstandsvergütung (VorstAG) vom 17.6.2009, BT-Drs. 16/13433, S. 1; Entwurf eines Gesetzes zur Angemessenheit der Vorstandsvergütung (VorstAG) der Fraktionen CDU/CSU und SPD vom 17.3.2009, BT-Drs. 16/12278, S. 1.

43 Beschlussempfehlung und Bericht des Rechtsausschusses zum Entwurf eines Gesetzes zur Angemessenheit der Vorstandsvergütung (VorstAG) vom 17.6.2009, BT-Drs. 16/13433, S. 1; Entwurf eines Gesetzes zur Angemessenheit der Vorstandsvergütung (VorstAG) der Fraktionen CDU/CSU und SPD vom 17.3.2009, BT-Drs. 16/12278, S. 1.

44 Entwurf eines Gesetzes zur Angemessenheit der Vorstandsvergütung (VorstAG) der Fraktionen CDU/CSU und SPD vom 17.3.2009, BT-Drs. 16/12278, S. 1.

45 *Diller*, NZG 2009, 1006; *Fleischer*, NZG 2009, 801, 804; *Klöhn*, ZGR 2012, 1, 4; *Martens*, ZHR 169 (2005), 124, 130; *Seibert*, WM 2009, 1489, 1490; *van Kann/Keiluweit*, DStR 2009, 1587, 1590; *Wagner/Wittgens*, BB 2009, 906, 909 f.

46 Entwurf eines Gesetzes zur Angemessenheit der Vorstandsvergütung (VorstAG) der Fraktionen CDU/CSU und SPD vom 17.3.2009, BT-Drs. 16/12278, S. 6; *Fleischer*, NZG 2009, 801, 803 f.; *Klöhn*, ZGR 2012, 1, 4; *Wagner/Wittgens*, BB 2009, 906, 910.

47 Entwurf eines Gesetzes zur Angemessenheit der Vorstandsvergütung (VorstAG) der Fraktionen CDU/CSU und SPD vom 17.3.2009, BT-Drs. 16/12278, S. 6.

48 Beschlussempfehlung und Bericht des Rechtsausschusses zum Entwurf eines Gesetzes zur Angemessenheit der Vorstandsvergütung (VorstAG) vom 17.6.2009, BT-Drs. 16/13433, S. 12.

49 *Bauer/Arnold*, AG 2009, 717.

zu den Aufgaben des Vorstandsmitglieds und zur Lage der Gesellschaft stehen. Das VorstAG ergänzte diese Angemessenheitsprüfung um zwei Kriterien.[50] Einerseits sind seither neben den Aufgaben ausdrücklich auch die Leistungen des Vorstandsmitglieds zu berücksichtigen, andererseits dürfen Vorstandsvergütungen die übliche Vergütung nicht ohne besondere Gründe übersteigen. Ebenfalls neu eingeführt wurde die Vorgabe, dass die Vergütungsstruktur von Vorstandsmitgliedern in börsennotierten Gesellschaften auf eine nachhaltige Unternehmensentwicklung auszurichten ist. Variable Vergütungsbestandteile sollen daher eine mehrjährige Bemessungsgrundlage haben. Zugleich soll der Aufsichtsrat bei variablen Vergütungsbestandteilen mit Vorstandsmitgliedern eine Begrenzungsmöglichkeit für außerordentliche Entwicklungen vereinbaren.

Neben § 87 Abs. 1 AktG wurde auch die Herabsetzungsvorschrift gemäß § 87 Abs. 2 AktG geändert. Bislang war der Aufsichtsrat zu einer angemessenen Herabsetzung berechtigt, wenn nach der Festsetzung der Vorstandsbezüge eine so wesentliche Verschlechterung in den Verhältnissen der Gesellschaft eingetreten war, dass die Weitergewährung der Vorstandsbezüge eine schwere Unbilligkeit für die Gesellschaft bedeutete.[51] Die Fassung des VorstAG verlangt hingegen lediglich eine Verschlechterung der Gesellschaftslage, wodurch die Weitergewährung der Vorstandsbezüge unbillig für die Gesellschaft wäre.[52] Ist diese Voraussetzung erfüllt, soll der Aufsichtsrat nach der Neufassung eine Herabsetzung vornehmen und ist nicht mehr nur dazu berechtigt. Eine weitere Änderung betraf den Umfang der Herabsetzung. Während Vorstandsbezüge bislang angemessen herabgesetzt werden konnten, dürfen diese seit der Einführung des VorstAG weiter, genauer gesagt auf die angemessene Höhe herabgesetzt werden. Der auf den ersten Blick nicht klar erkennbare Unterschied liegt darin, dass der Aufsichtsrat bei der Herabsetzung nicht mehr nur auf das die Unbilligkeit entfallende Maß beschränkt ist, sondern Vorstandsbezüge bis auf das angemessene Niveau im Sinne von § 87 Abs. 1 AktG kürzen kann.[53] Zusätzlich erweiterte das VorstAG den Herabsetzungsgegenstand. Neben der laufenden Vergütung

---

50 Vgl. *Bauer/Arnold,* AG 2009, 717, 718; *Hohenstatt,* ZIP 2009, 1349, 1350 f.; *Seibert,* WM 2009, 1489; *Thüsing,* AG 2009, 517, 518; *Wagner/Wittgens,* BB 2009, 906, 907.

51 *Bauer/Arnold,* AG 2009, 717, 725; *Bosse,* BB 2009, 1650, 1651; *Koch,* WM 2010, 49; *Wagner/Wittgens,* BB 2009, 906, 909.

52 Gesetz zur Angemessenheit der Vorstandsvergütung (VorstAG) vom 31.7.2009, BGBl. I S. 2509.

53 Entwurf eines Gesetzes zur Angemessenheit der Vorstandsvergütung (VorstAG) der Fraktionen CDU/CSU und SPD vom 17.3.2009, BT-Drs. 16/12278, S. 6.

können seither auch Ruhegelder, Hinterbliebenenbezüge und Leistungen verwandter Art herabgesetzt werden.

Durch die Einführung des VorstAG wurden neben § 87 AktG aber auch andere aktienrechtliche Vorschriften über die Vergütung von Vorstandsmitgliedern geändert. Mit § 120 Abs. 4 AktG a.F. wurde erstmals die Möglichkeit eines Vergütungsvotums der Hauptversammlung über das Vergütungssystem von Vorstandsmitgliedern (Say on Pay) ins Aktiengesetz aufgenommen. Zudem wurde die Entscheidung über die Festsetzung und Herabsetzung der Vorstandsvergütung gemäß § 107 Abs. 3 Satz 4 AktG a.F.[54] zwingend dem Aufsichtsratsplenum auferlegt und in § 116 Satz 3 AktG die Haftung des Aufsichtsrats für eine unangemessene Festsetzung von Vorstandsvergütungen betont.[55]

V. Deutscher Corporate Governance Kodex

1. Grundlagen

Neben den aktienrechtlichen Vorschriften geht auch der Deutsche Corporate Governance Kodex (DCGK)[56] auf die Vergütungen von Vorstandsmitgliedern ein. Ziel des DCGK ist, das deutsche Corporate Governance System transparent und nachvollziehbar zu machen. Dazu stellt der DCGK wesentliche gesetzliche Vorschriften zur Leitung und Überwachung von börsennotierten Gesellschaften dar und enthält international und national anerkannte Standards guter und verantwortungsvoller Unternehmensführung.[57] Inhaltlich können die Vorschriften des DCGK in drei Kategorien unterteilt werden. Neben Bestimmungen, die lediglich geltendes Recht deskriptiv wiedergeben oder erläutern, zählen dazu Empfehlungen (gekennzeichnet durch das Wort „soll“) und Anregungen

---

54 Nunmehr in § 107 Abs. 3 Satz 7 AktG geregelt.

55 Vgl. *Bosse*, BB 2009, 1650, 1653; DIHK, NZG 2009, 538, 539; *Fleischer*, NZG 2009, 801, 804; *Nikolay*, NJW 2009, 2640, 2645; *Seibert*, WM 2009, 1489, 1491; *Spindler*, NJOZ 2009, 3282, 3289; *van Kann/Keiluweit*, DStR 2009, 1587, 1591.

56 Deutscher Corporate Governance Kodex (DCGK) in der Fassung vom 7.2.2017; die Regierungskommission Deutscher Corporate Governance Kodex hat am 9.5.2019 eine neue Fassung des DCGK beschlossen, die erst nach entsprechender Anpassung an das am 1.1.2010 in Kraft getretene ARUG II die Fassung des DCGK vom 7.2.2017 ablösen soll, vgl. dazu www.dcgk.de.

57 Siehe Präambel des Deutschen Corporate Governance Kodex.

(gekennzeichnet durch die Wörter „sollte“ oder „kann“), die über die gesetzlichen Vorschriften hinausgehen.[58]

Zusammengestellt werden die Vorschriften des DCGK von der Regierungskommission Deutscher Corporate Governance Kodex, einem privaten Gremium ohne demokratische Legitimation.[59] Deshalb können die Empfehlungen und Anregungen des DCGK allein keine unmittelbaren Rechtspflichten gegenüber der Gesellschaft und deren Gesellschaftsorganen begründen.[60] Vielmehr handelt es sich um unverbindliche Verhaltensregeln, von denen die Gesellschaften nach Belieben abweichen können.[61] Verbindlich ist für die Gesellschaften jedoch § 161 Abs. 1 Satz 1 AktG. Danach müssen Vorstand und Aufsichtsrat jährlich eine Erklärung darüber abgeben, ob die Gesellschaft den Empfehlungen des DCGK Folge leistet. Sofern von einzelnen oder mehreren Empfehlungen des DCGK abgewichen wird, ist das in der Erklärung zu begründen („*comply or explain*“). Wenngleich die Empfehlungen und Anregungen des DCGK keine unmittelbare Bindungswirkung entfalten, erzeugt zumindest § 161 Abs. 1 Satz 1 AktG einen gewissen Befolgungsdruck.[62] Die jährlich von Vorstand und Aufsichtsrat abzugebende Entsprechenserklärung hält Vorstand und Aufsichtsrat dazu an, sich in regelmäßigen Abständen mit den Vorgaben des DCGK auseinanderzusetzen.[63] Denn weicht ein börsennotiertes Unternehmen von den Empfehlungen des DCGK ab, besteht unter anderem die Gefahr, dass dieses Unternehmen vom Kapitalmarkt abgestraft wird.[64]

---

58 *Goette* in MüKoAktG, § 161 Rn. 23; *Hölters* in Hölters, AktG, § 161 Rn. 5; *Vetter* in Henssler/Strohn, AktG, § 161 Rn. 3; *v. Werder* in Kremer/Bachmann/Lutter/v. Werder, DCGK, Rn. 143 ff.

59 *Baur/Holle,* NZG 2017, 170; *Hölters* in Hölters, AktG, § 161 Rn. 3; *Kiethe,* NZG 2003, 559, 560; *Spindler,* NZG 2011, 1007, 1008 f.; ausführlich *Goette* in MüKoAktG, § 161 Rn. 26 ff.

60 Vgl. BGHZ 180, 9 Rn. 26 ff. = NJW 2009, 2207; *Hölters* in Hölters, AktG, § 161 Rn. 3; 42; *Koch* in Hüffer/Koch, AktG, § 161 Rn. 3, 25.

61 *Goette* in MüKoAktG, § 161 Rn. 1, 24; *Hölters* in Hölters, AktG, § 161 Rn. 3, 6; *Kiethe,* NZG 2003, 559; *Vetter* in Henssler/Strohn, AktG, § 161 Rn. 7.

62 Vgl. *Goette* in MüKoAktG, § 161 Rn. 26; *Hölters* in Hölters, AktG, § 161 Rn. 4; *Kiethe,* NZG 2003, 559, 560; *Koch* in Hüffer/Koch, AktG, § 161 Rn. 1; *Spindler,* NZG 2011, 1007, 1008.

63 Vgl. *Goette* in MüKoAktG, § 161 Rn. 1; *Hölters* in Hölters, AktG, § 161 Rn. 2; *Vetter* in Henssler/Strohn, AktG, § 161 Rn. 7.

64 Vgl. *Bayer/Scholz* in Spindler/Stilz, AktG, § 161 Rn. 7; *Hölters* in Hölters, AktG, § 161 Rn. 1; *Kiethe,* NZG 2003, 559, 560; *Koch* in Hüffer/Koch, AktG, § 161 Rn. 1.

2. Empfehlungen und Anregungen des DCGK zur Vorstandsvergütung

Die Empfehlungen und Anregungen über die Vorstandsvergütung sind in Ziffer 4.2 DCGK geregelt und nehmen den Großteil des vierten Abschnitts des DCGK („Vorstand") ein. Seit der Einführung des DCGK im Jahr 2002 wurden diese im Vergleich zu den sonstigen Empfehlungen und Anregungen des DCGK am häufigsten geändert. Hintergrund der zahlreichen Änderungen sind auch hier Missstände in den Vergütungsstrukturen von Vorstandsmitgliedern, die während der Aufarbeitung der Finanzkrise von 2008 festgestellt wurden.[65]

Neben einer Wiedergabe der bereits dargestellten gesetzlichen Vergütungsvorschriften empfiehlt der DCGK, dass monetäre Vergütungsteile von Vorstandsmitgliedern fixe und variable Vergütungsbestandteile umfassen sollen.[66] Dabei sollen die variablen Vergütungsbestandteile im Wesentlichen zukunftsbezogen sein und neben positiven auch negative Entwicklungen berücksichtigen.[67] Ferner sollen Vorstandsbezüge insgesamt und hinsichtlich ihrer variablen Vergütungsbestandteile betragsmäßige Höchstgrenzen aufweisen.[68] Auch regt der DCGK Aufsichtsräte dazu an, variable Vergütungsbestandteile nicht vorzeitig auszuzahlen.[69] Bei einer vorzeitigen Beendigung der Vorstandstätigkeit soll der Aufsichtsrat wiederum darauf achten, dass Zahlungen an ein Vorstandsmitglied einen Wert von zwei Jahresvergütungen nicht überschreiten und nicht mehr als die Restlaufzeit des Anstellungsvertrags vergüten.[70] Darüber hinaus soll

---

65 *Bachmann* in Kremer/Bachmann/Lutter/v. Werder, DCGK, Rn. 934.

66 Siehe dazu auch *Bachmann* in Kremer/Bachmann/Lutter/v. Werder, DCGK, Rn. 993 ff.; *de Raet/Dörfler*, CCZ 2017, 253, 257; *Nikoleyczik/Graßl*, NZG 2017, 161, 164; *Spindler* in MüKoAktG, § 87 Rn. 87; *von der Linden* in Drinhausen/Eckstein (Hrsg.), Beck'sches Hdb. AG, § 25 Rn. 34; *Weber* in Hölters, AktG, § 87 Rn. 34.

67 *De Raet/Dörfler*, CCZ 2017, 253, 257; *Nikoleyczik/Graßl*, NZG 2017, 161, 164; *Wilsing/von der Linden*, DStR 2017, 1046, 1047; ausführlich *Bachmann* in Kremer/Bachmann/Lutter/v. Werder, DCGK, Rn. 995 ff.

68 Siehe dazu auch *Bachmann* in Kremer/Bachmann/Lutter/v. Werder, DCGK, Rn. 1008 ff.; *de Raet/Dörfler*, CCZ 2017, 253, 257; *Spindler* in MüKoAktG, § 87 Rn. 91; *von der Linden* in Drinhausen/Eckstein (Hrsg.), Beck'sches Hdb. AG, § 25 Rn. 35; *Weber* in Hölters, AktG, § 87 Rn. 39 f.

69 Vgl. *Bachmann* in Kremer/Bachmann/Lutter/v. Werder, DCGK, Rn. 1003a; *de Raet/Dörfler*, CCZ 2017, 253, 257; *Nikoleyczik/Graßl*, NZG 2017, 161, 164; *Wilsing/von der Linden*, DStR 2017, 1046, 1047.

70 Siehe dazu auch *de Raet/Dörfler*, CCZ 2017, 253, 257; *Nikoleyczik/Graßl*, NZG 2017, 161, 164; *von der Linden* in Drinhausen/Eckstein (Hrsg.), Beck'sches Hdb. AG, § 25

der Vorsitzende des Aufsichtsrats die Hauptversammlung über die Grundzüge des Vergütungssystems und etwaige Veränderungen informieren.[71] Schließlich empfiehlt der DCGK, Vorstandsvergütungen in einem Vergütungsbericht in allgemein verständlicher Form offenzulegen und darin weitere, gesetzlich nicht vorgeschriebene Informationen über die Vergütungen einzelner Vorstandsmitglieder aufzunehmen.[72]

VI. Änderung der Aktionärsrechterichtlinie und nationale Umsetzung durch das ARUG II

Eine weitere Änderung der aktienrechtlichen Vorschriften über die Vergütungen von Vorstandsmitgliedern erfolgte durch das Gesetz zur Umsetzung der zweiten Aktionärsrechterichtlinie (ARUG II).[73] Zunächst fasste der europäische Gesetzgeber mit der am 17. Mai 2017 verabschiedeten Richtlinie zur Änderung der Aktionärsrechterichtlinie[74] die Aktionärsrechterichtlinie[75] neu. Durch sie nahm der europäische Gesetzgeber erstmals Vorschriften über die Vergütungen in börsennotierten Gesellschaften in die Aktionärsrechterichtlinie auf. Die Mitgliedstaaten und damit auch der deutsche Gesetzgeber waren nunmehr dazu verpflichtet, die Neuerungen der Aktionärsrechterichtlinie in innerstaatliches Recht umzusetzen.[76] Dieser Pflicht kam der deutsche Gesetzgeber mit der Einführung des ARUG II im Jahr 2019 nach.

Rn. 37; ausführlich *Bachmann* in Kremer/Bachmann/Lutter/v. Werder, DCGK, Rn. 1019 ff.

71 *Bachmann* in Kremer/Bachmann/Lutter/v. Werder, DCGK, Rn. 1035 ff.; *de Raet/Dörfler*, CCZ 2017, 253, 255.

72 Siehe dazu *Bachmann* in Kremer/Bachmann/Lutter/v. Werder, DCGK, Rn. 1043 ff., 1052 ff., 1058.

73 Gesetz zur Umsetzung der zweiten Aktionärsrechterichtlinie (ARUG II) vom 12.12.2019, BGBl. I S. 2637.

74 Richtlinie (EU) 2017/828 des Europäischen Parlaments und des Rates vom 17.5.2017 zur Änderung der Richtlinie 2007/36/EG im Hinblick auf die Förderung der langfristigen Mitwirkung der Aktionäre, ABl. 2017 L 132, 1.

75 Richtlinie 2007/36/EU des Europäischen Parlaments und des Rates vom 11.7.2007 über die Ausübung bestimmter Rechte von Aktionären in börsennotierten Gesellschaften, ABl. 2017 L 184, 17.

76 Art. 2 Abs. 1 Richtlinie (EU) 2017/828 des Europäischen Parlaments und des Rates vom 17.5.2017 zur Änderung der Richtlinie 2007/36/EG im Hinblick auf die Förderung der langfristigen Mitwirkung der Aktionäre, ABl. 2017 L 132, 1, 24.

Inhaltlich zielt die Neufassung der Aktionärsrechterichtlinie und damit auch das ARUG II darauf ab, die Mitspracherechte von Aktionären bei der Festlegung der Vergütung der Unternehmensleitung zu stärken.[77] Seit der Einführung des ARUG II sind börsennotierte Gesellschaften dazu verpflichtet, ein in die Zukunft gerichtetes Vergütungssystem[78] (§ 87a AktG) und einen vergangenheitsbezogenen Vergütungsbericht (§ 162 AktG) über die Vergütung der Mitglieder der Unternehmensleitung zu erstellen und der Hauptversammlung in regelmäßigen zeitlichen Abständen zur Abstimmung vorzulegen (§ 120a Abs. 1 Satz 1, Abs. 4 Satz 1 AktG). Hintergrund dieser Änderung ist, dass der europäische Gesetzgeber die Vergütung der Mitglieder der Unternehmensleitung als eines der Hauptinstrumente ansieht, mit dem Gesellschaften ihre Interessen mit denen der Mitglieder der Unternehmensleitung in Einklang bringen können. Angesichts der zentralen Rolle, die Mitglieder der Unternehmensleitung in Gesellschaften spielen, sei es wichtig, dass deren Vergütungen angemessen festgelegt werden und Aktionäre die Möglichkeit haben, ihre Ansichten zur Vergütung der Unternehmensleitung zu äußern.[79]

VII. Zusammenfassung

Es kann festgehalten werden, dass Einführung und Entwicklung der Vorschriften über die Vorstandsvergütungen im Wesentlichen der Weltwirtschaftskrise von 1929 bis 1931 und der Finanzkrise von 2008 geschuldet sind. Im Anschluss an beide Krisen machte der Gesetzgeber Missstände in der Vergütungspraxis von Vorstandsmitgliedern aus und versuchte, diese Missstände mittels gesetzlicher Regelungen zu beheben. Dass die im Anschluss an die Finanzkrise von 2008 entbrannte Debatte über die Vergütungen von Vorstandsmitgliedern heute

---

77 Vgl. Richtlinie (EU) 2017/828 des Europäischen Parlaments und des Rates vom 17.5.2017 zur Änderung der Richtlinie 2007/36/EG im Hinblick auf die Förderung der langfristigen Mitwirkung der Aktionäre, ABl. 2017 L 132, 1, 5, Erwägungsgrund 28 ff.; vgl. Beschlussempfehlung und Bericht des Ausschusses für Recht und Verbraucherschutz zum Entwurf eines Gesetzes zur Umsetzung der 2. Aktionärsrechterichtlinie (ARUG II) vom 13.11.2019, BT-Drs. 19/15153, S. 1.

78 Die Begriffe „Vergütungssystem" und „Vergütungspolitik" sind synonym zu verstehen. Während der europäische Gesetzgeber von einer „Vergütungspolitik" spricht, verwendet der deutsche Gesetzgeber den Begriff „Vergütungssystem".

79 Vgl. Richtlinie (EU) 2017/828 des Europäischen Parlaments und des Rates vom 17.5.2017 zur Änderung der Richtlinie 2007/36/EG im Hinblick auf die Förderung der langfristigen Mitwirkung der Aktionäre, ABl. 2017 L 132, 1, 5, Erwägungsgrund 28 ff.

noch anhält, zeigt die jüngste Reform der Aktionärsrechterichtlinie und deren Umsetzung durch das ARUG II.

Inhaltlich zielen die Vergütungsvorschriften darauf ab, dass börsennotierte Gesellschaften Vorstandsmitglieder leistungs- und erfolgsabhängig vergüten und bei der Ausrichtung ihrer Vergütungssysteme eine nachhaltige und langfristige Unternehmensentwicklung berücksichtigen. Was die Ausgestaltung einer Vergütungsregulierung betrifft, lassen sich den dargestellten Gesetzesreformen für die weitere Untersuchung drei zentrale Anknüpfungspunkte entnehmen: Erstens Maßnahmen, die unmittelbar auf die Ausgestaltung der Vorstandsvergütung abzielen, zweitens Maßnahmen, die Aktionärsrechte im Zusammenhang mit der Vorstandsvergütung stärken sollen und dementsprechend die Kompetenzverteilung bei der Entscheidung über die Vorstandsvergütungen betreffen, drittens Maßnahmen, die für eine Transparenz von Vorstandsvergütungen sorgen sollen.

§ 3 Aufsichtsrecht

I. Besondere Vergütungsvorschriften im Finanzsektor aufgrund der Finanzkrise von 2008

Neben den dargestellten allgemeinen Vergütungsvorschriften gelten im Finanzsektor besondere Vergütungsvorgaben. Als Folge internationaler und nationaler Initiativen traten am 13.10.2010 in Deutschland die Institutsvergütungsverordnung (InstitutsVergV)[80] und die Versicherungsvergütungsverordnung (VersVergV)[81] in Kraft. Dadurch wurden die Vergütungssysteme von Banken und Versicherungsunternehmen einer gegenüber den allgemeinen Vorschriften strengeren Regulierung mit dem Ziel unterstellt, die Vergütungssysteme von Banken und Versicherungsunternehmen auf eine langfristige und nachhaltige Unternehmensentwicklung auszurichten.[82] Dies soll zur Stabilität der Unternehmen beitragen und der Entstehung einer weiteren Finanzkrise vorbeugen.[83]

Ausgangspunkt der Entstehung der besonderen Vergütungsvorgaben im Finanzsektor ist die Finanzkrise von 2008. Diese hat das Thema der Vergütungsregulierung weltweit in den Fokus der Rechtspolitik gerückt und zu einem zentralen Element der Corporate Governance-Diskussion gemacht.[84] Hintergrund

---

80 Verordnung über die aufsichtsrechtlichen Anforderungen an Vergütungssysteme von Instituten (Instituts-Vergütungsverordnung, InstitutsVergV) vom 6.10.2010, BGBl. I S. 1374.

81 Verordnung über die aufsichtsrechtlichen Anforderungen an Vergütungssysteme im Versicherungsbereich (Versicherungs-Vergütungsverordnung – VersVergV) vom 6.10.2010, BGBl. I S. 1379.

82 Bundesregierung, Entwurf eines Gesetzes über die aufsichtsrechtlichen Anforderungen an die Vergütungssysteme von Instituten und Versicherungsunternehmen vom 31.3.2010, BT-Drs. 17/1291, S. 1 f., 9 f.; *Annuß/Sammet*, BB 2011, 115; *Müller-Bonanni/Mehrens*, NZA 2010, 792; *Rubner*, NZG 2010, 1288; *Simon/Koschker*, BB 2011, 120; *Weber-Rey*, VersR 2010, 599.

83 Bundesregierung, Entwurf eines Gesetzes über die aufsichtsrechtlichen Anforderungen an die Vergütungssysteme von Instituten und Versicherungsunternehmen vom 31.3.2010, BT-Drs. 17/1291, S. 1 f., 9 f.; *Glasow* in Binder/Glos/Riepe (Hrsg.), Hdb. Bankenaufsichtsrecht, § 12 Rn. 2; *Groeger*, RdA 2011, 287; *Heuchemer/Kloft*, WM 2010, 2241.

84 *Bauer/Arnold*, AG 2009, 717; *Binder* in Rieble/Junker/Giesen (Hrsg.), Finanzkriseninduzierte Vergütungsregulierung und arbeitsrechtliche Entgeltsysteme, 63, 65; *Cahn*, FS Hopt, 431; *Fleischer*, RIW 2010, 497; *Hanau*, NJW 2011, 1652; *Hausmann/Bechthold-Orth*, EBOR 11 (2010), 195 ff.; *Seibert*, WM 2009, 1489; *Winter*, FS Hopt, 1521 ff.

ist die damalige Vergütungspraxis in Finanzinstituten, die als eine der Ursachen für die Entstehung der Finanzkrise gilt.[85] Vergütungssysteme, die kurzfristigen Erfolg belohnten und bei Misserfolg keine Sanktionen vorsahen, wurden für die überhöhte Risikobereitschaft in den Finanzinstituten während der Finanzkrise verantwortlich gemacht.[86]

Basierend auf dieser Erkenntnis beauftragten die G-20-Staaten das Financial Stability Board (FSB), ein globales Gremium bestehend aus Vertretern von Notenbanken, Finanzministerien, Aufsichtsbehörden und internationalen Währungsfonds,[87] mit der Aufgabe, konkrete Standards für Vergütungssysteme im Finanzsektor auszuarbeiten.[88] Die dabei entstandenen Prinzipien für solide Vergütungsstrukturen[89] und solide Vergütungspraktiken[90] (FSB-Standards) wurden wiederum durch die G-20-Staaten beim Weltfinanzgipfel im September 2009

85 Bundesregierung, Entwurf eines Gesetzes über die aufsichtsrechtlichen Anforderungen an die Vergütungssysteme von Instituten und Versicherungsunternehmen vom 31.3.2010, BT-Drs. 17/1291, S. 9; *Armbrüster,* VersR 2011, 1; *Binder* in Rieble/Junker/Giesen (Hrsg.), Finanzkriseninduzierte Vergütungsregulierung und arbeitsrechtliche Entgeltsysteme, 63, 65; *de Raet/Dörfler,* CCZ 2017, 253; *Dzida/Naber,* BB 2011, 2613; *Früh* in Annuß/Früh/Hasse, InstitutsVergV, Vorb. Rn. 1; *Glasow* in Binder/Glos/Riepe (Hrsg.), Hdb. Bankenaufsichtsrecht, § 12 Rn. 1; *Groeger,* RdA 2011, 287; *Heuchemer/Kloft,* WM 2010, 2241; *Krauel/Broichhausen,* VersR 2015, 1189; *Müller-Bonanni/Mehrens,* NZA 2010, 792; *Rubner/Raible,* NZG 2017, 1052; *Wolfgarten* in BFS-KWG, InstitutsVergV, Vorb. Rn. 1.

86 Bundesregierung, Entwurf eines Gesetzes über die aufsichtsrechtlichen Anforderungen an die Vergütungssysteme von Instituten und Versicherungsunternehmen vom 31.3.2010, BT-Drs. 17/1291, S. 9; *Armbrüster,* VersR 2011, 1; *Binder* in Rieble/Junker/Giesen (Hrsg.), Finanzkriseninduzierte Vergütungsregulierung und arbeitsrechtliche Entgeltsysteme, 63, 65; *Friebel/Langenbucher,* GWR 2011, 103, 104; *Früh* in Annuß/Früh/Hasse, InstitutsVergV, Vorb. Rn. 1; *Heuchemer/Kloft,* WM 2010, 2241; *Krauel/Broichhausen,* VersR 2015, 1189; *Müller-Bonanni/Mehrens,* NZA 2010, 792.

87 Das FSB ist die Nachfolgeorganisation des Financial Stability Forums (FSF); zur Gründung des FSBs siehe *Setzer,* ECFR 2010, 512, 520 ff.

88 *Armbrüster,* VersR 2011, 1; *Binder* in Rieble/Junker/Giesen (Hrsg.), Finanzkriseninduzierte Vergütungsregulierung und arbeitsrechtliche Entgeltsysteme, 63, 68; *Früh* in Annuß/Früh/Hasse, InstitutsVergV, Vorb. Rn. 10; *Heuchemer/Kloft,* WM 2010, 2241; *Müller-Bonanni/Mehrens,* NZA 2010, 792; *Weber-Rey,* VersR 2010, 599; ausführlich zur Beauftragung *Arner/Taylor,* (2009) 33 UNSW L.J. 488 ff.

89 FSF, Principles for Sound Compensation Practices vom 2.4.2009.

90 FSB, Principles for Sound Compensation Practices Implementation Standards vom 25.9.2009.

gebilligt.[91] Anschließend zog der europäische Gesetzgeber die Prinzipien weitgehend deckungsgleich in der Richtlinie CRD III[92] nach und verpflichtete die Mitgliedstaaten der europäischen Union zu deren Umsetzung.

In Deutschland reagierte man umgehend auf die ausgemachten Regelungsdefizite und nahm eine gewisse Vorreiterrolle ein.[93] Noch vor den europäischen Regelungsinitiativen erließ die Bundesanstalt für Finanzdienstleistungsaufsicht (BaFin) ein Rundschreiben[94] mit Anforderungen an die Vergütungssysteme von Banken.[95] Anschließend entwickelte die Bundesregierung ein dreistufiges Maßnahmenpaket, um auf eine zeitnahe Umsetzung der FSB-Standards hinzuwirken.[96] Daraufhin verpflichteten sich im Dezember 2009 zunächst acht große deutsche Kreditinstitute und die drei größten deutschen Versicherungsunternehmen dazu, die FSB-Standards noch im selben Jahr umzusetzen.[97] Unmittelbar im Anschluss veröffentlichte die BaFin zwei Rundschreiben,[98] die die FSB-Standards zusammenfassten und das zuvor erlassene Rundschreiben ablösten.[99] Anschließend erfüllte der deutsche Gesetzgeber die europäischen

---

91 *Heuchemer/Kloft*, WM 2010, 2241; *Müller-Bonanni/Mehrens*, NZA 2010, 792; *Weber-Rey*, VersR 2010, 599.

92 Richtlinie 2010/76/EU des Europäischen Parlaments und des Rates vom 24.11.2010 zur Änderung der Richtlinien 2006/48/EG und 2006/49/EG im Hinblick auf die Eigenkapitalanforderungen für Handelsbuch und Wiederverbriefungen und im Hinblick auf die aufsichtliche Überprüfung der Vergütungspolitik (CRD III), ABl. 2010 L 329, 3.

93 *Früh* in Annuß/Früh/Hasse, InstitutsVergV, Vorb. Rn. 19.

94 BaFin, Rundschreiben 14/2009 (BA) vom 14.8.2009 – Mindestanforderungen an das Risikomanagement (MaRisk).

95 *Früh* in Annuß/Früh/Hasse, InstitutsVergV, Vorb. Rn. 18 f.; *Langen/Schielke/Zöll*, BB 2009, 2479, 2480; *Wolfgarten* in BFS-KWG, InstitutsVergV, Vorb. Rn. 12.

96 *Glasow* in Binder/Glos/Riepe (Hrsg.), Hdb. Bankenaufsichtsrecht, § 12 Rn. 21; *Heuchemer/Kloft*, WM 2010, 2241; *Müller-Bonanni/Mehrens*, NZA 2010, 792; *Weber-Rey*, VersR 2010, 599; *Wolfgarten* in BFS-KWG, InstitutsVergV, Vorb. Rn. 13.

97 *Armbrüster*, VersR 2011, 1; *Binder* in Rieble/Junker/Giesen (Hrsg.), Finanzkriseninduzierte Vergütungsregulierung und arbeitsrechtliche Entgeltsysteme, 63, 68 f.; *de Raet/Dörfler*, CCZ 2017, 253, 254; *Krauel/Broichhausen*, VersR 2015, 1189; mit zusätzlicher Aufzählung der einzelnen Banken und Versicherungsunternehmen *Heuchemer/Kloft*, WM 2010, 2241 (Fn. 5); *Müller-Bonanni/Mehrens*, NZA 2010, 792 (Fn. 3); *Weber-Rey*, VersR 2010, 599 (Fn. 9); *Wolfgarten* in BFS-KWG, InstitutsVergV, Vorb. Rn. 13 (Fn. 44).

98 BaFin, Rundschreiben 22/2009 (BA) vom 21.12.2009 – Aufsichtsrechtliche Anforderungen an Vergütungssysteme von Instituten; BaFin, Rundschreiben 23/2009 (VA) vom 21.12.2009 – Anforderungen an Vergütungssysteme im Versicherungsbereich.

99 *Armbrüster*, VersR 2011, 1; *Binder* in Rieble/Junker/Giesen (Hrsg.), Finanzkriseninduzierte Vergütungsregulierung und arbeitsrechtliche Entgeltsysteme, 63, 68 f.;

Vorgaben und stellte die FSB-Standards im Juli 2010 auf eine gesetzliche Grundlage.[100] Diese ermächtigt die BaFin und das Bundesministerium der Finanzen (BMF), anhand konkretisierender Rechtsverordnungen[101] auf die Vergütungssysteme im Finanz- (BaFin) und Versicherungswesen (BMF) Einfluss zu nehmen. Unmittelbar danach machten sowohl die BaFin als auch das BMF erstmals von den Verordnungsermächtigungen Gebrauch, woraufhin die InstitutsVergV und die VersVergV entstanden.

Allerdings war das Thema einer Vergütungsregulierung damit nicht beendet. Vielmehr folgten auf internationaler und nationaler Ebene weitere Initiativen.[102] Unter anderem ersetzte der europäische Gesetzgeber die Richtlinie CRD III durch die Richtlinie CRD IV[103] und verschärfte die Anforderungen an die Vergütungssysteme weiter. Im Versicherungswesen werden die Vorschriften der VersVergV mittlerweile weitgehend durch unmittelbar geltendes europäisches Recht[104] überlagert.[105] Im Zuge der innerstaatlichen Umsetzung der europäischen Vorgaben kam es auch in Deutschland zu Änderungen. So wurden sowohl die InstitutsVergV als auch die VersVergV – erstere bereits dreimal – geändert.[106]

Heuchemer/Kloft, WM 2010, 2241; *Krauel/Broichhausen*, VersR 2015, 1189; *Müller-Bonanni/Mehrens*, NZA 2010, 792; *Wolfgarten* in BFS-KWG, InstitutsVergV, Vorb. Rn. 14.

100 Gesetz über die aufsichtsrechtlichen Anforderungen an die Vergütungssysteme von Instituten und Versicherungsunternehmen vom 21.7.2010, BGBl. I S. 950.

101 § 25a Abs. 6 KWG und § 34 Abs. 2 VAG (vormals § 64b Abs. 5 VAG).

102 *Annuß/Sappa*, BB 2017, 2612; *Früh* in Annuß/Früh/Hasse, InstitutsVergV, Vorb. Rn. 11a ff.; *Rubner/Raible*, NZG 2017, 1052; *Tusch/Schuster/Herzberg*, WM 2017, 2289 f.

103 Richtlinie 2013/36/EU des Europäischen Parlaments und des Rates vom 26.6.2013 über den Zugang zur Tätigkeit von Kreditinstituten und die Beaufsichtigung von Kreditinstituten und Wertpapierfirmen, zur Änderung der Richtlinie 2002/87/EG und zur Aufhebung der Richtlinien 2006/48/EG und 2006/49/EG (CRD IV), ABl. 2013 L 176, 338.

104 Delegierte Verordnung (EU) 2015/35 der Kommission vom 10.10.2014 zur Ergänzung der Richtlinie 2009/138/EG des Europäischen Parlaments und des Rates betreffend die Aufnahme und Ausübung der Versicherungs- und Rückversicherungstätigkeit (Solvabilität II), ABl. 2015 L 12, 1.

105 *De Raet/Dörfler*, CCZ 2017, 253, 259; *Hasse* in Annuß/Früh/Hasse, VersVergV, Vorb. Rn. 2, 12; *Krauel/Broichhausen*, VersR 2015, 1189, 1191 f.

106 Verordnung über die aufsichtsrechtlichen Anforderungen an Vergütungssysteme von Instituten (Instituts-Vergütungsverordnung, InstitutsVergV) vom 16.12.2013, BGBl. I S. 4270; Verordnung zur Änderung der Institutsvergütungsverordnung vom 25.7.2017, BGBl. I S. 3042 sowie die Zweite Verordnung zur Änderung der

Darüber hinaus stehen aktuell weitere Reformen im Raum,[107] weshalb ein Ende der Entwicklung noch nicht absehbar ist.

II. Bereichsspezifische Anforderungen an die Vergütungssysteme

1. Vorgaben für Kredit- und Finanzdienstleistungsinstitute

Die Vorschriften der InstitutsVergV richten sich gemäß § 1 Abs. 1 InstitutsVergV an sämtliche Kredit- und Finanzdienstleistungsinstitute (Institute) im Sinne der §§ 1 Abs. 1b, 53 Abs. 1 KWG. Erfasst werden nicht nur die Vergütungssysteme von Geschäftsleitern, sondern auch die Vergütungssysteme von Mitarbeitern (vgl. § 2 Abs. 7 InstitutsVergV). Zuständig für die Festsetzung der Geschäftsleitervergütung sind die Aufsichts- beziehungsweise Verwaltungsorgane (§ 3 Abs. 2 InstitutsVergV). Diese haben dafür zu sorgen, dass die Vergütungssysteme von Geschäftsleitern angemessen ausgestaltet und auf die Erreichung der Unternehmensziele ausgerichtet werden (§§ 3 Abs. 2, 4 InstitutsVergV). Darüber hinaus macht die InstitutsVergV Vorgaben über die Gestaltung einer variablen Vergütung (§ 6 InstitutsVergV) und sieht für die Geschäftsleitervergütung gegenüber der Mitarbeitervergütung weitere Anforderungen vor (§ 10 InstitutsVergV). Zusätzliche Vorgaben gelten außerdem für die Vergütungssysteme von Instituten, von denen aufgrund ihrer Größe oder ihres Einflusses besondere Gefahren für den Finanzmarkt ausgehen (sog. „bedeutende Institute", § 25n KWG, §§ 18 ff. InstitutsVergV).

Neben Vorgaben über die Ausgestaltung von Vergütungssystemen sieht die InstitutsVergV Organisations-, Überwachungs- und Offenlegungspflichten vor. Institute müssen Grundsätze über die Vergütungssysteme festlegen und diesbezüglich die Inhalte und Entscheidungsprozesse sorgfältig dokumentieren (§ 11 InstitutsVergV). Ferner haben Institute ihre Vergütungssysteme offenzulegen (§ 16 InstitutsVergV) und jährlich zu prüfen, ob die von ihnen festgelegten Vergütungssysteme mit ihren Geschäfts- und Risikostrategien übereinstimmen

---

Institutsvergütungsverordnung vom 15.4.2019, BGBl. I S. 486; Verordnung über die aufsichtsrechtlichen Anforderungen an Vergütungssysteme im Versicherungsbereich (Versicherungs-Vergütungsverordnung – VersVergV) vom 18.4.2016, BGBl. I S. 763.

107 Vgl. dazu den Vorschlag der Europäischen Kommission zum Erlass einer Richtlinie zur Änderung der Richtlinie 2013/36/EU im Hinblick auf von der Anwendung ausgenommene Unternehmen, Finanzholdinggesellschaften, gemischte Finanzholdinggesellschaften, Vergütung, Aufsichtsmaßnahmen und -befugnisse und Kapitalerhaltungsmaßnahmen vom 23.11.2016, KOM(2016)854 endg.

(§ 12 InstitutsVergV). Handelt es sich um ein CRR-Institut von erheblicher Bedeutung im Sinne der §§ 1 Abs. 3d Satz 3, 25d Abs. 3 Satz 8 KWG, muss das Institut außerdem einen Vergütungskontrollausschuss einrichten, der das Aufsichts- beziehungsweise Verwaltungsorgan bei der angemessenen Ausgestaltung und Überwachung der Vergütungssysteme unterstützt (§ 25d Abs. 12 Satz 1 KWG, § 15 InstitutsVergV).

Eine Besonderheit der aufsichtsrechtlichen Vergütungsregulierung gegenüber der allgemeinen sind Eingriffsbefugnisse der BaFin. Sowohl bei unzureichender Eigenmittelausstattung von Instituten (§ 45 Abs. 2 Satz 1 Nr. 5a und Nr. 6 KWG) als auch bei Verstößen gegen Vorschriften über die Vergütungsstruktur von Geschäftsleitern (§§ 25a Abs. 1 Satz 3 Nr. 6, Abs. 2 Satz 2, Abs. 5 KWG) kann die BaFin gegenüber dem jeweiligen Institut Anordnungen treffen.

2. Vorgaben für Versicherungsunternehmen

Versicherungsunternehmen müssen seit dem 1.1.2016 bei der Gestaltung ihrer Vergütungssysteme die in den Mitgliedstaaten der europäischen Union unmittelbar geltenden Art. 258 Nr. 1 lit. l, 275 Solvency II-VO[108] beachten.[109] Dadurch werden die Vorschriften der VersVergV in ihrem Anwendungsbereich stark eingeschränkt.[110] Denn gemäß § 1 Abs. 2 VersVergV gelten die wesentlichen Vorschriften der VersVergV nur noch für Versicherungsunternehmen, die Art. 275 Solvency II-VO nicht erfasst. Dabei handelt es sich um finanziell unbedeutende Versicherungsunternehmen (Art. 4 Abs. 1 Solvency II-RL[111]), wie sie in Deutschland kaum existieren. Mithin ist die VersVergV für die Praxis nahezu bedeutungslos.[112] Etwas anderes gilt für die Vergütungsvorgaben in § 25 VAG. Denn

---

108 Delegierte Verordnung (EU) 2015/35 der Kommission vom 10.10.2014 zur Ergänzung der Richtlinie 2009/138/EG des Europäischen Parlaments und des Rates betreffend die Aufnahme und Ausübung der Versicherungs- und Rückversicherungstätigkeit (Solvabilität II), ABl. 2015 L 12, 1.

109 *De Raet/Dörfler*, CCZ 2017, 253, 259; *Hasse* in Annuß/Früh/Hasse, VersVergV, Vorb. Rn. 17; *Krauel/Broichhausen,* VersR 2015, 1189, 1191 f.

110 *De Raet/Dörfler*, CCZ 2017, 253, 259; *Hasse* in Annuß/Früh/Hasse, VersVergV, Vorb. Rn. 2, 12; *Krauel/Broichhausen,* VersR 2015, 1189, 1191 f.; *Schlierenkämper* in Brand/ Baroch Castellvi, VAG, § 25 Rn. 4.

111 Richtlinie 2009/138/EG des Europäischen Parlaments und des Rates vom 25.11.2009 betreffend die Aufnahmen und Ausübung der Versicherungs- und Rückversicherungstätigkeit (Solvabilität II), ABl. 2009 L 335, 1.

112 *De Raet/Dörfler*, CCZ 2017, 253, 259; *Hasse* in Annuß/Früh/Hasse, VersVergV, Vorb. Rn. 13.

§ 25 VAG bleibt neben den unionsrechtlichen Vorgaben weiterhin anwendbar.[113] Vor diesem Hintergrund und weil sich die unionsrechtlichen Anforderungen und die Vorgaben der VersVergV inhaltlich weitgehend decken,[114] fokussiert sich die Arbeit nachfolgend auf die für die Praxis relevanten Vorschriften der Solvency II-VO und des VAG.

Art. 258 Abs. 1 lit. l Solvency II-VO verpflichtet Versicherungsunternehmen dazu, eine schriftlich fixierte Vergütungspolitik einzuführen. Grundsätze über deren Festlegung und Anwendung nennt Art. 275 Solvency II-VO. Danach müssen Versicherungsunternehmen etwa darauf achten, dass die Vergütungspolitik und die Vergütungspraktiken mit der Geschäfts- und Risikostrategie des Unternehmens im Einklang stehen (Art. 275 Abs. 1 lit. a Solvency II-VO). Sie haben Maßnahmen zur Vermeidung von Interessenkonflikten vorzusehen und ein solides, wirksames Risikomanagement zu fördern (Art. 275 Abs. 1 lit. b Solvency II-VO). Die Vergütungspolitik muss die interne Organisation des Unternehmens und die seiner Geschäftstätigkeit immanenten Risiken berücksichtigen (Art. 275 Abs. 3 Solvency II-VO). Ferner muss die variable Vergütung von Geschäftsleitern in einem angemessenen Verhältnis zu deren Fixvergütung stehen (Art. 275 Abs. 2 lit. a Solvency II-VO). Falls die variable Vergütung leistungsbezogen ist, sind neben individuellen Leistungen eines Geschäftsleiters auch die Leistungen des betreffenden Geschäftsbereichs und das Ergebnis des Unternehmens zu beachten (Art. 275 Abs. 2 lit. b Solvency II-VO). Bei der Bewertung der individuellen Leistungen eines Geschäftsleiters sind neben finanziellen auch nichtfinanzielle Faktoren zu berücksichtigen (Art. 275 Abs. 2 lit. d Solvency II-VO). Des Weiteren muss die Auszahlung eines wesentlichen Teils der variablen Vergütung an eine flexible, zeitlich aufgeschobene Komponente geknüpft werden. Diese ist nach Art und Zeithorizont der Geschäftstätigkeiten des Unternehmens zu bemessen und darf einen Zeitraum von drei Jahren nicht unterschreiten (Art. 275 Abs. 2 lit. c Solvency II-VO). Nicht zuletzt müssen Versicherungsunternehmen ihre Vergütungspolitik sämtlichen Personalangehörigen des Unternehmens offenlegen (Art. 275 Abs. 1 lit. g Solvency II-VO).

Auf nationaler Ebene macht § 25 VAG weitere Vorgaben für Versicherungsunternehmen. Danach müssen die Vergütungssysteme von Geschäftsleitern angemessen, transparent und auf eine nachhaltige Unternehmensentwicklung ausgerichtet sein. Sofern Geschäftsleiter zusätzlich andere Tätigkeiten für das Unternehmen erbringen, darf ihnen dafür eine Vergütung nur gewährt werden,

113 *De Raet/Dörfler*, CCZ 2017, 253, 259.

114 So auch *Krauel/Broichhausen*, VersR 2015, 1189, 1193, 1196.

soweit dies mit ihren Aufgaben als Organmitglied vereinbar ist. Ferner hat die BaFin, in Parallele zur Regulierung der Vergütungssysteme von Instituten, auch im Versicherungswesen Eingriffsbefugnisse (§ 25 Abs. 4 VAG).[115]

III. Zusammenfassung

Banken und Versicherungsunternehmen müssen bei der Gestaltung ihrer Vergütungssysteme zusätzlich die aufsichtsrechtlichen Vergütungsvorschriften beachten. Diese Vergütungsvorschriften zielen darauf ab, eine lediglich auf kurzfristigen Erfolg ausgerichtete Vergütungspolitik im Finanzsektor zu unterbinden und dadurch die Risikobereitschaft von Finanzmarktakteuren zu reduzieren. Selbst wenn diese bereichsspezifischen Vergütungsvorgaben aufgrund ihres Umfangs nur schwer überschaubar sind, so lassen sie sich doch im Wesentlichen auf wenige Kernpunkte zurückführen. Wie bereits die allgemein geltenden Vergütungsvorschriften knüpfen auch die aufsichtsrechtlichen Vergütungsvorschriften an der Ausgestaltung und der Offenlegung von Vorstandsvergütungen an. Darüber hinaus erlegen die Vorschriften den betroffenen Unternehmen Organisationspflichten zur Überwachung und Kontrolle der eigenen Vergütungssysteme auf und sehen hoheitliche Eingriffsbefugnisse vor.

115 Ausführlich dazu *Schlierenkämper* in Brand/Baroch Castellvi, VAG, § 25 Rn. 22 ff.

2. Teil Regulierungsbedarf und verfassungsrechtlicher Rahmen

§ 4 Interessenkonflikte zwischen Vorstand, Aufsichtsrat und Aktionären als Regulierungsgrund

I. Einführung

Die zahlreichen Vorgaben über die Gestaltung von Vorstandsvergütungen, insbesondere im Finanzsektor, können dazu führen, dass grundsätzliche Fragen über die Vergütungsregulierung in den Hintergrund rücken oder ganz aus dem Blickfeld verschwinden. Zudem hat der Blick auf die historische Entwicklung der Vergütungsvorschriften gezeigt, dass Auslöser für vergütungsregulierende Maßnahmen immer wieder vorangegangene Missstände oder Krisenlagen waren. Der Gesetzgeber sah akuten Handlungsbedarf und versuchte, anhand vergütungsregulierender Maßnahmen umgehend Krisenursachen zu bekämpfen und Missstände zu beheben. Dadurch stand ihm allerdings auch jeweils ein nur begrenzter Zeitraum zur Verfügung, um sich mit der Frage auseinanderzusetzen, ob vergütungsregulierende Maßnahmen überhaupt notwendig sind.

Tatsächlich sollte aber in grundsätzlicher Weise geklärt sein, ob und inwieweit ein Regulierungsbedarf besteht, bevor regulierende Maßnahmen ergriffen werden. Denn regulierende Maßnahmen müssen stets der Durchsetzung bestimmter Schutzzwecke dienen.[116] Diese Schutzzwecke herauszuarbeiten, ist somit auch Grundvoraussetzung für eine Regulierung der Vorstandsvergütung. Abgesehen davon kann es weitere Vorteile bieten, zu untersuchen, ob eine Vergütungsregulierung notwendig ist. Lassen sich legitime Gründe für eine Vergütungsregulierung finden, kann das dazu beitragen, dass Unternehmen gesetzliche Vergütungsvorgaben eher akzeptieren. Mit anderen Worten: Unternehmen werden wohl weniger dazu neigen, gesetzliche Vergütungsvorgaben zu umgehen, wenn diese auf für sie nachvollziehbaren Gründen fußen.[117] Nicht zuletzt kann eine Aufarbeitung etwaiger Gründe für eine Vergütungsregulierung das Verständnis für eine Ausgestaltung und Auslegung von Vergütungsvorschriften verbessern.

---

116 *Binder*, Regulierungsinstrumente und Regulierungsstrategien im Kapitalgesellschaftsrecht, S. 39 f.; vgl. ferner *Fetzer*, Staat und Wettbewerb in dynamischen Märkten, S. 14; *Hellgardt*, Regulierung und Privatrecht, S. 53 ff.

117 Vgl. dazu *Eifert* in Hoffmann-Riem/Schmidt-Aßmann/Voßkuhle (Hrsg.), GVwR, § 19 Rn. 26.

II. Vergütungsanreize als Mittel zur Beeinflussung der Interessen von Vorstandsmitgliedern

Um sich die Bedeutung einer Vergütungsgestaltung von Vorstandsmitgliedern vor Augen zu halten, gilt es an erster Stelle zu erkennen, dass Vorstandsvergütungen nicht nur der Entlohnung von Vorstandsmitgliedern dienen. Vielmehr sind Vorstandsvergütungen auch ein probates Mittel, um die Interessen von Vorstandsmitgliedern und damit deren Verhalten zu beeinflussen.[118] Empirische Studien belegen, dass monetäre Belohnungsanreize zu Leistungssteigerungen führen können.[119] Das ist freilich nicht unbestritten. Die Annahme der Effektivität von Vergütungsanreizsystemen stößt in der Verhaltenswissenschaft auf Kritik. Ein Grund dafür sind Untersuchungen, die zeigen, dass leistungsorientierte Vergütungsanreizsysteme nicht immer den erhofften positiven Einfluss auf den Erfolg von Unternehmen hatten.[120] Richtigerweise lässt sich damit jedoch nicht begründen, dass Vergütungsanreize als solche wirkungslos sind. Denn anhand einer fehlenden Korrelation zwischen Vergütungsanreizen und Unternehmenserfolg lässt sich keine konkrete Aussage darüber treffen, ob und wie wirkungsvoll Vergütungsanreize das Verhalten von Vorstandsmitgliedern beeinflussen können. Vielmehr hängt der Erfolg eines Unternehmens neben der Leistung von Vorstandsmitgliedern von zahlreichen weiteren Faktoren und äußeren Einflüssen ab.[121]

Ferner sprechen auch nichtfinanzielle Anreize bei der Vorstandstätigkeit monetären Belohnungsanreizen nicht ihre Effektivität ab. Nichtfinanzielle Anreize sind etwa die Anerkennung, die ein Vorstandsmitglied für seine Tätigkeit erhält, seine soziale Stellung, seine Reputation, sein Führungsstil, sein

---

118 Vgl. *Elosge,* Vorstandsvergütung und Internationalisierung von Unternehmen, S. 96 ff.; *Glasow* in Binder/Glos/Riepe (Hrsg.), Hdb. Bankenaufsichtsrecht, § 12 Rn. 4; *Lieder/Fischer,* ECFR 2011, 376, 379; *Rieble* in Rieble/Junker/Giesen (Hrsg.), Finanzkriseninduzierte Vergütungsregulierung und arbeitsrechtliche Entgeltsysteme, 107, 117 f.; *Riesenhuber* in Rieble/Junker/Giesen (Hrsg.), Finanzkriseninduzierte Vergütungsregulierung und arbeitsrechtliche Entgeltsysteme, 133, 147; *Seibert,* ZRP 2011, 166, 167.

119 *Babbel/Schäuble,* CF 2018, 320 ff.; *Lazear,* 17 J. Lab. Econ. 199, 202 ff. (1999); *Prendergast,* 37 J. Econ. Lit. 7, 15 ff. (1999); *Stammerjohan,* 2 Corp. Ownership & Control 86 ff. (2004); vgl. ferner den Überblick bei *O'Reilly/Main,* (2010) 19 Industrial and Corporate Change 675, 678 ff.

120 *Gneezy/Rustichini,* 115 Q. J. Econ. 791 ff. (2000); *Jensen/Murphy,* 98 J. Pol. Econ. 225, 244 ff. (1990); *Schwalbach/Graßhoff,* ZfB 67 (1997), 203 ff.; vgl. ferner den Überblick bei *O'Reilly/Main,* (2010) 19 Industrial and Corporate Change 675, 678 ff.

121 Vgl. *Osterloh/Rost/Madjdpour* in Forum Wirtschaftsethik, 16. Jg., Nr. 4/2008, 28, 31 ff.

Arbeitsumfeld oder auch die bloße Freude an der Tätigkeit.[122] Bieten nichtfinanzielle Anreize Vorstandsmitgliedern einen größeren Nutzen, dürften sie diese Vergütungsanreizen vorziehen.[123] Dabei ist jedoch zu beachten, dass Menschen auf ihre Vergütung in der Regel sensibel reagieren.[124] Außerdem lassen sich Vergütungsanreize bei entsprechend vorhandenen finanziellen Mitteln im Gegensatz zu den erwähnten nichtfinanziellen Anreizen ohne Weiteres steigern. Daher dürften nichtfinanzielle Anreize für Vorstandsmitglieder eine nur untergeordnete Rolle spielen, wenn Vorstandsmitgliedern zugleich entsprechend hohe finanzielle Belohnungen in Aussicht gestellt werden.

III. Vergütungsanreize in den Vorstandsverträgen als Lösung des Agenturproblems

Ausgehend von der zutreffenden Prämisse, dass Vergütungsanreize das Verhalten von Vorstandsmitgliedern beeinflussen können, gilt es in einem nächsten Schritt zu erkennen, dass verhaltenssteuernde Maßnahmen gerade bei Vorstandsmitgliedern börsennotierter Aktiengesellschaften vonnöten sind. Durch diese lässt sich verhindern, dass der Gesellschaft und damit mittelbar den Aktionären aufgrund von Steuerungsproblemen unerwünschte Kosten entstehen.[125]

Der Ursprung von Steuerungsproblemen liegt in der Organisationsstruktur der Aktiengesellschaft, bei der Gesellschafterstellung und Leitungsaufgabe funktionell voneinander getrennt sind.[126] Das bedeutet, Vorstandsmitglieder können,

---

122 *Raapke,* Regulierung der Vergütung, S. 19; *Schwalbach/Graßhoff,* ZfB 67 (1997), 203, 204.

123 Vgl. *Kirchgässner,* Homo Oeconomicus, S. 16 ff.

124 Vgl. *Seibert,* ZRP 2011, 166, 167.

125 Vgl. *Bebchuk/Fried,* Pay without Performance, S. 19; *Elschen,* ZfbF 43 (1991), 1002, 1005; *Jensen/Meckling,* 3 J. Fin. Econ. 305, 308 ff. (1976); *Picot/Reichwald/Wigand,* Die grenzenlose Unternehmung, S. 58; *Schulz,* Aktienkursorientierte Vergütungssysteme für Führungskräfte, S. 28 f.; *Seibert,* FS Hommelhoff, 1111, 1115; *Seibert,* ZRP 2011, 166, 167.

126 Vgl. *Fama/Jensen,* 26 J.L. & Econ. 301 ff. (1983); *Friebel/Langenbucher,* GWR 2011, 103; *Hausmann/Bechthold-Orth,* EBOR 11 (2010), 195, 196; *Jensen/Meckling,* 3 J. Fin. Econ. 305, 312 f. (1976); *Jensen/Murphy,* 98 J. Pol. Econ. 225 f. (1990); *Rapp/Wolff,* ZfB 80 (2010), 1075, 1080; *Richter/Furubotn,* Neue Institutionenökonomik, S. 172; *Schulz,* Aktienkursorientierte Vergütungssysteme für Führungskräfte, S. 25; *Schwalbach/Graßhoff,* ZfB 67 (1997), 203, 204; *Seibert,* FS Hommelhoff, 1111 f.

müssen aber nicht Aktionäre der Gesellschaft sein.[127] Gerade börsennotierte Aktiengesellschaften werden oftmals nicht von ihren Aktionären, sondern von angestellten Managern geleitet. Das hat den Vorteil, dass sich zahlreiche Kapitalgeber entsprechend ihren Bedürfnissen (Risiko, Laufzeiten, Haftungsbeschränkungen) an einer Aktiengesellschaft beteiligen können, ohne zeitliche oder fachliche Ressourcen für die Leitung der Gesellschaft aufwenden zu müssen.[128] Dadurch kann eine Aktiengesellschaft leichter Kapital aufnehmen und kapitalintensive Geschäftsvorhaben finanzieren.[129]

Allerdings ist die Trennung von Leitungsaufgabe und Gesellschafterstellung auch mit Nachteilen verbunden. Gemäß § 76 Abs. 1 AktG leitet der Vorstand die Aktiengesellschaft in eigener Verantwortung. An Weisungen der Aktionäre ist er nicht gebunden.[130] Aufgrund dieser unabhängigen Stellung von Vorstandsmitgliedern können zwischen Vorstandsmitgliedern und Aktionären Interessenkonflikte entstehen.[131] Konkret besteht die Gefahr, dass Vorstandsmitglieder ungeachtet des Gesellschaftswohls versuchen, ihr eigenes Wohlergehen zu maximieren.[132]

Zurückführen lassen sich diese Erkenntnisse auf eine Untersuchung von *Michael C. Jensen* und *William H. Meckling* aus dem Jahr 1976.[133] Diese befassten

---

127 *Fleischer* in Fleischer (Hrsg.), Hdb. Vorstandsrecht, § 1 Rn. 79; *Fleischer* in Spindler/Stilz, AktG, § 78 Rn. 4; *Müller* in Drinhausen/Eckstein (Hrsg.), Beck'sches Hdb. AG, § 1 Rn. 88; *Vedder* in Grigoleit, AktG, § 76 Rn. 48.

128 *Fama/Jensen,* 26 J.L. & Econ. 301, 322 (1983); *Schüller,* Vorstandsvergütung, S. 46; *Schulz,* Aktienkursorientierte Vergütungssysteme für Führungskräfte, S. 25; *Schwetzler,* DBW 59 (1999), 333.

129 *Gurman,* Vorstandsvergütung nach der Finanzkrise, S. 13; *Schüller,* Vorstandsvergütung, S. 46; *Schulz,* Aktienkursorientierte Vergütungssysteme für Führungskräfte, S. 25.

130 *Dauner-Lieb* in Henssler/Strohn, AktG, § 76 Rn. 8 f.; *Fleischer* in Spindler/Stilz, AktG, § 76 Rn. 56 ff.; *Koch* in Hüffer/Koch, AktG, § 76 Rn. 25 ff.; *Spindler* in MüKoAktG, § 76 Rn. 22; *Vedder* in Grigoleit, AktG, § 76 Rn. 27; *Weber* in Hölters, AktG, § 76 Rn. 35 ff.

131 *Rapp/Wolff,* ZfB 80 (2010), 1075, 1080; *Schulz,* Aktienkursorientierte Vergütungssysteme für Führungskräfte, S. 25; *Seibert,* FS Hommelhoff, 1111, 1112; *Seibert,* ZRP 2011, 166.

132 Vgl. *Bebchuk/Fried,* 17 J. Econ. Persp. 71 f. (2003); *Bebchuk/Fried/Walker,* 69 UCLA L. Rev. 751, 763 (2002); *Elschen,* ZfbF 43 (1991), 1002, 1004 f.; *Jensen/Meckling,* 3 J. Fin. Econ. 305, 308 ff. (1976); *Schulz,* Aktienkursorientierte Vergütungssysteme für Führungskräfte, S. 25 f.; *Seibert,* FS Hommelhoff, 1111, 1115; *Seibert,* ZRP 2011, 166; *Wenger/Terberger,* WiSt 1988, 506.

133 *Jensen/Meckling,* 3 J. Fin. Econ. 305 ff. (1976).

sich mit der Beziehung zwischen Anteilseignern und Managern von Unternehmen, bei denen Leitungsaufgabe und Gesellschafterstellung auseinanderfallen, und entwickelten dabei die sogenannte Agenturtheorie.[134] Wenngleich deren Untersuchung auf Entwicklungen in US-amerikanischen börsennotierten Aktiengesellschaften (sog. *Corporations*[135]) basiert, lassen sich die dabei gewonnenen Erkenntnisse auch auf die Beziehung zwischen Aktionären und Vorstandsmitgliedern deutscher Aktiengesellschaften übertragen. Denn trotz struktureller Unterschiede zwischen dem US-amerikanischen monistischen (sog. *One-Tier-System*) und dem deutschen dualistischen Gesellschaftssystem (sog. *Two-Tier-System*),[136] sind in beiden Systemen Gesellschafterstellung und Leitungsaufgabe funktionell voneinander getrennt.[137]

Die Agenturtheorie[138] trifft die Grundannahme, dass es zwischen einem Auftraggeber (Prinzipal) und einem Auftragnehmer (Agent) aufgrund der eigenverantwortlichen Stellung des Agenten und fehlender Überwachungsmöglichkeiten durch den Prinzipal zwangsläufig zu einem Informationsgefälle kommt.[139] Hat der Agent gegenüber dem Prinzipal einen Informationsvorsprung, können sich

---

134 Auch Prinzipal-Agenten-Theorie genannt. Siehe zur Agenturtheorie auch *Edmans/Gabaix/Jenter* in Hermalin/Weisbach (Hrsg.), The Handbook of the Economics of Corporate Governance, 383, 404 f.; Picot/Dietl/Frank/Fiedler/Royer, Organisation, S. 89 f.; *Rapp/Wolff*, ZfB 80 (2010), 1075, 1080.

135 Auch *business corporation* oder *stock corporation* genannt, vgl. *Merkt*, US-amerikanisches Gesellschaftsrecht, Rn. 194.

136 Vgl. dazu *Eberspächer* in Spindler/Stilz, AktG, Art. 38 SE-VO Rn. 3 f.; *Kessler*, RIW 1998, 602, 604 ff.; *Rehm* in Eidenmüller (Hrsg.), Ausländische Kapitalgesellschaften, § 11 Rn. 35; *Reichert/Brandes* in MüKoAktG, Art. 38 SE-VO Rn. 4 ff.; *Velte*, EuZW 2013, 893 f.; rechtsvergleichend *Kessler*, RIW 1998, 602 ff.

137 Vgl. *Drinhausen* in Hölters, AktG, § 118 Rn. 5; *Koch* in Hüffer/Koch, AktG, § 118 Rn. 3; *Kubis* in MüKoAktG, § 118 Rn. 9; *Merkt*, US-amerikanisches Gesellschaftsrecht, Rn. 200, 202, 617; *Rehm* in Eidenmüller (Hrsg.), Ausländische Kapitalgesellschaften, § 11 Rn. 40.

138 *Jensen/Meckling*, 3 J. Fin. Econ. 305 ff. (1976); ausführlich zur Agenturtheorie auch *Ewert* in Köhler/Küpper/Pfingsten (Hrsg.), Handwörterbuch der Betriebswirtschaft, S. 2 ff.; *Picot/Dietl/Frank/Fiedler/Royer*, Organisation, S. 89 f.; *Picot/Reichwald/Wigand*, Die grenzenlose Unternehmung, S. 55 ff.; *Pratt/Zeckhauser* in Pratt/Zeckhauser (Hrsg.), Principal and Agents, 1 ff.; *Richter/Furubotn*, Neue Institutionenökonomik, S. 173 ff.

139 Vgl. *Elschen*, ZfbF 43 (1991), 1002, 1004 f.; *Jost* in Jost (Hrsg.), Die Prinzipal-Agenten-Theorie in der Betriebswirtschaftslehre, 11, 23 ff.; *Picot/Dietl* in Ott/Schäfer (Hrsg.), Ökonomische Analyse des Unternehmensrechts, 306, 319 f.; *Picot/Dietl/Frank/Fiedler/Royer*, Organisation, S. 90; *Picot/Reichwald/Wigand*, Die grenzenlose Unternehmung,

dem Agenten diskretionäre Handlungsspielräume eröffnen.[140] Dabei besteht die Gefahr, dass der Agent ungeachtet der Interessen des Prinzipals von verschiedenen Handlungsmöglichkeiten diejenige wählt, die ihm selbst den größten Nutzen bietet.[141] Da sich die Entscheidungen des Agenten auf den Ertrag des Prinzipals auswirken, können dem Prinzipal unerwünschte Kosten entstehen (sog. Agenturkosten).[142] Übertragen auf die Beziehung zwischen Anteilseignern und Managern lässt sich das wie folgt ausdrücken: Anteilseignern (Prinzipal) ist es nicht möglich, und sie haben oftmals auch nicht das Interesse, Manager (Agent) bei der Ausübung ihrer Tätigkeit vollständig zu überwachen.[143] Das daraus resultierende Informationsgefälle können Manager ausnutzen, um eigennützig zu handeln.[144] Widerspricht das Managerhandeln den Interessen der Anteilseigner, können den Anteilseignern Agenturkosten entstehen.

S. 55; *Richter/Furubotn,* Neue Institutionenökonomik, S. 173 f.; *Wenger/Terberger,* WiSt 1988, 506 f.

140 *Bebchuk/Fried,* Pay without Performance, S. 15; *Picot/Dietl/Frank/Fiedler/Royer,* Organisation, S. 90; *Picot/Reichwald/Wigand,* Die grenzenlose Unternehmung, S. 55; *Raapke,* Regulierung der Vergütung, S. 13; siehe zu den verschiedenen Arten von Informationsasymmetrien *Arrow* in Pratt/Zeckhauser (Hrsg.), Principal and Agents, 37, 38 ff.; *Picot/Dietl* in Ott/Schäfer (Hrsg.), Ökonomische Analyse des Unternehmensrechts, 306, 320 ff.; *Schulz,* Aktienkursorientierte Vergütungssysteme für Führungskräfte, S. 23; *Schwalbach/Graßhoff,* ZfB 67 (1997), 203, 205.

141 Vgl. *Bebchuk/Fried,* Pay without Performance, S. 15 ff.; *Edmans/Gabaix/Jenter* in Hermalin/Weisbach (Hrsg.), The Handbook of the Economics of Corporate Governance, 383, 404; *Elschen,* ZfbF 43 (1991), 1002, 1004 f.; *Jensen/Meckling,* 3 J. Fin. Econ. 305, 312 f. (1976); *Kühnberger/Keßler,* AG 1999, 453 f.; *Petersen,* Optimale Anreizsysteme, S. 29 f.; *Picot/Dietl* in Ott/Schäfer (Hrsg.), Ökonomische Analyse des Unternehmensrechts, 306, 319; *Picot/Dietl/Frank/Fiedler/Royer,* Organisation, S. 90; *Schulz,* Aktienkursorientierte Vergütungssysteme für Führungskräfte, S. 20; *Wenger/Terberger,* WiSt 1988, 506.

142 *Jensen/Meckling,* 3 J. Fin. Econ. 305, 308 ff. (1976); *Jost* in Jost (Hrsg.), Die Prinzipal-Agenten-Theorie in der Betriebswirtschaftslehre, 11, 16; *Picot/Reichwald/Wigand,* Die grenzenlose Unternehmung, S. 55; *Pratt/Zeckhauser* in Pratt/Zeckhauser (Hrsg.), Principal and Agents, 1, 2 f.

143 Vgl. *Adams,* ZIP 2002, 1325, 1330; *Baums,* ZIP 1995, 11; *Elschen,* ZfbF 43 (1991), 1002, 1004; *Jensen/Murphy,* 98 J. Pol. Econ. 225, 251 (1990); *Pratt/Zeckhauser* in Pratt/Zeckhauser (Hrsg.), Principal and Agents, 1, 2 f.; *Richter/Furubotn,* Neue Institutionenökonomik, S. 173 f.; *Rönnau/Hohn,* NStZ 2004, 113, 117; *Schwalbach/Graßhoff,* ZfB 67 (1997), 203, 205; *Thüsing,* ZGR 2003, 457, 475.

144 Vgl. *Elschen,* ZfbF 43 (1991), 1002, 1004 f.; *Friebel/Langenbucher,* GWR 2011, 103; *Jensen/Murphy,* 98 J. Pol. Econ. 225 f. (1990); *Lieder,* Der Aufsichtsrat im Wandel der Zeit, S. 629 f.; *Picot/Dietl* in Ott/Schäfer (Hrsg.), Ökonomische Analyse des

Als Mittel, Interessenkonflikte zwischen Prinzipal und Agent zu verhindern, nennt die Agenturtheorie die Vergütungsstruktur des Agenten.[145] Belohnungsanreize sollen dazu beitragen, dass der Agent bei Erreichen bestimmter Erfolgsziele aufgrund der in Aussicht gestellten Belohnung zugleich einen eigenen Nutzen zieht.[146] Auf diese Weise soll erreicht werden, dass sich die Interessen des Agenten an die des Prinzipals angleichen.[147] Im Ergebnis sollen sich Interessenkonflikte vermeiden und Agenturkosten verhindern lassen.[148] Mit Blick auf die Aktiengesellschaft könnten Vorstandsvergütungen somit an die Aufgaben und Leistungen von Vorstandsmitgliedern und zugleich an den Erfolg des Unternehmens gekoppelt werden. Richten Vorstandsmitglieder ihr Verhalten darauf aus, ausschließlich zum Wohl des Unternehmens zu handeln, ließen sich Agenturkosten für die Gesellschaft und mittelbar für die Aktionäre vermeiden.

Unternehmensrechts, 306, 319; *Picot/Dietl/Frank/Fiedler/Royer,* Organisation, S. 90; *Wenger/Terberger,* WiSt 1988, 506.

145 *Edmans/Gabaix/Jenter* in Hermalin/Weisbach (Hrsg.), The Handbook of the Economics of Corporate Governance, 383, 404 f.; *Elschen,* ZfbF 43 (1991), 1002, 1005; *Ferrarini/Moloney,* ECFR 2004, 251, 255 f.; *Friebel/Langenbucher,* GWR 2011, 103; *Hoegen,* Reform der Vorstandsvergütung, S. 150; *Jensen/Meckling,* 3 J. Fin. Econ. 305, 308 (1976); *Jensen/Murphy,* 98 J. Pol. Econ. 225, 226 (1990); *Rönnau/Hohn,* NStZ 2004, 113, 117; *Schulz,* Aktienkursorientierte Vergütungssysteme für Führungskräfte, S. 28 f.; *Wenger/Terberger,* WiSt 1988, 506, 507.

146 Vgl. *Hoegen,* Reform der Vorstandsvergütung, S. 150; *Jensen/Murphy,* 98 J. Pol. Econ. 225, 226 (1990); *Raapke,* Regulierung der Vergütung, S. 13; *Schüller,* Vorstandsvergütung, S. 49.

147 Vgl. *Adams,* ZIP 2002, 1325, 1330; *Bebchuk/Fried/Walker,* 69 UCLA L. Rev. 751, 763 (2002); *Elschen,* ZfbF 43 (1991), 1002, 1005; *Ferrarini/Moloney,* ECFR 2004, 251, 257; *Frey/Osterloh,* 14 J. Manag. Inq. 96, 98 (2005); *Jensen/Murphy,* 98 J. Pol. Econ. 225, 226 (1990); *Kühnberger/Keßler,* AG 1999, 453, 455; *Picot/Reichwald/Wigand,* Die grenzenlose Unternehmung, S. 55; *Raapke,* Regulierung der Vergütung, S. 13; *Rapp/Wolff,* ZfB 80 (2010), 1075, 1080; *Rönnau/Hohn,* NStZ 2004, 112, 117; *Schüller,* Vorstandsvergütung, S. 49; *Schulz,* Aktienkursorientierte Vergütungssysteme für Führungskräfte, S. 28 f.; *Schwalbach/Graßhoff,* ZfB 67 (1997), 203, 205; *Seibert,* ZRP 2011, 166, 167.

148 *Adams,* ZIP 2002, 1325, 1330 f.; *Bebchuk/Fried,* Pay without Performance, S. 19; *Ferrarini/Moloney,* ECFR 2004, 251, 257; *Hucke,* AG 1994, 397, 401; *Jensen/Murphy,* 98 J. Pol. Econ. 225, 226 (1990); *Schwalbach/Graßhoff,* ZfB 67 (1997), 203, 205.

IV. Leistungs- und erfolgsunabhängige Vorstandsvergütungen als Ursache für Steuerungsprobleme

Um sich die Notwendigkeit leistungs- und erfolgsabhängiger Vorstandsvergütungen weiter zu verdeutlichen, gilt es außerdem zu erkennen, dass leistungs- und erfolgsunabhängige Vorstandsvergütungen selbst Steuerungsprobleme in börsennotierten Aktiengesellschaften verursachen können. Das zeigt vor allem ein Blick auf die Entwicklungen in US-amerikanischen *Corporations*. Dort haben leistungs- und erfolgsunabhängige Vergütungen Manager zu Fehlverhalten verleitet.

Vorab sei jedoch angemerkt, dass diese Erkenntnisse auf dem US-amerikanischen monistischen Gesellschaftssystem basieren. Daher ist fraglich, ob diese Erkenntnisse uneingeschränkt auf die dualistisch ausgestaltete deutsche Aktiengesellschaft übertragbar sind. Diese Frage lässt sich aufgrund struktureller Unterschiede zwischen *Corporations* und Aktiengesellschaften nicht eindeutig beantworten. Geringer dürfte jedenfalls die Gefahr sein, dass es in Aktiengesellschaften zu Fehlentwicklungen mit gleicher Intensität wie in *Corporations* kommt. Denn die Entwicklungen in *Corporations* sind unter anderem auf einen erhöhten Einfluss von Managern auf ihre eigenen Vergütungen zurückzuführen.[149] Dieser Einfluss dürfte bei Vorstandsmitgliedern deutscher Aktiengesellschaften niedriger sein.[150] Hintergrund ist, dass im US-amerikanischen monistischen Gesellschaftssystem sowohl Manager als auch die für deren Vergütungen zuständigen Direktoren dem Board of Directors und damit demselben Verwaltungsorgan angehören.[151] In der dualistisch ausgestalteten deutschen Aktiengesellschaft sind Vorstand und der für die Festsetzung der Vorstandsvergütung zuständige Aufsichtsrat dagegen jeweils eigenständige Organe. Daher dürften Manager mit Direktoren ein engeres Verhältnis pflegen als Vorstandsmitglieder mit Aufsichtsratsmitgliedern. Doch selbst wenn Fehlentwicklungen in diesem Ausmaß in deutschen Aktiengesellschaften nicht zu erwarten sind, schließt das nicht aus, dass leistungs- und erfolgsunabhängige Vorstandsvergütungen auch in deutschen Aktiengesellschaften Steuerungsprobleme

---

149 Siehe dazu *Bebchuk/Fried*, Pay without Performance, S. 61 ff.; *Bebchuk/Fried*, 17 J. Econ. Persp. 71, 75 f. (2003); *Bebchuk/Fried/Walker*, 69 UCLA L. Rev. 751, 842 ff. (2002).

150 Vgl. *Arnold*, Steuerung des Vorstandshandelns, S. 143, 163; *Bebchuk/Fried/Walker*, 69 UCLA L. Rev. 751, 842 ff. (2002); *Velte*, EuZW 2013, 893, 894.

151 Vgl. *Eberspächer* in Spindler/Stilz, AktG, Art. 38 SE-VO Rn. 3 f.; *Merkt*, US-amerikanisches Gesellschaftsrecht, Rn. 610; *Velte*, EuZW 2013, 893, 894.

verursachen können. Der Blick auf die Vergütungspraktiken in *Corporations* ist daher geeignet, um zu illustrieren, dass leistungs- und erfolgsunabhängige Vergütungen zu Steuerungsproblemen führen können.

Festgestellt wurde ein mangelnder Leistungs- und Erfolgsbezug bei Managervergütungen in *Corporations* insbesondere bei börsenkursabhängigen Vergütungsbestandteilen.[152] Manager erhielten Aktienoptionen, die nicht darauf ausgerichtet waren, sie zu Leistungssteigerungen anzuhalten. Vielmehr zielten diese Aktienoptionen darauf ab, ihnen den größtmöglichen Profit zu ermöglichen.[153] Beispielsweise wurden Managern Aktienoptionen ausgegeben, kurz bevor die Gesellschaft positive Nachrichten veröffentlichte.[154] Bei fallenden Aktienkursen wurde entweder der Ausübungspreis der bereits ausgegebenen Aktienoptionen nach unten angepasst (sog. *Repricing*) oder es wurden neue Aktienoptionen ausgegeben.[155] Ferner unterlagen die an Manager ausgegebenen Aktienoptionen keinen zeitlichen Beschränkungen bei der Ausübung.[156] Das führte dazu, dass Manager ihre Aktienoptionen bei Kursanstiegen früh ausübten, um ihren Gewinn zu sichern. Anschließend ließen sie sich von der Gesellschaft neue Aktienoptionen ausgeben.[157] Im Ergebnis konnten Manager nicht nur von einem steigenden Börsenkurs profitieren, sondern waren zusätzlich gegen einen fallenden Börsenkurs abgesichert.[158]

Angesichts dieser Vergütungspraktiken war die wirtschaftliche Entwicklung der Gesellschaft für Manager von nur untergeordneter Bedeutung. Vielmehr trugen ihre eigenen Ertragsaussichten dazu bei, dass sie ihr gesamtes Verhalten darauf ausrichteten, ihr eigenes Einkommen zu maximieren. Um den

---

152 *Bebchuk/Fried,* Pay without Performance, S. 164 ff.; *Edmans/Gabaix/Jenter* in Hermalin/Weisbach (Hrsg.), The Handbook of the Economics of Corporate Governance, 383, 467.

153 Vgl. *Adams,* ZIP 2002, 1325, 1333; *Bebchuk/Fried,* Pay without Performance, S. 162 ff.; *Bebchuk/Grinstein,* (2005) 21 Oxf. Rev. Econ. Pol. 283, 300.

154 *Bebchuk/Fried,* Pay without Performance, S. 164.

155 *Bebchuk/Fried,* Pay without Performance, S. 164 ff.; *Bebchuk/Fried/Walker,* 69 UCLA L. Rev. 751, 821 ff., 831 ff. (2002); *Edmans/Gabaix/Jenter* in Hermalin/Weisbach (Hrsg.), The Handbook of the Economics of Corporate Governance, 383, 467; vgl. zu den möglichen Auswirkungen eines Repricings auf die Höhe der Vorstandsbezüge *Adams,* ZIP 2002, 1325, 1329 f.

156 *Bebchuk/Fried,* Pay without Performance, S. 179 ff.; *Bebchuk/Fried,* 17 J. Econ. Persp. 71, 85 ff. (2003); *Bebchuk/Fried/Walker,* 69 UCLA L. Rev. 751, 821 ff., 825 ff. (2002).

157 *Bebchuk/Fried,* Pay without Performance, S. 174 ff.

158 *Bebchuk/Fried,* Pay without Performance, S. 169 f.

größtmöglichen Profit aus ihren Aktienoptionen herauszuschlagen, versuchten sie, den Börsenkurs mit allen Mitteln nach oben zu treiben. Sie verfolgten beispielsweise eine kurzfristige Geschäftspolitik, nutzten Insiderinformationen zu ihren Gunsten oder manipulierten die Erträge der Gesellschaft.[159]

V. Fehlende Einwirkungsmöglichkeiten und fehlendes Interesse der Aktionäre

Steht nach all dem fest, dass sich durch leistungs- und erfolgsabhängige Vorstandsvergütungen potenzielle Interessenkonflikte zwischen Aktionären und Vorstandsmitgliedern vermeiden und Steuerungsprobleme sowie daraus resultierende Agenturkosten für Aktionäre verhindern lassen, sind es in der Aktiengesellschaft gleichwohl nicht die Aktionäre, die Vorstandsvergütungen festsetzen. Vielmehr ist die Personalkompetenz für den Vorstand und damit auch die Festsetzung von Vorstandsvergütungen dem Aufsichtsrat überantwortet (§§ 84 Abs. 1, 87 Abs. 1 AktG).[160] Dabei handelt es sich um eine ausschließliche Zuständigkeit,[161] weshalb es Aktionären an rechtlichen Mitteln fehlt, um auf Vorstandsvergütungen Einfluss zu nehmen.

Auch mit der Einführung des VorstAG im Jahr 2009 änderte sich diese Situation nicht. Zwar sah § 120 Abs. 4 Satz 1 AktG a.F. einen fakultativen Beschluss der Hauptversammlung über die Billigung des Systems zur Vergütung von Vorstandsmitgliedern vor, ein Eingriff in die Verpflichtungen und organschaftlichen Befugnisse des Aufsichtsrats nach § 87 AktG war damit aber nicht verbunden.[162]

---

159 *Bebchuk/Fried,* Pay without Performance, S. 179 ff.; *Edmans/Gabaix/Jenter* in Hermalin/Weisbach (Hrsg.), The Handbook of the Economics of Corporate Governance, 383, 470, 486 ff.; *Peng/Röell,* 98 Am. Econ. Rev. 285 ff. (2008); *Peng/Röell,* 69 J. Fin. 487 ff. (2014).

160 Vgl. *Baums,* FS Claussen, 3, 15; *Dauner*-Lieb in Henssler/Strohn, AktG, § 84 Rn. 17; *Diekmann/Wurst,* NZG 2014, 121; *Fleischer* in Spindler/Stilz, AktG, § 84 Rn. 33; *Hüffer,* ZHR 161 (1997), 214, 232 ff.; *Koch* in Hüffer/Koch, AktG, § 84 Rn. 15; *Körner,* NJW 2004, 2697, 2701; *Lieder,* Der Aufsichtsrat im Wandel der Zeit, S. 196 f.; *Schüller,* Vorstandsvergütung, S. 155; *Spindler* in MüKoAktG, § 84 Rn. 71 ff.; *Thüsing* in Fleischer (Hrsg.), Hdb. Vorstandsrecht, § 4 Rn. 1; ausführlich zu den Funktionen des Aufsichtsrats *Lieder,* Der Aufsichtsrat im Wandel der Zeit, S. 423 ff., 647 ff.

161 *Baums,* FS Claussen, 3, 15; *Koch* in Hüffer/Koch, AktG, § 84 Rn. 15; *Schüller,* Vorstandsvergütung, S. 155; *Spindler* in MüKoAktG, § 84 Rn. 71 ff.

162 *Drinhausen* in Hölters, AktG, § 120 Rn. 42; *Fleischer,* NZG 2009, 801, 805; *Herrler* in Grigoleit, AktG, § 120 Rn. 27; *Hoffmann* in Spindler/Stilz, AktG, § 120 Rn. 55; *Koch* in Hüffer/Koch, AktG, § 120 Rn. 21; *Kubis* in MüKoAktG, § 120 Rn. 45; *Liebscher* in

Denn der Beschluss gemäß § 120 Abs. 4 Satz 2 AktG a.F. begründete weder Rechte noch Pflichten. Allerdings war auch die Intention des Gesetzgebers bei der Einführung von § 120 Abs. 4 AktG a.F. eine andere. Mit dem fakultativen Votum der Hauptversammlung über das Vergütungssystem der Vorstandsmitglieder wollte er eine Öffentlichkeitswirkung erzeugen, die Aufsichtsräte dazu anhält, gewissenhaft mit ihrer Aufgabe der Vergütungsfestsetzung umzugehen.[163] Eine rechtliche Bindungswirkung verfolgte er nicht.[164] Ferner zeigt auch der Trend bei den internationalen Reformbestrebungen, dass es Aktionären in der Vergangenheit offenbar an Einwirkungsmöglichkeiten beim Thema der Vorstandsvergütungen fehlte. Denn diese zielen im Wesentlichen darauf ab, die Mitspracherechte von Aktionären zu stärken.[165] Allerdings änderte sich diese Situation auch mit der Einführung des ARUG II nur unwesentlich. Zwar sind börsennotierte Aktiengesellschaften nunmehr gemäß § 120a AktG dazu verpflichtet, Aktionäre regelmäßig über das Vergütungssystem der Vorstandsmitglieder und den Vergütungsbericht über die Vorstandsvergütungen abstimmen zu lassen, rechtlich verbindlich ist dieses Votum für den Aufsichtsrat jedoch nicht.[166]

Neben rechtlichen Mitteln dürfte es Aktionären jedoch auch an Interesse fehlen, auf leistungs- und erfolgsabhängige Vorstandsvergütungen hinzuwirken. Hauptgrund dafür ist, dass Aktionäre, gerade wenn sie ihre Kapitalbeteiligung als bloße Kapitalanlage betrachten, wohl abgeneigt sein werden, sich eingehend mit der Festsetzung der Vorstandsvergütungen auseinanderzusetzen. Hierfür

---

Henssler/Strohn, AktG, § 120 Rn. 15; *Seibert*, WM 2009, 1489, 1491; *Spindler*, NJOZ 2009, 3282, 3290; *Velte*, EuZW 2013, 893, 895.

163 Beschlussempfehlung und Bericht des Rechtsausschusses zum Entwurf eines Gesetzes zur Angemessenheit der Vorstandsvergütung (VorstAG) vom 17.6.2009, BT-Drs. 16/13433, S. 12; vgl. ferner *Fleischer*, NZG 2009, 801, 805; *Koch* in Hüffer/Koch, AktG, § 120 Rn. 20; *Kubis* in MüKoAktG, § 120 Rn. 45; *Liebscher* in Henssler/Strohn, AktG, § 120 Rn. 15.

164 Beschlussempfehlung und Bericht des Rechtsausschusses zum Entwurf eines Gesetzes zur Angemessenheit der Vorstandsvergütung (VorstAG) vom 17.6.2009, BT-Drs. 16/13433, S. 12.

165 Richtlinie (EU) 2017/828 des Europäischen Parlaments und des Rates vom 17.5.2017 zur Änderung der Richtlinie 2007/36/EG im Hinblick auf die Förderung der langfristigen Mitwirkung der Aktionäre, ABl. 2017 L 132, 1, 5, Erwägungsgrund 29; siehe dazu auch *Gaul*, AG 2017, 178, 180; *Hommelhoff*, NZG 2015, 1329, 1332; *Lanfermann/Maul*, BB 2017, 1218; *Lanfermann/Maul*, BB 2014, 1283.

166 Entwurf eines Gesetzes zur Umsetzung der zweiten Aktionärsrechterichtlinie (ARUG II) des Bundesministeriums der Justiz und für Verbraucherschutz vom 11.10.2018, S. 106.

spricht, dass selbst hohe Vorstandsgehälter die Bilanz einer Gesellschaft in der Regel nur unwesentlich beeinträchtigen. Auch mindern Vorstandsgehälter nicht unmittelbar das Vermögen von Aktionären. Stattdessen schmälern sie in erster Linie das Vermögen der Gesellschaft und wirken sich nur mittelbar auf den anteilsmäßigen Wert und die Dividende von Aktionären aus.[167] Ferner wird der aus Vorstandsvergütungen resultierende Wertverlust unter sämtlichen Aktionären aufgeteilt. Damit ist das Vermögen eines einzelnen Aktionärs nur zu einem geringen Bruchteil betroffen.[168]

Ein weiterer Grund für ein fehlendes Interventionsinteresse von Aktionären dürften mangelnde Fachkenntnisse in der Gestaltung von Vorstandsvergütungen sein.[169] Insbesondere aktienkursbasierte Vergütungsbestandteile bilden regelmäßig ein komplexes Konstrukt.[170] Daher dürfte es Aktionären bereits schwerfallen, diese zu verstehen. Abgesehen davon lässt es sich bei der Festsetzung aktienkursbasierter Vergütungsbestandsteile generell nur schwer voraussagen, auf welche Maximalhöhe sich Vorstandsbezüge belaufen könnten.[171] Geschuldet ist das nicht zuletzt der Möglichkeit, dass Börsenkurse auch von äußeren Faktoren wie Umweltbedingungen und allgemeinen Marktschwankungen beeinflusst werden (sog. *windfall profits*). Diese können dazu führen, dass Vorstandsvergütungen unabhängig von den Leistungen von Vorstandsmitgliedern enorm ansteigen.[172]

---

167 Vgl. *Bebchuk/Fried/Walker,* 69 UCLA L. Rev. 751, 780 (2002); *Dauner-Lieb* in Henssler/Strohn, AktG, § 87 Rn. 1; *Fleischer* in Spindler/Stilz, AktG, § 87 Rn. 1; *Kalb/Fröhlich,* NZG 2014, 167, 169; *Koch* in Hüffer/Koch, AktG, § 87 Rn. 1.

168 Vgl. *Baums,* ZIP 1995, 11; *Dauner-Lieb,* WM 2007, 9, 11; *Fleischer/Strothotte,* AG 2011, 221, 224 f.; *Roth,* ZIP 2003, 369, 376.

169 Vgl. *Fleischer/Strothotte,* AG 2011, 221, 225 f.; *Renner,* AG 2015, 513, 517.

170 Vgl. *Bayer,* DB 2018, 3034, 3042; *Bebchuk/Fried,* Pay without Performance, S. 37; *Bebchuk/Fried/Walker,* 69 UCLA L. Rev. 751, 772 (2002); *de Raet/Dörfler,* CCZ 2017, 253, 255; *Edmans/Gabaix/Jenter* in Hermalin/Weisbach (Hrsg.), The Handbook of the Economics of Corporate Governance, 383, 484; *Fleischer,* BB 2010, 67 f.; *Habersack,* NZG 2018, 127, 130, 134; *Kühnberger/Keßler,* AG 1999, 453, 455; *Wighardt/Berger,* NZG 2017, 1370, 1371.

171 Vgl. *Adams,* ZIP 2002, 1325, 1333; *Baums,* FS Claussen, 3, 12 ff.; *Bebchuk/Fried,* Pay without Performance, S. 137 ff.; *Bebchuk/Fried/Walker,* 69 UCLA L. Rev. 751, 796 ff. (2002).

172 Siehe dazu *Arnold,* Steuerung des Vorstandshandelns, S. 135; *Baums,* FS Claussen, 3, 12 ff.; *Bebchuk/Fried,* Pay without Performance, S. 73, 123, 137 ff.; *Bebchuk/Fried,* 17 J. Econ. Persp. 71, 83 f. (2003); *Bebchuk/Fried/Walker,* 69 UCLA L. Rev. 751, 758 (2002); *Kohler,* ZHR 161 (1997), 243, 258; *Schüller,* Vorstandsvergütung, S. 95.

Schließlich können auch anderweitige ökonomische Gesichtspunkte Aktionäre davon abhalten, gegen leistungs- und erfolgsabhängige Vorstandsvergütungen vorzugehen. Beispielsweise können leistungs- und erfolgsabhängig ausgestaltete Vorstandsvergütungen für Vorstandsmitglieder Abstriche in der Vergütungshöhe bedeuten. Dadurch besteht die Gefahr, dass Vorstandsmitglieder die Gesellschaft verlassen und sich Gesellschaften anschließen, bei denen sie selbst bei schwächeren Leistungen hohe Vergütungen erhalten können. Scheidet ein Vorstandsmitglied aus einer Gesellschaft aus, hat das nicht nur eine in der Regel hohe Abfindungszahlung zur Folge, sondern die Gesellschaft muss zusätzlich eine nicht unerhebliche Summe für einen adäquaten Nachfolger ausgeben. Insgesamt kann das etwaige Mehrkosten leistungs- und erfolgsunabhängiger Vorstandsvergütungen übersteigen.[173]

VI. Interessenkonflikte des Aufsichtsrats bei der Festsetzung der Vorstandsvergütung

Als dem Wohl des Unternehmens verpflichtetes Überwachungsorgan ist es die Aufgabe des Aufsichtsrats, Managementfehler möglichst zu unterbinden und die Entstehung von Agenturkosten zu vermeiden.[174] Um ein eigennütziges und für das Unternehmen nachteiliges Verhalten von Vorstandsmitgliedern zu verhindern, muss der Aufsichtsrat Vorstandsvergütungen daher an die Aufgaben und Leistungen von Vorstandsmitgliedern sowie die Gesellschaftslage knüpfen. Allerdings können Aufsichtsratsmitglieder Interessenkonflikten unterliegen, wenn sie die Vergütungen von Vorstandsmitgliedern festsetzen.[175] Diese können dazu führen, dass sie Vorstandsmitgliedern Vergütungen gewähren, die nur unzureichend von den Aufgaben und Leistungen der Vorstandsmitglieder sowie der Gesellschaftslage abhängen.[176]

Interessenkonflikte können bei Aufsichtsratsmitgliedern aus unterschiedlichen Gründe auftreten. Zentrales Problem ist, dass Aufsichtsratsmitglieder

---

173 *Bebchuk/Fried/Walker,* 69 UCLA L. Rev. 751, 783 (2002).

174 Vgl. *Baums,* ZIP 1995, 11, 12; *Velte,* EuZW 2013, 893, 894.

175 *Dreher,* JZ 1990, 896 ff.; *Habersack,* NZG 2018, 127, 128; *Habersack* in MüKoAktG, § 100 Rn. 92 ff.; *Kort,* ZIP 2008, 717, 720 ff.; *Priester,* ZIP 2011, 2081, 2082; *Uwe H. Schneider,* FS Goette, 475 ff.; *Scholderer,* NZG 2012, 168 ff.; *Seibert,* ZRP 2011, 166; *Seibt,* FS Hopt, 1363 ff.; *Velte,* EuZW 2013, 893, 894.

176 Vgl. *Adams,* ZIP 2002, 1325, 1333; *Bebchuk/Fried,* Pay without Performance, S. 23; *Habersack,* NZG 2018, 127, 128; *Peltzer,* NZG 2009, 1041, 1044; *Velte,* EuZW 2013, 893, 894.

von den wirtschaftlichen Folgen ihrer Vergütungsentscheidung kaum betroffen sind.[177] Das allein spricht bereits dafür, dass Aufsichtsratsmitglieder ein geringes Interesse daran haben, ob und inwieweit Vorstandsmitglieder entsprechend ihren Aufgaben und Leistungen sowie entsprechend der wirtschaftlichen Entwicklung der Gesellschaft vergütet werden.

Darüber hinaus können zwischen Aufsichtsratsmitgliedern und Vorstandsmitgliedern persönliche und personelle Verflechtungen bestehen.[178] In börsennotierten Unternehmen ist es üblich, dass Manager bei der Entscheidung über die in Betracht kommenden Aufsichtsratskandidaten mitwirken.[179] Dadurch verhelfen sie Aufsichtsratsmitgliedern indirekt dabei, in der Hauptversammlung durch die Aktionäre gewählt zu werden und ihre Position zu erlangen.[180] Ferner wird der Aufsichtsrat durch das Aktiengesetz dazu angehalten, regelmäßig mit dem Vorstand zusammenzuarbeiten. § 111 Abs. 4 AktG verlangt, dass bestimmte Geschäfte durch den Vorstand nur mit Zustimmung des Aufsichtsrats vorgenommen werden dürfen. Noch deutlicher wird der DCGK. Dieser sieht in Ziffer 3.1 vor, dass Vorstand und Aufsichtsrat zum Wohl des Unternehmens eng zusammenarbeiten. Außerdem setzt der DCGK in Ziffer 3.5 für eine gute Unternehmensführung voraus, dass eine offene Diskussion zwischen beiden Verwaltungsorganen gewährleistet ist. Um sich die eigene Tätigkeit nicht zu erschweren, dürften Aufsichtsratsmitglieder deshalb daran interessiert sein, einen kollegialen Umgang mit Vorstandsmitgliedern zu pflegen.[181] Hartnäckige Vergütungsverhandlungen, bei denen Vorstandsmitglieder beträchtliche Abstriche von ihren Vergütungsvorstellungen hinnehmen müssen, sollten das Gegenteil bewirken.

Zusätzlich können Aufsichtsratsmitglieder auf persönlicher Ebene befangen sein. In Aktiengesellschaften ist es nicht nur rechtlich zulässig (e contrario

177 Vgl. *Arnold,* Steuerung des Vorstandshandelns, S. 139; *Habersack,* NZG 2018, 127, 128; *Peltzer,* NZG 2009, 1041, 1044.

178 Vgl. *Adams,* ZIP 2002, 1325, 1333; *Arnold,* Steuerung des Vorstandshandelns, S. 138 f.; *Bebchuk/Fried,* Pay without Performance, S. 27 ff.; *Bebchuk/Fried,* 17 J. Econ. Persp. 71, 77 (2003); *Bebchuk/Fried/Walker,* 69 UCLA L. Rev. 751, 754, 764 ff. (2002); *Raapke,* Regulierung der Vergütung, S. 16.

179 Vgl. *Adams,* ZIP 2002, 1325, 1333; *Bebchuk/Fried,* Pay without Performance, S. 31; *Bebchuk/Fried,* 17 J. Econ. Persp. 71, 77 (2003); *Bebchuk/Fried/Walker,* 69 UCLA L. Rev. 751, 766 f. (2002); *Seibert,* FS Hommelhoff, 1111, 1117.

180 Vgl. *Bebchuk/Fried,* Pay without Performance, S. 31; *Bebchuk/Fried/Walker,* 69 UCLA L. Rev. 751, 766 f. (2002); *Seibert,* FS Hommelhoff, 1111, 1117.

181 Vgl. *Bebchuk/Fried,* Pay without Performance, S. 31.

§ 100 Abs. 2 Nr. 3 AktG), sondern auch übliche Praxis, dass Vorstandsmitglieder anderer Aktiengesellschaften zeitgleich als Aufsichtsratsmitglied tätig sind. Darüber hinaus sind Aufsichtsräte oftmals mit ehemaligen Vorstandsmitgliedern der eigenen Gesellschaft besetzt, da diese mit den Strukturen und Abläufen der Gesellschaft bereits vertraut sind. Das Problem dabei ist, dass derjenige, der selbst bereits von leistungs- und erfolgsunabhängigen Vergütungsbestandteilen profitierte, diese wohl eher befürwortet als ein insoweit unbefangenes Aufsichtsratsmitglied.[182] Abgesehen davon ist es keine einfache Aufgabe, Vorstandsvergütungen leistungs- und erfolgsabhängig auszugestalten.[183] Wenngleich Aufsichtsräte die Vergütungen von Vorstandsmitgliedern heutzutage oftmals durch Vergütungsberater ausarbeiten lassen, dürfte es ihnen in der Regel selbst an fachlichen Kenntnissen fehlen,[184] um die Entwürfe der Vergütungsberater auf einen hinreichenden Leistungs- und Erfolgsbezug prüfen zu können. Ferner haben Aufsichtsratsmitglieder oftmals nur begrenzte zeitliche Ressourcen, vor allem, wenn sie zeitgleich weitere Aufsichtsrats- oder Vorstandsämter ausüben.[185] Daher werden sie das Thema Vorstandsvergütung wohl in einem zeitlich überschaubaren Rahmen abschließen wollen. Ob und inwieweit die Entwürfe von Vergütungsberatern die Vergütungen mit den Aufgaben und Leistungen von Vorstandsmitgliedern sowie der Gesellschaftslage verknüpfen, dürfte für sie dabei von untergeordneter Bedeutung sein.

VII. Keine Lösung der Problematik durch externe Vergütungsberater

Auch wenn Aufsichtsräte börsennotierter Unternehmen bei der Festsetzung von Vorstandsvergütungen in der Regel externe Vergütungsberater hinzuziehen, dürften diese in der Vergangenheit ebenfalls nicht darauf hingewirkt haben, dass

---

182 Vgl. *Bebchuk/Fried,* Pay without Performance, S. 33.

183 Vgl. *Bebchuk/Fried,* Pay without Performance, S. 37; *Bebchuk/Fried/Walker,* 69 UCLA L. Rev. 751, 772 (2002); *de Raet/Dörfler,* CCZ 2017, 253, 255; *Edmans/Gabaix/Jenter* in Hermalin/Weisbach (Hrsg.), The Handbook of the Economics of Corporate Governance, 383, 484; *Fleischer,* RIW 2010, 497, 500; *Habersack,* NZG 2018, 127, 130, 134; *Kühnberger/Keßler,* AG 1999, 453, 455; *Wighardt/Berger,* NZG 2017, 1370, 1371.

184 Vgl. *Bebchuk/Fried,* Pay without Performance, S. 37; *Bebchuk/Fried/Walker,* 69 UCLA L. Rev. 751, 768 (2002); *Fleischer,* RIW 2010, 497, 500; *Habersack,* NZG 2018, 127, 130, 134; *Weber-Rey/Buckel,* NZG 2010, 761, 762.

185 Vgl. *Bebchuk/Fried,* Pay without Performance, S. 36 f.; *Bebchuk/Fried/Walker,* 69 UCLA L. Rev. 751, 772 (2002); *Winter,* FS Hopt, 1521, 1524.

Vorstandsmitglieder leistungs- und erfolgsabhängig vergütet wurden.[186] Grundsätzlich können externe Vergütungsberater aufgrund ihrer Kenntnisse und ihrer weitreichenden Informationen eine wichtige Beratungsfunktion des Aufsichtsrats bei der Festsetzung der Vorstandsvergütung einnehmen.[187] Auch ist es mit dem geltenden Aktienrecht vereinbar, wenn Aufsichtsräte externe Vergütungsberater zur Beratung und Entscheidungsfindung hinzuziehen.[188] Gemäß § 107 Abs. 3 Satz 7 AktG ist einzig der Beschluss über die Vergütung der Vorstandsmitglieder dem Aufsichtsratsplenum vorbehalten.[189] Ferner dürfte die Einschaltung eines unabhängigen und unparteiischen externen Vergütungsexperten vom Anlegerpublikum regelmäßig begrüßt werden, da er ihnen eine Art Richtigkeitsgewähr signalisiert.[190]

Allerdings sind externe Vergütungsberater in der Vergangenheit in der internationalen rechts- und wirtschaftswissenschaftlichen Literatur in Kritik geraten.[191] Grund dafür ist, dass externe Vergütungsberater vom Management weniger unabhängig waren, als es für ihre Aufgabe notwendig ist.[192] Sie wurden in der Regel von der dafür zuständigen Personalabteilung beauftragt, die

---

186 Vgl. *Adams,* ZIP 2002, 1325, 1333; *Bebchuk/Fried,* Pay without Performance, S. 37 ff.; *Bebchuk/Fried,* 17 J. Econ. Persp. 71, 78 f. (2003); *Bebchuk/Fried/Walker,* 69 UCLA L. Rev. 751, 789 ff. (2002); *Edmans/Gabaix/Jenter* in Hermalin/Weisbach (Hrsg.), The Handbook of the Economics of Corporate Governance, 383, 481 f.; *Fleischer,* BB 2010, 67, 68; *Peltzer,* NZG 2009, 1041, 1044.

187 Vgl. *Fleischer,* BB 2010, 67 f.; *Habersack,* NZG 2018, 127, 130, 134.

188 Vgl. *Fleischer* in Spindler/Stilz, AktG, § 87 Rn. 40; *Koch* in Hüffer/Koch, AktG, § 87 Rn. 4; siehe zu den Pflichten des Aufsichtsrats bei der Einschaltung von Vergütungsberatern *Weber-Rey/Buckel,* NZG 2010, 761 ff.

189 *Habersack* in MüKoAktG, § 107 Rn. 154 f.; *Hambloch-Gesinn/Gesinn* in Hölters, AktG, § 107 Rn. 100; *Fleischer,* NZG 2009, 801, 804; *Koch* in Hüffer/Koch, AktG, § 107 Rn. 28; *Seibert,* WM 2009, 1489, 1491; *Spindler* in Spindler/Stilz, AktG, § 107 Rn. 126; *Wettich,* AG 2013, 374, 378.

190 *Fleischer,* BB 2010, 67, 68; vgl. ferner *Bender,* 64 Vand. L. Rev. 361, 367 (2011).

191 Siehe dazu *Bebchuk/Fried,* Pay without Performance, S. 37 ff.; *Bebchuk/Fried,* 17 J. Econ. Persp. 71, 78 f. (2003); *Bebchuk/Fried/Walker,* 69 UCLA L. Rev. 751, 789 ff. (2002); *Conyon,* 64 Vand. L. Rev. 399 ff. (2011); *Edmans/Gabaix/Jenter* in Hermalin/Weisbach (Hrsg.), The Handbook of the Economics of Corporate Governance, 383, 481 f.; *Fleischer,* BB 2010, 67, 68; *Murphy/Sandino,* 49 J. Acct. & Econ. 247 ff. (2010); *Osterloh/Rost/Madjdpour* in Forum Wirtschaftsethik, 16. Jg., Nr. 4/2008, 28, 34.

192 *Adams,* ZIP 2002, 1325, 1333; *Bebchuk/Fried,* Pay without Performance, S. 37 ff.; *Bebchuk/Fried,* 17 J. Econ. Persp. 71, 78 f. (2003); *Bebchuk/Fried/Walker,* 69 UCLA L. Rev. 751, 789 ff. (2002); *Edmans/Gabaix/Jenter* in Hermalin/Weisbach (Hrsg.), The Handbook of the Economics of Corporate Governance, 383, 481 f.; *Fleischer,* BB 2010, 67,

wiederum selbst dem Management unterstellt ist.[193] Damit hing die Bewertung ihrer Arbeit davon ab, ob Manager mit ihrer künftigen Vergütung zufrieden waren.[194] Um auch bei künftigen Beratungsaufgaben von der Gesellschaft berücksichtigt zu werden, empfahlen sie deshalb Vergütungen, die im Interesse der Manager lagen.[195] Zusätzlich vertrauten die für die Vergütungsfestsetzung eigentlich zuständigen Aufsichtsorgane aus Zeitgründen und aufgrund einer fehlenden Expertise nahezu blind auf die Empfehlungen externer Vergütungsberater.[196] Deshalb wirkten externe Vergütungsberater in der Vergangenheit nicht darauf hin, Manager leistungs- und erfolgsabhängig zu vergüten. Stattdessen dürften sie von diesen Parametern unabhängige Vergütungen sogar gefördert haben.[197]

Anzumerken ist, dass diese Erkenntnisse auf Entwicklungen insbesondere in US-amerikanischen und britischen Kapitalgesellschaften basieren, es aber in Bezug auf deutsche Aktiengesellschaften bislang an einem empirischen Beleg für ein solches Szenario fehlt.[198] Allerdings ist es wahrscheinlich, dass auch Vergütungsberater deutscher Aktiengesellschaften in der Vergangenheit Interessenkonflikten unterlagen, denn der Beratungsmarkt in Deutschland wird ähnlich wie in den USA oder in Großbritannien von wenigen Unternehmen beherrscht.[199] Das Angebot dieser Beratungsunternehmen ist oftmals breit diversifiziert.[200] Selbst wenn ein Beratungsunternehmen durch den Aufsichtsrat mit der Ausarbeitung von Vorstandsvergütungen beauftragt wurde, liegt es daher

68; *Murphy/Sandino,* 49 J. Acct. & Econ. 247 ff. (2010); ausführlich zur Unabhängigkeit von Vergütungsberatern *Baums,* AG 2010, 53 ff.

193 *Bebchuk/Fried,* Pay without Performance, S. 38; *Bebchuk/Fried,* 17 J. Econ. Persp. 71, 78 f. (2003); *Bebchuk/Fried/Walker,* 69 UCLA L. Rev. 751, 790 (2002); *Fleischer,* BB 2010, 67, 68.

194 *Bebchuk/Fried,* Pay without Performance, S. 38; *Bebchuk/Fried,* 17 J. Econ. Persp. 71, 79 (2003); *Bebchuk/Fried/Walker,* 69 UCLA L. Rev. 751, 790 (2002); *Fleischer,* BB 2010, 67, 68.

195 *Adams,* ZIP 2002, 1325, 1333; *Bebchuk/Fried,* Pay without Performance, S. 38; *Bebchuk/Fried,* 17 J. Econ. Persp. 71, 79 (2003); *Bebchuk/Fried/Walker,* 69 UCLA L. Rev. 751, 790 (2002); *Edmans/Gabaix/Jenter* in Hermalin/Weisbach (Hrsg.), The Handbook of the Economics of Corporate Governance, 383, 481 f.; *Fleischer,* BB 2010, 67, 68.

196 *Bebchuk/Fried,* Pay without Performance, S. 38; *Körner,* NJW 2004, 2697, 2701; *Lutter,* ZIP 2003, 737, 742.

197 Vgl. *Peltzer,* NZG 2009, 1041, 1044.

198 *Fleischer,* BB 2010, 67, 73.

199 *Fleischer,* BB 2010, 67, 73.

200 *Fleischer,* BB 2010, 67, 73.

nahe, dass das Beratungsunternehmen zugleich vom Vorstand beziehungsweise von der ihm unterstellten Personalabteilung mit einer anderen Tätigkeit, wie beispielsweise der Ausarbeitung von Mitarbeitervergütungen, beauftragt wurde.

VIII. Zusammenfassung

Die Vergütungen von Vorstandsmitgliedern eignen sich dazu, dem in börsennotierten Aktiengesellschaften regelmäßig bestehenden Agenturproblem zwischen Aktionären und Vorstandsmitgliedern zu begegnen. Voraussetzung dafür ist, dass Vorstandsmitglieder entsprechend ihren Aufgaben und Leistungen sowie abhängig von der Gesellschaftslage vergütet werden. Ist das nicht der Fall, kann es in einer Aktiengesellschaft zu Steuerungsproblemen kommen. Daraus können wiederum Agenturkosten für die Aktiengesellschaft und mittelbar für die Aktionäre der Aktiengesellschaft entstehen.

Zuständig für die Festsetzung von Vorstandsvergütungen ist der Aufsichtsrat. In seiner Funktion als Überwachungsorgan hat er dafür zu sorgen, dass Vorstandsmitglieder leistungs- und erfolgsabhängig vergütet werden. Allerdings können Aufsichtsratsmitglieder bei der Vergütungsfestsetzung Interessenkonflikten unterliegen. Diese können dazu führen, dass Aufsichtsräte Vorstandsvergütungen festsetzen, die nur unzureichend von den Aufgaben und Leistungen von Vorstandsmitgliedern sowie der Gesellschaftslage abhängen. Aktionären als Anteilseignern fehlt es dagegen an rechtlichen Mitteln und aufgrund der ihnen in börsennotierten Aktiengesellschaften primär angedachten Stellung als bloße Kapitalgeber oftmals auch an Interesse, um auf die Gestaltung von Vorstandsvergütungen Einfluss zu nehmen.

Um Steuerungsprobleme in börsennotierten Aktiengesellschaften zu verhindern, ist angesichts dieser Problemlage ein Eingriff des Gesetzgebers in die Vergütungssysteme von Vorstandsmitgliedern börsennotierter Unternehmen erforderlich. Dieser sollte darauf abzielen, dass Vorstandsmitglieder leistungs- und erfolgsabhängig vergütet werden.

§ 5 Auf kurzfristigen Erfolg ausgerichtete Vergütungssysteme als Regulierungsgrund

I. Einführung

Werden Vorstandsmitglieder leistungs- und erfolgsabhängig vergütet, können sich Probleme ergeben, wenn die hierdurch gesetzten Verhaltensanreize Vorstandsmitglieder dazu verleiten, eine risikoreiche Geschäftspolitik zu betreiben. Die zu einer solchen Geschäftspolitik anhaltenden, auf kurzfristigen Erfolg ausgerichteten Vergütungssysteme wurden als einer der wesentlichen Treiber der Finanzkrise von 2008 ausgemacht.[201] Hierauf reagierte der Gesetzgeber. Im Interesse eines stabilen und funktionsfähigen Finanzsystems hat er die bereits skizzierten Maßnahmen[202] ergriffen, die derartige Vergütungsstrukturen unterbinden sollen.

Mit einem Verweis auf das Gemeinwohlinteresse an einem stabilen und funktionsfähigen Finanzsystem lassen sich bei Unternehmen der Realwirtschaft allerdings keine regulierenden Maßnahmen rechtfertigen. Denn die Insolvenz eines solchen Unternehmens kann die Stabilität des Finanzsystems nicht beeinträchtigen.[203] Für Unternehmen, die nicht im Bereich der Finanzwirtschaft tätig sind, stellt sich daher die Frage, ob es andere Gründe gibt, leistungs- und erfolgsabhängige Vergütungssysteme dahingehend zu regulieren, dass sie Vorstandsmitglieder nicht zu risikoreichen Geschäftsstrategien verleiten. Mit dem naheliegenden Argument, dass risikoreiches Wirtschaften eine erhöhte Gefahr für den Bestand eines Unternehmens begründet, lässt sich ein solcher Eingriff jedenfalls nicht legitimieren. In einer freien Marktwirtschaft muss es nämlich grundsätzlich dem Ermessen der Wirtschaftsakteure überantwortet bleiben, welche Geschäftsstrategien sie verfolgen und welche Risiken sie dabei einzugehen bereit sind.

---

201 *Binder* in Rieble/Junker/Giesen (Hrsg.), Finanzkriseninduzierte Vergütungsregulierung und arbeitsrechtliche Entgeltsysteme, 63, 65; *Dzida/Naber*, BB 2011, 2613; *Früh* in Annuß/Früh/Hasse, InstitutsVergV, Vorb. Rn. 4; *Groeger*, RdA 2011, 287; *Krauel/Broichhausen*, VersR 2015, 1189; *Müller-Bonanni/Mehrens*, NZA 2010, 792; *Seibert*, FS Hüffer, 955; *Wolfgarten* in BFS-KWG, InstitutsVergV, Vorb. Rn. 1.

202 Siehe dazu oben, 1. Teil, sub § 3.

203 Überzeugend *Günther*, WM 2010, 825, 828; vgl. ferner *Adolff/Eschwey*, ZHR 177 (2013), 902, 908 ff.

Aktionäre als Anteilseigner, vor allem institutionelle Investoren, könnten nicht nur daran interessiert sein, sondern sogar darauf hingewirkt haben, dass Aufsichtsräte Vergütungssysteme von Vorstandsmitgliedern in den letzten Jahren zunehmend auf kurzfristigen Erfolg ausrichteten. Daher ist auf den ersten Blick kein Grund ersichtlich, regulierend in die Vergütungssysteme von börsennotierten Unternehmen auch außerhalb des Finanzsektors einzugreifen. Allerdings könnte es sein, dass der Vorstand bei seiner Leitungstätigkeit nicht nur die Interessen der Aktionäre, sondern auch die der übrigen Stakeholder des Unternehmens berücksichtigen muss. Gemeint sind Arbeitnehmer, Lieferanten, Kunden, Fremdkapitalgeber, der Staat und die Öffentlichkeit.[204] Diese könnten im Gegensatz zu Aktionären nicht daran interessiert sein, wenn Vorstandsmitglieder über Vergütungsanreize dazu angehalten werden, eine risikoreiche Geschäftspolitik zu betreiben. Daher ist im Folgenden zunächst die grundsätzliche Frage zu klären, nach welchen Interessen sich die Zielvorgaben des Vorstandshandelns bestimmen. Anschließend kann auf dieser Grundlage herausgearbeitet werden, ob die in diese Zielvorgaben einfließenden Interessen mit einer risikoreichen Geschäftspolitik von Vorstandsmitgliedern vereinbar sind. Sollte das nicht der Fall sein, könnte ein vergütungsregulierender Eingriff notwendig sein, um zu verhindern, dass Vorstandsmitglieder durch auf kurzfristigen Erfolg ausgerichtete Vergütungssysteme dazu verleitet werden, entgegen den ihnen obliegenden Zielvorgaben zu handeln.

II. Aktienrechtliche Zielvorgaben des Vorstandshandelns

Die Frage, nach welchen Zielvorgaben der Vorstand einer Aktiengesellschaft seine Leitungstätigkeit auszurichten hat, gehört zu den aktienrechtlichen Grundproblemen und wurde bis heute nicht geklärt.[205] Insbesondere in der Wirtschaftswissenschaft herrscht darüber eine Grundsatzdebatte.[206] Vertreten werden der Shareholder Value-Ansatz und der Stakeholder Value-Ansatz. Nach dem Shareholder Value-Ansatz bestimmt sich die Leitungsaufgabe des Vorstands nach den

---

204 Vgl. *v. Colbe,* ZGR 1997, 271 f.; *Fleischer* in Fleischer (Hrsg.), Hdb. Vorstandsrecht, § 1 Rn. 26; *Fleischer* in Spindler/Stilz, AktG, § 76 Rn. 29; *Kort,* AG 2012, 605; *Kuhner,* ZGR 2004, 244, 250; *Mülbert,* ZGR 1997, 129, 130; *Schulz,* Aktienkursorientierte Vergütungssysteme für Führungskräfte, S. 44; *Spindler* in MüKoAktG, § 76 Rn. 75; *Ulmer,* AcP 202 (2002), 143, 155.

205 *Fleischer* in Spindler/Stilz, AktG, § 76 Rn. 21.

206 *Fleischer* in Fleischer (Hrsg.), Hdb. Vorstandsrecht, § 1 Rn. 27.

Interessen der Aktionäre.[207] Dem Stakeholder Value-Ansatz liegt dagegen ein interessenpluralistisches Verständnis zugrunde.[208] Danach muss der Vorstand im Rahmen seiner Leitungstätigkeit nicht nur die Interessen von Aktionären, sondern auch die der übrigen Stakeholder der Gesellschaft berücksichtigen.

Aus gesellschaftsrechtlicher Sicht schließen sich bei einer Aktiengesellschaft Kapitalgeber zusammen, um ihre Interessen zu verwirklichen.[209] Daher liegt es nahe, die Zielvorgaben der Leitungsaufgabe des Vorstands nach den Aktionärsinteressen zu bemessen. Dafür spricht auch der Umstand, dass Aktionäre gegenüber den übrigen Stakeholdern ein ungleich größeres Risiko übernehmen.[210] Im Fall einer Liquidation oder einer Insolvenz der Gesellschaft erhalten sie nur das, was nach Erfüllung der Ansprüche gegen die Gesellschaft übrig bleibt.[211] Mit anderen Worten ist der Wert ihrer Beteiligung eng mit dem wirtschaftlichen Erfolg der Gesellschaft verbunden. Arbeitnehmer, Fremdkapitalgeber und sonstige Gläubiger erhalten dagegen eine feste und erfolgsunabhängige Kompensation für ihre Leistungen.[212] Zudem werden diese im Gegensatz zu Aktionären durch arbeits- und sozialrechtliche Vorgaben, Kapitalaufbringungs- und

---

207 *Ballwieser,* ZfbF 61 (2009), 93, 94; *Bernhardt/Witt,* ZfB 67 (1997), 85, 87; *v. Colbe,* ZGR 1997, 271 f.; *Fleischer* in Fleischer (Hrsg.), Hdb. Vorstandsrecht, § 1 Rn. 26; *Kort,* AG 2012, 605; *Kuhner,* ZGR 2004, 244, 258; *Mertens/Cahn* in KK-AktG, § 76 Rn. 15; *Mülbert,* ZGR 1997, 129, 130; *Rappaport,* Shareholder Value, S. 1 f.; *Schulz,* Aktienkursorientierte Vergütungssysteme für Führungskräfte, S. 44; *Ulmer,* AcP 202 (2002), 143, 155; *v. Werder,* ZGR 1998, 69, 74.

208 Vgl. *v. Colbe,* ZGR 1997, 271 f.; *Fleischer* in Fleischer (Hrsg.), Hdb. Vorstandsrecht, § 1 Rn. 27; *Fleischer* in Spindler/Stilz, AktG, § 76 Rn. 29; *Kort,* AG 2012, 605; *Kuhner,* ZGR 2004, 244, 251; *Mülbert,* ZGR 1997, 129, 130; *Ulmer,* AcP 202 (2002), 143, 155; *v. Werder,* ZGR 1998, 69, 74.

209 Vgl. *Richter* in Semler/Peltzer/Kubis (Hrsg.), ArbHdb. Vorstandsmitglieder, § 4 Rn. 28; *Weber* in Hölters, AktG, § 76 Rn. 19.

210 *Bühner/Tuschke,* BFuP 49 (1997), 499, 501; *Fleischer* in Fleischer (Hrsg.), Hdb. Vorstandsrecht, § 1 Rn. 28; *Fleischer* in Spindler/Stilz, AktG, § 76 Rn. 33; *Kuhner,* ZGR 2004, 244, 259; *Macey,* 21 Stetson L. Rev. 23, 26 ff. (1991); *R.H. Schmidt/Weiß* in Hommelhoff/Hopt/v. Werder (Hrsg.), Hdb. Corporate Governance, 161, 169 ff.; *Spindler* in MüKoAktG, § 76 Rn. 76; *Weber* in Hölters, AktG, § 76 Rn. 19; kritisch *Kort,* AG 2012, 2012, 605, 609.

211 Vgl. *Ballwieser,* FS Moxter, 1377, 1390; *Fleischer* in Fleischer (Hrsg.), Hdb. Vorstandsrecht, § 1 Rn. 28; *Kuhner,* ZGR 2004, 244, 259.

212 *Bühner/Tuschke,* BFuP 49 (1997), 499, 501; *Fleischer* in Fleischer (Hrsg.), Hdb. Vorstandsrecht, § 1 Rn. 28; *Fleischer* in Spindler/Stilz, AktG, § 76 Rn. 33; *Hansmann/Kraakman,* 89 Geo. L. J. 439, 441 (2001); *Kuhner,* ZGR 2004, 244, 259; *Zöllner,* AG 2003, 2, 8.

Kapitalerhaltungsvorschriften sowie Verbraucherschutzgesetze geschützt.[213] Weiter spricht für eine Orientierung des Vorstands ausschließlich an den Aktionärsinteressen, dass sich dadurch Agenturkosten wohl einfacher vermeiden lassen.[214] Denn dem Vorstand wird mit der Wertsteigerung des Unternehmens ein klares Zielkonzept vorgegeben.[215] Dadurch lassen sich Erfolge von Vorstandsmitgliedern leichter messen.[216] Bei einem Zielkonzept, das auch die Interessen der übrigen Stakeholder berücksichtigt, kommen dagegen auch eine Förderung von Gemeinwohlbelangen und anderweitige Vermögensumverteilungen zulasten von Aktionären infrage.[217] Mithin lassen sich Erfolge von Vorstandsmitgliedern schwerer feststellen, und das Kontrolldefizit zwischen Aktionären und Vorstandsmitgliedern dürfte größer sein.[218]

Gegen eine ausschließliche Orientierung an den Aktionärsinteressen spricht an erster Stelle, dass es sich dem Wortlaut des geltenden Aktienrechts, insbesondere dem des § 76 Abs. 1 AktG, nicht entnehmen lässt, dass der Vorstand ausschließlich dem Aktionärsinteresse verpflichtet ist.[219] Stattdessen lag dem Wortlaut des § 76 Abs. 1 AktG bei der Einführung des Aktiengesetzes von 1937 ein interessenpluralistisches Verständnis zugrunde (damals noch § 70 AktG 1937). Danach hatte der Vorstand bei der Leitung der Aktiengesellschaft das Wohl des Betriebes, der „Gefolgschaft“ und den gemeinen Nutzen von Staat und Öffentlichkeit zu beachten. Diese Textpassage wurde zwar mit der Einführung des Aktiengesetzes von 1965 gestrichen, an dem interessenpluralistischen Verständnis sollte sich aber nichts ändern. Nach der Begründung des damaligen Gesetzgebers verstehe es sich von selbst, dass der Vorstand bei seinen Maßnahmen auch die Belange der Arbeitnehmer und der Allgemeinheit beachten

---

213 *Fleischer* in Fleischer (Hrsg.), Hdb. Vorstandsrecht, § 1 Rn. 28; *Fleischer* in Spindler/Stilz, AktG, § 76 Rn. 33; *Kort,* AG 2012, 2012, 605, 610; *Kuhner,* ZGR 2004, 244, 259; *Macey,* 21 Stetson L. Rev. 23, 31 ff. (1991).

214 Vgl. *Ballwieser,* FS Moxter, 1377, 1390; *Easterbrook/Fischel,* The Economic Structure of Corporate Law, S. 38 f.; *Fleischer* in Fleischer (Hrsg.), Hdb. Vorstandsrecht, § 1 Rn. 28; *Fleischer* in Spindler/Stilz, AktG, § 76 Rn. 34; kritisch *Kort,* AG 2012, 605, 606.

215 *Fleischer* in Fleischer (Hrsg.), Hdb. Vorstandsrecht, § 1 Rn. 28; *Fleischer* in Spindler/Stilz, AktG, § 76 Rn. 34.

216 *Fleischer* in Spindler/Stilz, AktG, § 76 Rn. 34.

217 *Fleischer* in Spindler/Stilz, AktG, § 76 Rn. 34.

218 Vgl. *Bühner/Tuschke,* BFuP 49 (1997), 499, 502 f.; *Fleischer* in Fleischer (Hrsg.), Hdb. Vorstandsrecht, § 1 Rn. 28; *Kort,* AG 2012, 2012, 605, 608; *Kuhner,* ZGR 2004, 244, 254; *Macey,* 21 Stetson L. Rev. 23, 31 ff. (1991); *Zöllner,* AG 2003, 2, 8.

219 Vgl. *Klöhn,* ZGR 2008, 110, 134; *Kort,* AG 2012, 605, 606; *Schilling,* BB 1997, 373, 375.

müsse.[220] Abgesehen davon deutet auch die Entwicklung bei der Zusammensetzung des Aufsichtsrats auf ein interessenpluralistisch ausgerichtetes Zielkonzept hin. Dieser wird längst nicht mehr als reiner Aktionärsausschuss verstanden, sondern ist aufgrund mitbestimmungsrechtlicher Vorgaben in der Regel auch mit Arbeitnehmervertretern besetzt.[221]

Darüber hinaus sprechen ökonomische Gesichtspunkte gegen eine Zielkonzeption, die sich rein an den Aktionärsinteressen orientiert. Ernst genommen werden sollte dabei vor allem der Einwand, dass eine an den Aktionärsinteressen orientierte Zielkonzeption kurzfristiges Profitdenken fördert und langfristige Investitionen in Forschung, Entwicklung sowie Humankapital vernachlässigt.[222] Für eine interessenpluralistisch ausgerichtete Zielkonzeption spricht ferner, dass neben Aktionären auch die übrigen Stakeholder einen spezifischen Beitrag zur wirtschaftlichen Entwicklung eines Unternehmens leisten.[223] Auch kann eine rein nach den Interessen von Aktionären ausgerichtete Zielkonzeption dazu führen, dass Arbeitnehmer wirtschaftlich ausgebeutet werden.[224] Entgegenhalten lässt sich diesem Argument zumindest, dass unter dem Marktdurchschnitt liegende Löhne und Arbeitsbedingungen eine Abwanderung von Arbeitnehmern auslösen dürften und damit der wirtschaftlichen Entwicklung eines Unternehmens schaden.[225]

Nicht zuletzt spielen die Interessen von Arbeitnehmern und sonstigen Stakeholdern auch in der ständig zunehmenden Diskussion über die Corporate Governance eine Rolle. Unter dem Begriff Corporate Governance versteht man allgemein Grundsätze guter Unternehmensführung, genauer gesagt Mechanismen der Führung und Überwachung einer Aktiengesellschaft einschließlich der Beziehungen zwischen den Verwaltungsorganen, den Aktionären und sonstigen

---

220 Bundesrat, Entwurf eines Aktiengesetzes vom 3.2.1962, BT-Drs. 4/171, S. 121.

221 *Habersack,* NZG 2018, 127, 128; *Kort,* AG 2012, 2012, 605, 610; *Kuhner,* ZGR 2004, 244, 250; *Mülbert,* ZGR 1997, 129, 145.

222 *Fleischer* in Fleischer (Hrsg.), Hdb. Vorstandsrecht, § 1 Rn. 27; *Kuhner,* ZGR 2004, 244, 261; *Mülbert,* ZGR 1997, 129, 139.

223 *Fleischer* in Spindler/Stilz, AktG, § 76 Rn. 29, 33; *Fleischer* in Hommelhoff/Hopt/v. Werder (Hrsg.), Hdb. Corporate Governance, 185, 192.

224 *Fleischer* in Fleischer (Hrsg.), Hdb. Vorstandsrecht, § 1 Rn. 27; *Fleischer* in Hommelhoff/Hopt/v. Werder (Hrsg.), Hdb. Corporate Governance, 185, 191; *Kuhner,* ZGR 2004, 244, 261.

225 Vgl. *Fleischer* in Hommelhoff/Hopt/v. Werder (Hrsg.), Hdb. Corporate Governance, 185, 192; *Fleischer* in Spindler/Stilz, AktG, § 76 Rn. 31; *Kuhner,* ZGR 2004, 244, 261.

Akteuren.[226] Deutlich wird das dabei verfolgte interessenpluralistisch ausgerichtete Zielkonzept beispielsweise durch einem Blick in den DCGK. Ziffer 4.1.1 DCGK nennt bei der Leitungsaufgabe des Vorstands nicht nur die Interessen von Aktionären, sondern stellt auch auf die Belange von Arbeitnehmern und sonstigen Stakeholdern ab.

Von Bedeutung ist die Frage der Zielkonzeption des Vorstandshandelns insbesondere dann, wenn die Interessen von Aktionären und die Interessen der übrigen Stakeholder eines Unternehmens konfligieren. Auch wenn es nach geltendem Aktienrecht zulässig ist, dass der Vorstand bei einzelnen Entscheidungen dem Aktionärsinteresse Rechnung trägt,[227] bedeutet das nicht zugleich, dass er die Interessen von Stakeholdern durchweg unberücksichtigt lassen darf. Sachgerecht dürfte daher ein vermittelnder Ansatz im Sinne eines Zielkonzepts sein, das in Maßen die Interessen von Aktionären bevorzugt.[228] Mit Blick auf die Vergütungssysteme von Vorstandsmitgliedern bleibt damit zu klären, ob und inwieweit Vergütungsanreize, die Vorstandsmitglieder zu einer erhöhten Risikobereitschaft verleiten, mit den Interessen von Aktionären und den übrigen Stakeholdern eines Unternehmens vereinbar sind.

III. Aktionärsinteresse an kurzfristiger Gewinnsteigerung

Auch wenn sich das Interesse von Aktionären börsennotierter Unternehmen nicht pauschalisieren lässt, dürften es Aktionäre in der Regel befürworten, wenn Vergütungssysteme von Vorstandsmitgliedern vorwiegend auf kurzfristigen Erfolg ausgerichtet sind.

Vor allem bei institutionellen Investoren ließ sich in den letzten Jahren ein zunehmendes Interesse an einer auf kurzfristigen Erfolg ausgerichteten

226 Vgl. *Bayer*, NZG 2013, 1, 2; *Koch* in Hüffer/Koch, AktG, § 76 Rn. 37; *Lutter*, ZIP 2003, 737; *Seibert*, FS Hommelhoff, 1111; *Wellhöfer* in Wellhöfer/Peltzer/Müller (Hrsg.), Haftung, § 4 Rn. 124; *v. Werder* in Kremer/Bachmann/Lutter/v. Werder, DCGK, Rn. 1.

227 Vgl. OLG Frankfurt a.M. ZIP 2011, 2008, 2010; *Fleischer* in Hommelhoff/Hopt/v. Werder, Hdb. Corporate Governance, 185, 195; *Groh*, DB 2000, 2153, 2158; *Mülbert*, FS Röhricht, 421, 424 ff.; *Richter* in Semler/Peltzer/Kubis (Hrsg.), ArbHdb. Vorstandsmitglieder, § 4 Rn. 37; *Ulmer*, AcP 202 (2002), 143, 159.

228 Auch bekannt als „moderates Shareholder Value-Konzept". Vgl. *Fleischer* in Fleischer (Hrsg.), Hdb. Vorstandsrecht, § 1 Rn. 31; *Fleischer* in Spinder/Stilz, AktG, § 76 Rn. 38; *Groh*, DB 2000, 2153, 2158; *Kort*, AG 2012, 605, 606; *R.H. Schmidt/Spindler*, Freundesgabe Kübler, 515, 516; *Seibt* in K. Schmidt/Lutter, AktG, § 76 Rn. 23; *Spindler* in MüKoAktG, § 76 Rn. 78; *Weber* in Hölters, AktG, § 76 Rn. 22.

Geschäftspolitik beobachten.[229] Geschuldet ist diese Entwicklung wohl der gestiegenen Beteiligung ausländischer Investoren an deutschen Aktiengesellschaften.[230] Insbesondere US-amerikanische Hedgefonds verfolgen in der Regel kurzfristige Renditeziele und sind an einer nachhaltigen und langfristigen Unternehmensentwicklung sowie an entsprechenden Vergütungsstrukturen nicht interessiert.[231] Das zeigt die oftmals nur kurze Haltedauer ihrer Investments von durchschnittlich unter einem Jahr.[232] Zudem dürften institutionelle Investoren in der Vergangenheit nicht nur stärker an einer auf kurzfristigen Erfolg ausgerichteten Geschäftspolitik und dementsprechenden Vergütungssystemen interessiert gewesen sein, sondern aktiv dazu beigetragen haben, dass Aufsichtsräte Vergütungssysteme von Vorstandsmitgliedern zunehmend auf kurzfristigen Erfolg ausrichteten. Nicht ohne Grund gewann der Begriff „Shareholder Activism" in der rechtswissenschaftlichen Literatur immer mehr an Bedeutung.[233] Darunter versteht man das Bestreben institutioneller, zielorientiert handelnder Investoren, die Unternehmensführung über die ihnen als Aktionäre zustehenden Rechte hinaus zu beeinflussen.[234] Institutionelle Investoren verfolgten in den letzten Jahren eine immer aktivere Aktionärspolitik und versuchten, die Geschäftspolitik börsennotierter Unternehmen an ihre eigenen, oftmals kurzfristigen Renditeerwartungen anzugleichen.[235] Um Druck auf das Management börsennotierter Unternehmen auszuüben, nutzten sie ihre Aktionärsrechte, aber auch ihre Repräsentanz in Aufsichtsräten und vor allem informelle Mittel, wie beispielsweise Investorengespräche.[236]

---

229 Vgl. *Bayer,* DB 2018, 3034, 3037; *Bunz,* NZG 2014, 1049, 1050; *Hofstetter,* FS Zobl, 507, 515; *Kleinmanns,* IRZ 2016, 341; *Plagemann/Rahlmeyer,* NZG 2015, 895, 896; *Fleischer/Strothotte,* AG 2011, 221, 224; *Thaeter/Guski,* AG 2007, 301.

230 Vgl. *Plagemann/Rahlmeyer,* NZG 2015, 895; *Schaefer,* NZG 2007, 900.

231 *Bunz,* NZG 2014, 1049, 1050; *Plagemann/Rahlmeyer,* NZG 2015, 895, 896; *Thaeter/Guski,* AG 2007, 301.

232 *Brav/Jiang/Hyunseob,* 4 Foundations and Trends in Finance 185, 205 (2009).

233 Vgl. *Bunz,* NZG 2014, 1049 ff.; *Fleischer/Strothotte,* AG 2011, 221 ff.; *Kleinmanns,* IRZ 2016, 341 ff.; *Plagemann/Rahlmeyer,* NZG 2015, 895 ff.; *Schaefer,* NZG 2007, 900 ff.; *Schockenhoff/Culmann,* ZIP 2015, 297 ff.; *Thaeter/Guski,* AG 2007, 301 ff.

234 Vgl. *Bunz,* NZG 2014, 1049; *Kleinmanns,* IRZ 2016, 341, 342, 345; *Plagemann/Rahlmeyer,* NZG 2015, 895; *Schockenhoff/Culmann,* ZIP 2015, 297 f.; *Thaeter/Guski,* AG 2007, 301.

235 Vgl. *Bunz,* NZG 2014, 1049; *Kleinmanns,* IRZ 2016, 341, 342, 345; *Plagemann/Rahlmeyer,* NZG 2015, 895 f.; *Schaefer,* NZG 2007, 900; *Schockenhoff/Culmann,* ZIP 2015, 297 f.; *Thaeter/Guski,* AG 2007, 301.

236 *Bunz,* NZG 2014, 1049, 1050; *Hofstetter,* FS Zobl, 507, 521; *Kleinmanns,* IRZ 2016, 341, 342; *Plagemann/Rahlmeyer,* NZG 2015, 895, 896; *Schaefer,* NZG 2007, 900 ff.;

Darüber hinaus legt auch das Verhalten vieler Kleinanleger nahe, dass diese an auf kurzfristigen Erfolg ausgerichteten Vergütungssystemen von Vorstandsmitgliedern interessiert sind. Sie verhalten sich bei den jährlichen Hauptversammlungen börsennotierter Unternehmen oftmals apathisch.[237] Dadurch zeigen sie, dass sie ihre Beteiligung an einem Unternehmen als reine Kapitalanlage betrachten. Mit anderen Worten werden sie sich vorwiegend für einen zeitnahen Anstieg des Börsenkurses „ihres" Unternehmens und der damit verbundenen positiven Wertentwicklung ihrer Aktien interessieren. Ferner sind Kleinanleger heutzutage in der Regel diversifiziert.[238] Das bedeutet, sie sind mit ihrem Vermögen nicht nur in einem börsennotierten Unternehmen investiert, sondern an zahlreichen börsennotierten Unternehmen beteiligt. Mithin wirkt sich eine negative Wertentwicklung ihrer Anteile an einem Unternehmen nur zu einem bestimmten, oftmals geringen Prozentsatz auf die Entwicklung ihres Gesamtportfolios aus. Daher dürfte für sie ein mit einer kurzfristig ausgerichteten Geschäftspolitik einhergehendes erhöhtes Insolvenzrisiko eines Unternehmens von untergeordneter Bedeutung sein, wenn damit zugleich ein erhöhtes Wertsteigerungspotenzial ihrer Unternehmensanteile verbunden ist.[239]

Sicherlich werden sich stets auch Anleger an börsennotierten Unternehmen beteiligen, die einen langfristigen Anlagehorizont haben. Aufgrund der Entwicklungen hin zu einem immer kurzfristigeren Aktionärsdenken dürften diese jedoch zunehmend in die Minderheit geraten. Inwiefern die Interessen dieser Minderheit an dieser Stelle zu berücksichtigen sind, lässt sich mit Blick auf die Willensäußerung von Aktionären hinterfragen. Aktionäre äußern ihren Willen über ihr Stimmrecht auf der Hauptversammlung. Für einen Beschluss der Hauptversammlung verlangt das Aktiengesetz eine einfache oder gar eine qualifizierte Mehrheit. Wird das erforderliche Quorum erreicht, wird der Beschlussgegenstand trotz entgegenstehender Interessen einer Minderheit von Aktionären umgesetzt. Daher wäre es wohl widersprüchlich, wenn man bei der

---

Thaeter/Guski, AG 2007, 301, 302; *Schockenhoff/Culmann,* ZIP 2015, 297, 299 f.; siehe zur umstrittenen rechtlichen Zulässigkeit von Investorengesprächen *Bunz,* NZG 2014, 1049, 1051 ff.; *Koch,* AG 2017, 129 ff.

237 Vgl. *Arnold,* Steuerung des Vorstandshandelns, S. 150; *Baums,* ZIP 1995, 11; *Dauner-Lieb,* WM 2007, 9, 11; *Ferrarini/Moloney,* ECFR 2004, 251, 256; *Fleischer/Strothotte,* AG 2011, 221, 224 f.; *Harbarth,* NZG 2011, 368, 371; *Roth,* ZIP 2003, 369, 376; *Seibert,* FS Hommelhoff, 1111, 1113.

238 Vgl. *Harbarth,* NZG 2011, 368, 371; *Klöhn,* ZGR 2008, 110, 139; *Kort,* AG 2012, 605, 609.

239 Vgl. *Kuhner,* ZGR 2004, 244, 263.

Zielkonzeption der Leitungsaufgabe des Vorstands die Interessen einer Aktionärsminderheit berücksichtigen würde.

Doch selbst wenn man anderer Ansicht ist und die Interessen von Aktionären mit langfristigem Anlagehorizont berücksichtigt, lässt sich nicht ausschließen, dass auch diese Vergütungssysteme von Vorstandsmitgliedern befürworten, die vorwiegend auf kurzfristigen Erfolg ausgerichtet sind. Zwar werden es Aktionäre mit einem langfristigen Anlagehorizont ablehnen, wenn Vorstandsmitglieder risikoreiche Geschäftsstrategien verfolgen, die den Bestand des Unternehmens gefährden. Allerdings sind auch sie am Erfolg eines Unternehmens beteiligt und werden es daher begrüßen, wenn das Unternehmen zeitnah Erfolge verzeichnet, durch die der Börsenkurs des Unternehmens und damit der Wert ihrer Aktien signifikant ansteigt. Darüber hinaus stellt sich allgemein die Frage, ob Aktionären bewusst ist oder insbesondere vor der Finanzkrise von 2008 bewusst war, dass auf kurzfristigen Erfolg ausgerichtete Vergütungssysteme von Vorstandsmitgliedern ein gesteigertes Insolvenzrisiko für Unternehmen bedeuten können. Selbst wenn man diese Frage bejaht, dürften Aktionäre mit einem langfristigen Anlagehorizont kurzfristige Erfolgsanreize in Vorstandsvergütungen nicht vollständig ablehnen. Zwar sind diese weniger risikofreudig als Aktionäre mit kurzfristigen Renditeerwartungen, allerdings ist auch für Aktionäre mit einem langfristigen Anlagehorizont am Ende eine möglichst hohe Rendite entscheidend.

Insgesamt lässt sich festhalten, dass sich Aktionäre zunehmend dafür interessieren, dass Vergütungssysteme von Vorstandsmitglieder vorwiegend auf kurzfristigen Erfolg ausgerichtet sind. Ferner dürfte die aktivere Aktionärspolitik von institutionellen Investoren in den letzten Jahren maßgeblich dazu beigetragen haben, dass Aufsichtsräte vermehrt Vergütungssysteme festsetzten, die Vorstandsmitglieder vorwiegend Belohnungen für kurzfristigen Erfolg in Aussicht stellten.

IV. Keine deckungsgleichen Stakeholderinteressen

Im Gegensatz zu Aktionären dürften es die übrigen Stakeholder eines börsennotierten Unternehmens nicht befürworten, wenn Vergütungssysteme von Vorstandsmitgliedern vorwiegend auf kurzfristigen Erfolg ausgerichtet sind. Grund dafür ist, dass sich diese in der Regel für eine langfristige und nachhaltige Unternehmensentwicklung interessieren.[240] Dementsprechend laufen ihren Interessen

240 Vgl. *Kort,* AG 2012, 605, 608; *Kuhner,* ZGR 2004, 244, 264; *Mülbert,* ZGR 1997, 129, 167; *Schilling,* BB 1997, 373, 379; *R.H. Schmidt/Weiß* in Hommelhoff/Hopt/v. Werder (Hrsg.), Hdb. Corporate Governance, 161, 172.

Vergütungssysteme zuwider, die Vorstandsmitglieder zu einer risikoreichen Geschäftspolitik verleiten und damit ein höheres Insolvenzrisiko für ein Unternehmen begründen.

Deutlich wird dieses Interesse vor allem bei einem Blick auf die Arbeitnehmer börsennotierter Unternehmen. Diese sind zumeist auf ein regelmäßiges Einkommen angewiesen, um ihre Lebenshaltungskosten sowie die ihrer Familien decken zu können.[241] Ferner kann es sich für Arbeitnehmer je nach Alter, Branche und beruflicher Qualifikation schwierig gestalten, einen neuen Arbeitsplatz zu finden. Daher wird es ihnen auf einen nachhaltigen, langfristigen und damit sicheren Arbeitsplatz ankommen.[242] Darüber hinaus sind Arbeitnehmer regelmäßig nicht oder aufgrund arbeitsvertraglicher Vereinbarungen nur unwesentlich am wirtschaftlichen Erfolg eines Unternehmens beteiligt. Deshalb werden sie im Gegensatz zu Aktionären risikoaverser sein.

Neben Arbeitnehmern dürften es auch Fremdkapitalgeber, Lieferanten und sonstige Gläubiger börsennotierter Unternehmen befürworten, wenn Vergütungsanreize Vorstandsmitglieder nicht dazu anhalten, risikoreiche Geschäftsstrategien zu verfolgen. Schließlich haben diese fest vereinbarte Zahlungsansprüche gegen ein Unternehmen und werden deshalb daran interessiert sein, dass das Unternehmen liquide bleibt.[243] Genauer gesagt werden sie kein Interesse daran haben, ihre Forderung am Ende bei einem Insolvenzverwalter anmelden und sich mit einer Insolvenzquote zufriedengeben zu müssen.

V. Erfordernis einer Vergütungsregulierung

Es hat sich gezeigt, dass es Aktionäre aufgrund ihrer Renditeerwartungen in der Regel befürworten, wenn der Vorstand eine risikoreiche Geschäftspolitik betreibt. Dementsprechend interessieren sie sich für Vergütungssysteme, die auf kurzfristigen Erfolg ausgerichtet sind und die Risikobereitschaft von Vorstandsmitgliedern fördern. Zusätzlich wirken institutionelle Investoren darauf hin, dass Aufsichtsräte Vergütungssysteme von Vorstandsmitgliedern auf kurzfristigen Erfolg ausrichten. Im Gegensatz dazu sind die übrigen Stakeholder nicht daran interessiert, dass der Vorstand eine risikoreiche Geschäftspolitik verfolgt. Diese sind langfristig orientiert und lehnen daher Vergütungssysteme ab, die auf

241 Vgl. *Kort,* AG 2012, 605, 609 („Existenzgrundlage").

242 So auch *Mülbert,* ZGR 1997, 129, 167; vgl. *Kuhner,* ZGR 2004, 244, 270.

243 Vgl. *Schilling,* BB 1997, 373, 379; *R.H. Schmidt/Weiß* in Hommelhoff/Hopt/v. Werder (Hrsg.), Hdb. Corporate Governance, 161, 172.

kurzfristigen Erfolg ausgerichtet sind. Da bei der Ausrichtung des Vorstandshandelns neben den Interessen von Aktionären auch die Interessen der übrigen Stakeholder eines Unternehmens zu berücksichtigen sind, laufen Vergütungssysteme, die auf kurzfristigen Erfolg abzielen und Vorstandsmitglieder dadurch zu einer hohen Risikobereitschaft verleiten, den aktienrechtlichen Zielvorgaben des Vorstandshandelns zuwider. Um zu verhindern, dass Vorstandsmitglieder durch auf kurzfristigen Erfolg ausgerichtete Vergütungssysteme dazu angehalten werden, ausschließlich im Aktionärsinteresse zu handeln und die Interessen der übrigen Stakeholder zu vernachlässigen, ist ein regulierender Eingriff notwendig.

VI. Zusammenfassung

Festzuhalten ist, dass ein vergütungsregulierender Eingriff nicht nur erforderlich ist, damit Vorstandsmitglieder leistungs- und erfolgsabhängig vergütet werden.[244] Vielmehr sind vergütungsregulierende Maßnahmen auch deshalb notwendig, um zu verhindern, dass Vorstandsmitglieder über auf kurzfristigen Erfolg ausgerichtete Vergütungssysteme dazu angehalten werden, eine risikoreiche Geschäftspolitik zu betreiben. Speziell im Finanzsektor lässt sich das mit dem Argument des Gemeinwohlinteresses an einem stabilen und funktionsfähigen Finanzsystem begründen. Für börsennotierte Unternehmen allgemein und damit auch außerhalb des Bereichs der Finanzwirtschaft greift dieses Argument jedoch nicht. Gleichwohl ist es erforderlich, in sämtlichen börsennotierten Unternehmen auf kurzfristigen Erfolg ausgerichtete Vergütungssysteme zu verhindern. Denn wird der Vorstand aufgrund kurzfristig ausgerichteter Vergütungssysteme zu risikoreichen Geschäftsstrategien verleitet, handelt er entgegen den ihm obliegenden Zielvorgaben. Aktionäre sind zwar daran interessiert, dass der Vorstand risikoreich agiert. Institutionelle Investoren wirken sogar zunehmend darauf hin, dass Aufsichtsräte Vergütungssysteme von Vorstandsmitgliedern auf kurzfristigen Erfolg ausrichten. Allerdings fließen auch die Interessen der übrigen Stakeholder in die Zielvorgaben des Vorstandshandelns ein. Diese sind nicht daran interessiert, dass der Vorstand aufgrund von auf kurzfristigen Erfolg ausgerichteten Vergütungssystemen eine risikoreiche Geschäftspolitik betreibt. Um zu verhindern, dass der Vorstand durch Vergütungsanreize dazu angehalten wird, entgegen den ihm obliegenden Zielvorgaben zu handeln, sollten vergütungsregulierende Maßnahmen daher darauf abzielen, dass die

244 Siehe oben, 2. Teil, sub § 4, VIII.

Vergütungssysteme von Vorstandsmitgliedern börsennotierter Unternehmen zumindest auch eine nachhaltige und langfristige Unternehmensentwicklung berücksichtigen.

§ 6 „Sozialer Friede“ als Regulierungsgrund

I. Einführung

Ein weiterer Grund, Vorstandsgehälter zu regulieren, könnte die Gewährleistung des „sozialen Friedens“ sein. Managervergütungen waren in der Vergangenheit oftmals Gegenstand öffentlicher Diskussionen und sorgten immer wieder für öffentliche Empörungen.[245] Besonders groß ist das öffentliche Unverständnis, wenn Vorstandsmitglieder beträchtliche Gehälter selbst dann erhalten, wenn die von ihnen geleitete Gesellschaft Verluste schreibt und möglicherweise sogar vor einer Insolvenz steht.[246] Die aus einem solchen Unverständnis resultierende öffentliche Kritik richtet sich regelmäßig nicht nur gegen die Unternehmen. Oftmals ist es der Gesetzgeber, von dem verlangt wird, hohe Vergütungszahlungen an Vorstandsmitglieder zu verhindern. Das kann beim Gesetzgeber einen nicht zu unterschätzenden Befolgungsdruck erzeugen.[247] Vor diesem Hintergrund stellt sich die Frage, ob es der „soziale Friede“ rechtfertigt, die Vergütungen von Vorstandsmitgliedern zu regulieren.

II. Öffentliche Empörung über Vorstandsvergütungen

Mit dem bloßen Argument der öffentlichen Empörung über die Gehälter von Vorstandsmitgliedern lässt sich ein staatlicher Eingriff in die Vergütungssysteme börsennotierter Unternehmen nicht begründen. Nachvollziehbar ist, dass Vorstandsvergütungen in der Öffentlichkeit regelmäßig auf Unverständnis stoßen.[248]

---

245 Vgl. *Adams*, ZIP 2002, 1325; *Babbel/Schäuble*, CF 2018, 320; *Bauer/Arnold*, AG 2009, 717; *Bebchuk/Fried*, Pay without Performance, S. 1; *Bosse*, BB 2009, 1650; *Edmans/Gabaix/Jenter* in Hermalin/Weisbach (Hrsg.), The Handbook of the Economics of Corporate Governance, 383, 385; *Fleischer*, NZG 2009, 801; *Lindemann/Heim*, JuS 2018, 1121; *Lücke*, NZG 2005, 692; *Martens*, ZHR 169 (2005), 124 f.; *Schwalbach*, BFuP 51 (1999), 592; *Seibert*, DB 2009, 1167, 1168; *Seibert*, WM 2009, 1489; *Spindler*, DStR 2004, 36.

246 Vgl. *Peltzer*, NZG 2009, 1041, 1044; *Schlegelberger/Quassowski*, AktG, § 78 Rn. 1.

247 Vgl. Entwurf eines Gesetzes zur Angemessenheit der Vorstandsvergütung (VorstAG) der Fraktionen CDU/CSU und SPD vom 17.3.2009, BT-Drs. 16/12278, S. 1, 5; Verh. d. BT, 16. Wahlp., S. 23018 ff.; Verh. d. BT, 16. Wahlp., S. 25128 ff.; *Seibert*, WM 2009, 1489; *Spindler* in MüKoAktG, § 87 Rn. 7; *Wagner/Wittgens*, BB 2009, 906.

248 Vgl. *Bauer/Arnold*, AG 2009, 717; *Binz/Sorg*, BB 2002, 1273; *Fleischer*, NZG 2009, 801; *Habersack*, NZG 2018, 127; *Lücke*, NZG 2005, 692; *Martens*, ZHR 169 (2005), 124; *Peltzer*, NZG 2009, 1041, 1044; *Spindler*, DStR 2004, 36; *Spindler*, NJOZ, 2009, 3282; *Thüsing*, ZGR 2003, 457 ff.; *van Kann/Keiluweit*, DStR 2009, 1587.

Denn Vorstandsvergütungen belaufen sich auf eine Höhe, die das Einkommen eines gewöhnlichen Arbeitnehmers um ein Vielfaches übersteigt.[249] 3,37 Millionen Euro verdienten die Vorstandsmitglieder der DAX30-Unternehmen im Jahr 2016 durchschnittlich.[250] Die Gehälter der Vorstandsvorsitzenden beliefen sich dabei auf 5,5 Millionen Euro im Mittel. Selbst die Gehälter der Vorstandsmitglieder von MDAX-Unternehmen lagen im Durchschnitt bei beachtlichen 2,1 Millionen Euro. Außerdem stiegen Vorstandsvergütungen im Vergleich zum durchschnittlichen Arbeiterlohn in den letzten Jahrzehnten unverhältnismäßig stark an.[251] Allein im Zeitraum von 2003 bis 2007 verdoppelten sich die Vorstandsgehälter in den DAX30-Unternehmen,[252] während sich das durchschnittliche Bruttoarbeitseinkommen in Deutschland lediglich um 10 % steigerte.[253]

Öffentliche Empörung darf allerdings nicht darüber hinwegtäuschen, dass es sich bei Vorstandsgehältern letztlich um privatautonom festgelegte Preise für die Tätigkeit der Vorstandsmitglieder handelt.[254] Eine Preisfestsetzung erfolgt in einer freien Marktwirtschaft nicht nach einem „gerechten" Maß.[255] Vielmehr sind Preise nach Angebot und Nachfrage zu ermitteln.[256] Dadurch werden Knappheiten angezeigt sowie überwunden und Überkapazitäten abgebaut.[257] Ein auf diese Weise verlaufender Wettbewerb sorgt für eine Allokation der Ressourcen, die einen nachhaltigen Wohlstand aller Betroffenen fördert und sichert.[258] In einer

---

249 Vgl. *Bauer/Arnold,* AG 2009, 717; *Binz/Sorg,* BB 2002, 1273; *Spindler,* NJOZ, 2009, 3282.

250 Siehe dazu und zu den folgenden Werten Deutsche Schutzvereinigung für Wertpapierbesitz e.V., Studie zur Vorstandsvergütung 2017.

251 Vgl. Verh. d. BT, 16. Wahlp., S. 23014; *Adams,* ZIP 2002, 1325 ff.; *Arnold,* Steuerung des Vorstandshandelns, S. 143; *Binz/Sorg,* BB 2002, 1273; *Fleischer,* DStR 2005, 1279; *Schüller,* Vorstandsvergütung, S. 23; *Schwalbach,* BFuP 51 (1999), 592 ff.; *Spindler,* NJOZ 2009, 3282.

252 Siehe dazu Deutsche Schutzvereinigung für Wertpapierbesitz e.V., Studie zur Vorstandsvergütung 2004 und 2008.

253 Vgl. dazu die tabellarische Auflistung des Statistischen Bundesamts zur Entwicklung der durchschnittlichen Bruttoverdienste in Deutschland.

254 *Wolff/Homann,* ZGR 2010, 959, 969.

255 *Wolff/Homann,* ZGR 2010, 959, 969 f.

256 Vgl. *Gordon,* 30 J. Corp. L. 675, 677 (2005); *Kiethe,* BB 2003, 1573; *Kling,* DZWIR 2010, 221, 222; *Lücke,* NZG 2005, 692, 694; *Schmidt-Preuss,* FS R. Schmidt, 547, 550; *Spindler* in MüKoAktG, § 87 Rn. 40; *Weber* in Hölters, AktG, § 87, Rn. 26; *Wolff/Homann,* ZGR 2010, 959, 970.

257 *Wolff/Homann,* ZGR 2010, 959, 970.

258 *Wolff/Homann,* ZGR 2010, 959, 970.

funktionierenden Markwirtschaft bestimmt daher der freie Wettbewerb über die Höhe der Vorstandsvergütungen.[259] Dabei ist die Nachfrage an Top-Managern oftmals höher als das Angebot.[260] Grund dafür ist, dass Unternehmen für die Besetzung ihres Vorstands in der Regel fachlich hochqualifizierte Personen suchen.[261] Das engt die Größe des Marktes an potenziellen Vorstandsmitgliedern stark ein.[262] Im Ergebnis wirkt sich das auf die Höhe der Vorstandvergütungen aus. Unternehmen müssen hohe Gehälter anbieten, um einen Top-Manager als Vorstandsmitglied für sich zu gewinnen. Die deshalb entstehende öffentliche Kritik an vermeintlich überhöhten Vorstandsgehältern darf jedoch nicht zu einem staatlichen Eingriff in die Vergütungssysteme der Unternehmen führen. Vielmehr trifft den Staat die Pflicht, einen funktionierenden Wettbewerb sicherzustellen und etwaigem öffentlichen Druck standzuhalten.[263]

III. Ethische Wertvorstellungen über „gerechte“ Vorstandsvergütungen

Ethische Wertvorstellungen über gerecht ausgestaltete Vorstandsvergütungen können einen staatlichen Eingriff in die Vergütungssysteme börsennotierter Unternehmen ebenfalls nicht begründen. Unterzieht man Vorstandsvergütungen einer ethischen Betrachtung, könnte man zu dem Schluss kommen, dass es im Verhältnis zu den Gehältern anderer Berufsgruppen an einer Verteilungsgerechtigkeit fehlt.[264] Allerdings stellen sich dabei zugleich die wohl nicht zu lösenden Fragen, welcher Maßstab anzulegen ist und wann Vergütungen aus ethischen Gesichtspunkten als „gerecht“ gelten.[265] Da sich der Wert einer

---

259 *Hoegen*, Reform der Vorstandsvergütung, S. 206; *Wolff/Homann*, ZGR 2010, 959, 970.

260 Vgl. *Gordon*, 30 J. Corp. L. 675, 677 (2005); *Wolff/Homann*, ZGR 2010, 959, 970.

261 Vgl. *Wolff/Homann*, ZGR 2010, 959, 970.

262 *Gordon*, 30 J. Corp. L. 675, 677 (2005); *Wolff/Homann*, ZGR 2010, 959, 970.

263 Vgl. *Basedow*, FS Immenga, 3, 8; *Heun*, JZ 2010, 53, 58; *König/Benz* in König/Benz (Hrsg.), Privatisierung und staatliche Regulierung, 13, 69 f.; *Leschke* in Fehling/Ruffert (Hrsg.), Regulierungsrecht, § 6 Rn. 18; *Weber*, Wirtschaftsregulierung in wettbewerbspolitischen Ausnahmebereichen, S. 29.

264 Vgl. *Lutter*, ZIP 2006, 733; *Noll/Haag*, Wirtschaftsdienst 2009, 380, 382; *Raapke*, Regulierung der Vergütung, S. 21 f.

265 Vgl. *Arnold*, Steuerung des Vorstandshandelns, S. 146; *Feudner*, NZG 2007, 779, 780; *Gordon*, 30 J. Corp. L. 675, 680 f. (2005); *Hoegen*, Reform der Vorstandsvergütung, S. 206; *Hohenstatt*, ZIP 2009, 1349, 1354; *Hüffer* in Bayer/Habersack (Hrsg.), Aktienrecht im Wandel, Bd. II, Kap. 7 Rn. 59, 61; *Koch* in Hüffer/Koch, AktG § 87 Rn. 5; *Körner*, NJW 2004, 2697, 2700; *Lücke*, NZG 2005, 692, 694; *Martens*, ZHR 169 (2005), 124, 126; *Säcker/Boesche*, BB 2006, 897, 903; *Snyder*, 28 Del. J. Corp. L. 129, 144 (2003);

Vorstandstätigkeit materiell nicht bemessen lässt, dürften konkrete Richtwerte eher willkürlich als gerecht sein.[266] Ferner konzentriert sich die öffentliche Kritik hauptsächlich auf die Bezüge von Vorstandsmitgliedern. Dabei werden in anderen Berufsgruppen weitaus höhere Vergütungen gezahlt. Künstler, Schriftsteller und Sportstars verdienen zum Teil ein Vielfaches von Vorstandsmitgliedern.[267] Deren Gehälter werden jedoch im Vergleich zu den Vorstandsvergütungen von der öffentlichen Meinung akzeptiert.[268] Letztlich erhalten aber auch diese Berufsgruppen nur deshalb Gehälter in einer beachtlichen Höhe, da am Markt keine oder kaum andere Akteure mit entsprechenden Fähigkeiten existieren. Mit anderen Worten bestimmt in diesen Berufsgruppen ebenfalls Angebot und Nachfrage über die Höhe der Gehälter.[269] Angenommen, es ließe sich ein ethisch gerechter Verteilungsschlüssel finden, liefe das außerdem einer Preisfestsetzung nach Angebot und Nachfrage zuwider und würde den für eine funktionierende Marktwirtschaft notwendigen Wettbewerb hindern.[270] Daher sollte der Gesetzgeber allein aufgrund ethischer Wertvorstellungen nicht in die Vergütungssysteme börsennotierter Unternehmen eingreifen.

IV. Verfolgung politischer Eigeninteressen

Letztlich können auch politische Eigeninteressen einzelner an der Gesetzgebung beteiligter Akteure eine Vergütungsregulierung nicht rechtfertigen. Bei staatlichen Eingriffen in die Marktwirtschaft besteht die Gefahr, dass die daran beteiligten Akteure Interessenkonflikten unterliegen.[271] Insbesondere starke öffentliche Kritik an einem bestimmten Wirtschaftsbereich kann Politiker dazu bewegen, aus eigenen Interessen regulierende Maßnahmen einzuleiten.[272] Indem

---

Spindler in MüKoAktG, § 87 Rn. 40; *Thomas*, 57 Vand. L. Rev. 1171, 1199 f. (2004); ausführlich dazu *Thüsing*, ZGR 2003, 457 ff.

266 *Raapke*, Regulierung der Vergütung, S. 24.

267 Vgl. *Adams*, ZIP 2002, 1325, 1331 ff.; *Bebchuk/Fried*, Pay without Performance, S. 20 f.; *Peltzer*, FS Lutter, 571, 586; *Raapke*, Regulierung der Vergütung, S. 23.

268 *Behme*, BB 2019, 451; *Iacobucci*, 48 U. Toronto L.J. 489, 494 f. (1998); *Noll/Haag*, Wirtschaftsdienst 2009, 380, 382.

269 Vgl. *Peltzer*, FS Lutter, 571, 586.

270 Vgl. *Wolff/Homann*, ZGR 2010, 959, 961 ff.

271 *Basedow*, FS Immenga, 3, 5; *Fetzer*, Staat und Wettbewerb in dynamischen Märkten, S. 55; *Leschke* in Fehling/Ruffert (Hrsg.), Regulierungsrecht, § 6 Rn. 71; *Möschel*, FS Immenga, 277, 280; *Müller/Vogelsang*, Staatliche Regulierung, S. 101 f.

272 *Basedow*, FS Immenga, 3, 6; *Fetzer*, Staat und Wettbewerb in dynamischen Märkten, S. 55 f.; *Leschke* in Fehling/Ruffert (Hrsg.), Regulierungsrecht, § 6 Rn. 71; *Möschel*, FS Immenga, 277, 280; *Seibert*, DB 2009, 1167, 1168.

sie öffentlicher Kritik nachgeben und regulierende Maßnahmen ergreifen, können sie versuchen, das Vertrauen des Volkes zu gewinnen. Dadurch lassen sich ihre eigenen Ziele, wie etwa wiedergewählt zu werden, leichter erreichen.[273] Dahingehend wurde beispielsweise das VorstAG in der rechtswissenschaftlichen Literatur kritisiert.[274] Dieses wurde unmittelbar vor den 2009 anstehenden Bundestagswahlen erlassen und aufgrund der immer wiederkehrenden öffentlichen Empörung über Vorstandsgehälter teilweise als wahlkampftaktischer Aktionismus angesehen.[275] Allerdings dürfen politische Eigeninteressen einzelner an der Gesetzgebung beteiligter Akteure nicht Anlass dafür sein, einen marktwirtschaftlichen Bereich zu regulieren.[276]

V. Zusammenfassung

Festzuhalten ist, dass sich eine Vergütungsregulierung mit dem Argument der Gewährleistung des „sozialen Friedens" nicht begründen lässt. Einzugestehen ist jedoch, dass öffentliche Empörung über vermeintlich überhöhte Vorstandsgehälter bei den für eine Vergütungsregulierung verantwortlichen Akteuren einen nicht zu unterschätzenden Befolgungsdruck erzeugen kann. Nichtsdestotrotz sollten sich diese Akteure davon nicht dazu verleiten lassen, vergütungsregulierende Maßnahmen zu ergreifen. Stattdessen sollte sich der Fokus ungeachtet etwaiger Eigeninteressen stets auf „objektive" Gründe richten, die einen gesetzgeberischen Eingriff in die Vorstandsvergütungen börsennotierter Unternehmen erforderlich machen.[277]

---

273 *Basedow*, FS Immenga, 3, 6; *Fetzer*, Staat und Wettbewerb in dynamischen Märkten, S. 55 f.; *Hoegen*, Reform der Vorstandsvergütung, S. 241; *Leschke* in Fehling/Ruffert (Hrsg.), Regulierungsrecht, § 6 Rn. 72 ff.

274 Vgl. *Bauer/Arnold*, AG 2009, 717, 718; *Bosse*, BB 2009, 1650; *van Kann/Keiluweit*, DStR 2009, 1587, 1592; *Wagner/Wittgens*, BB 2009, 906.

275 Vgl. *Bauer/Arnold*, AG 2009, 717, 718; *Bosse*, BB 2009, 1650; *van Kann/Keiluweit*, DStR 2009, 1587, 1592; *Wagner/Wittgens*, BB 2009, 906.

276 Siehe dazu die positive (Regulierungs-)Theorie bei *Basedow*, FS Immenga, 3, 5 ff.; *Fetzer*, Staat und Wettbewerb in dynamischen Märkten, S. 54 ff.; *Leschke* in Fehling/Ruffert (Hrsg.), Regulierungsrecht, § 6 Rn. 6, 71 ff.; *Möschel*, FS Immenga, 277, 280; *Weber*, Wirtschaftsregulierung in wettbewerbspolitischen Ausnahmebereichen, S. 92 ff.

277 Vgl. *Basedow*, FS Immenga, 3, 8; *Eifert* in Hoffmann-Riem/Schmidt-Aßmann/Voßkuhle (Hrsg.), GVwR, § 19 Rn. 17; *Leschke* in Fehling/Ruffert (Hrsg.), Regulierungsrecht, § 6 Rn. 7; *Möschel*, FS Immenga, 277, 279 ff.

§ 7 Verfassungsrechtliche Schranken

I. Einführung

Nachdem festgestellt wurde, dass ein gesetzgeberischer Eingriff in die Vergütungssysteme von Vorstandsmitgliedern börsennotierter Unternehmen erforderlich ist, gilt es zu klären, welche Grenzen dem Staat dabei gesetzt sind. Anerkanntermaßen ist der Staat dazu verpflichtet, das Wirtschaftsleben durch Rechtsregeln zu ordnen und einen marktwirtschaftlichen Wettbewerb zu sichern.[278] Mittels regulierender Maßnahmen kann und soll er verhindern, dass es zu Fehlentwicklungen oder gar zu einem Marktversagen kommt.[279] Greift der Staat jedoch in einen privatwirtschaftlichen Bereich ein, hat er die verfassungsrechtlichen Schranken zu beachten.[280] Regulierende Maßnahmen beeinträchtigen oftmals die Grundrechte privater Wirtschaftssubjekte und weisen daher eine hohe Grundrechtssensibilität auf.[281] In Verbindung mit regulierenden Maßnahmen werden in der rechtswissenschaftlichen Literatur vor allem Eingriffe in die Vertrags- (Art. 2 Abs. 1 GG), Berufs- (Art. 12 Abs. 1 GG), Eigentumsfreiheit (Art. 14 GG) sowie ein Verstoß gegen den allgemeinen Gleichheitssatz (Art. 3 Abs. 1 GG) diskutiert.[282] Ergreift der Staat vergütungsregulierende Maßnahmen, nimmt er Einfluss auf die vertraglichen Beziehungen zwischen börsennotierten

---

278 Vgl. *Eifert* in Hoffmann-Riem/Schmidt-Aßmann/Voßkuhle (Hrsg.), GVwR, § 19 Rn. 5 f.; *Heun*, JZ 2010, 53, 58; *R. Schmidt* in Isensee/Kirchhof (Hrsg.), Hdb. Staatsrecht, § 92 Rn. 8 f.

279 Vgl. *Basedow*, FS Immenga, 3, 8; *Binder*, Regulierungsinstrumente und Regulierungsstrategien im Kapitalgesellschaftsrecht, S. 40; *Eifert* in Hoffmann-Riem/Schmidt-Aßmann/Voßkuhle (Hrsg.), GVwR, § 19 Rn. 17; *König/Benz* in König/Benz (Hrsg.), Privatisierung und staatliche Regulierung, 13, 69 f., *Leschke* in Fehling/Ruffert (Hrsg.), Regulierungsrecht, § 6 Rn. 18, 23 f.; *Schmidt-Preuss*, FS R. Schmidt, 547, 551 ff.; *Weber*, Wirtschaftsregulierung in wettbewerbspolitischen Ausnahmebereichen, S. 92, 98 ff.

280 *Eifert* in Hoffmann-Riem/Schmidt-Aßmann/Voßkuhle (Hrsg.), GVwR, § 19 Rn. 16; *Lepsius* in Fehling/Ruffert (Hrsg.), Regulierungsrecht, § 4 Rn. 45; *Möschel*, FS Immenga, 277, 285; *Schmidt-Preuss*, FS R. Schmidt, 547, 554.

281 *Schmidt-Preuss*, FS R. Schmidt, 547, 554; vgl. *Hellgardt*, Regulierung und Privatrecht, S. 289; *Lepsius* in Fehling/Ruffert (Hrsg.), Regulierungsrecht, § 4 Rn. 27 ff.

282 *Groeger*, RdA 2011, 287, 293; *Hellgardt*, Regulierung und Privatrecht, S. 291 ff.; *Lepsius* in Fehling/Ruffert (Hrsg.), Regulierungsrecht, § 4 Rn. 45 ff.; *Möschel*, FS Immenga, 277, 285.

Unternehmen und ihren Vorstandsmitgliedern. Daher könnte die Vertragsfreiheit dieser Wirtschaftsakteure verletzt sein.[283]

II. Regelungsbereich und Beeinträchtigung der Vertragsfreiheit

Die Vertragsfreiheit ist durch Art. 2 Abs. 1 GG grundrechtlich garantiert und dient als Basis für eine funktionierende soziale Marktwirtschaft.[284] Inhaltlich geschützt wird das Recht, Verträge im Rahmen der zivilrechtlichen Ordnung frei zu schließen, zu gestalten, zu ändern und aufzulösen.[285] Marktteilnehmer sollen ohne staatliche Einmischung vertraglich festlegen können, wie sie ihre Interessen angemessen ausgleichen.[286] Die Vereinbarung über eine Vergütung ist dabei für die jeweiligen Vertragsparteien ein probates Mittel, um einen vertraglichen Konsens zu erzielen. Daher fallen Vergütungsvereinbarungen in den Regelungsbereich von Art. 2 Abs. 1 GG.[287]

Allerdings könnte Art. 2 Abs. 1 GG im wirtschaftsrechtlichen Bereich durch Art. 12 Abs. 1 GG als spezielleres Grundrecht verdrängt werden. Dazu müsste die Vertragsfreiheit, namentlich die Festsetzung der Vorstandsvergütung, vom

---

283 Vgl. dazu *Kiethe,* BB 2003, 1573, 1574, 1577; *Körner,* NJW 2004, 2697 f.; *Lutter,* ZIP 2006, 733, 734; *Martens,* ZHR 169 (2005), 124, 145; *Schlegelberger/Quassowski,* AktG, § 78 Rn. 1; *Spindler,* ZIP 2006, 349, 351; *Riesenhuber* in Rieble/Junker/Giesen (Hrsg.), Finanzkriseninduzierte Vergütungsregulierung und arbeitsrechtliche Entgeltsysteme, 133, 151; *Weller,* NZG 2010, 7 ff.; ein ebenfalls denkbarer Eingriff in das Recht auf informationelle Selbstbestimmung von Vorstandsmitgliedern durch Publizitätsvorschriften ist im Zusammenhang mit einer Vergütungsregulierung von untergeordneter Bedeutung, siehe dazu daher nur unten, 3. Teil, sub § 11, II. 2. a.E.

284 BVerfGE 8, 274, 328 = NJW 1959, 171; BVerfGE 12, 341, 347 = NJW 1961, 1395; BVerfGE 60, 329, 339 = NJW 1982, 2365; BVerfGE 65, 196, 210 = NJW 1984, 476; BVerfGE 74, 129, 151 = BB 1987, 616; BVerfGE 88, 384, 403 = ZIP 1993, 1111; BVerfGE 89, 48, 61 = NJW 1993, 2923; BVerfGE 95, 267, 303 f. = NJW 1997, 1975; *Di Fabio* in Maunz/Dürig, GG, Art. 2 Rn. 101; *Jarass* in Jarass/Pieroth, GG, Art. 2 Rn. 22a; *Kiethe,* BB 2003, 1573, 1574.

285 BVerfGE 95, 267, 303 f. = NJW 1997, 1975; *Di Fabio* in Maunz/Dürig, GG, Art. 2 Rn. 101; *Manssen,* Privatrechtsgestaltung durch Hoheitsakt, S. 119; *Murswiek/Rixen* in Sachs, GG, Art. 2 Rn. 54; *Starck* in v. Mangoldt/Klein/Starck, GG, Art. 2 Rn. 145; ausführlich zur Vertragsfreiheit und ihren Grenzen *Musielak,* JuS 2017, 949 f.

286 BVerfGE 81, 242, 254 = NJW 1990, 1469; *Jarass* in Jarass/Pieroth, GG, Art. 2 Rn. 22a; *Kiethe,* BB 2003, 1573, 1574; *Musielak,* JuS 2017, 949.

287 BVerfGE 70, 1, 25 f. = SozVers 1986, 21; *Jarass* in Jarass/Pieroth, GG, Art. 2 Rn. 22a; *Kiethe,* BB 2003, 1573, 1574.

Schutzbereich von Art. 12 Abs. 1 GG erfasst sein. Art. 12 Abs. 1 GG gewährleistet als einheitliches Grundrecht einen umfassenden Schutz der Berufsfreiheit.[288] Gegen die Einordnung der Vertragsfreiheit in diesen Schutzbereich wird in der rechtwissenschaftlichen Literatur zum Teil angeführt, dass diese als unbenanntes Freiheitsrecht mit einem eigenen materiellen Gehalt verstanden wird.[289] Um die Vertragsfreiheit nicht auf unterschiedliche Grundrechte aufzuteilen, sei diese dem Schutzbereich von Art. 2 Abs. 1 GG zuzuordnen.[290] Etwas anderes ergebe sich auch nicht allein daraus, dass die Vertragsfreiheit für die berufliche Tätigkeit von hoher Bedeutung ist.[291] Die wohl herrschende Meinung hält dem entgegen, es dürfe nicht verkannt werden, dass zur Berufsausübung auch die zum Beruf gehörenden Modalitäten gehören, wie Form, Mittel, Umfang und Inhalt.[292] Aus diesem Grund sei die Freiheit, eine angemessene Vergütung zu fordern, untrennbar mit der Berufsausübungsfreiheit verbunden.[293] Daher erfasse der Schutzbereich von Art. 12 Abs. 1 GG auch die beruflich genutzte Vertragsfreiheit.[294]

Unabhängig davon, welchem Schutzbereich die Vertragsfreiheit im wirtschaftsrechtlichen Bereich letztlich zuzuordnen ist, greifen vergütungsregulierende Vorschriften in die Vertragsfreiheit von börsennotierten Unternehmen und Vorstandsmitgliedern ein.[295] Selbst wenn man einen Eingriff in die Berufsfreiheit

288 Grundlegend BVerfGE 7, 377, 402 = NJW 1958, 1035.

289 *Degenhardt,* JuS 1990, 161, 165; *Kämmerer* in v. Münch/Kunig, GG, Art. 12 Rn. 44; *Manssen,* Privatrechtsgestaltung durch Hoheitsakt, S. 183 ff.

290 *Kämmerer* in v. Münch/Kunig, GG, Art. 12 Rn. 44; *Manssen,* Privatrechtsgestaltung durch Hoheitsakt, S. 134 f.

291 *Di Fabio* in Maunz/Dürig, GG, Art. 2 Rn. 101; *Manssen,* Privatrechtsgestaltung durch Hoheitsakt, S. 135.

292 *Jarass* in Jarass/Pieroth, GG, Art. 12 Rn. 10; *Kämmerer* in v. Münch/Kunig, GG, Art. 12 Rn. 27; *Mann* in Sachs, GG, Art. 12 Rn. 79; *Sodan* in Sodan, GG, Art. 12 Rn. 14.

293 BVerfGE 88, 145, 159 = NJW 1993, 2861; *Hofmann* in Schmidt-Bleibtreu/Klein/Hofmann/Hennecke, GG, Art. 12 Rn. 23; *Kämmerer* in v. Münch/Kunig, GG, Art. 12 Rn. 44; *Sodan,* NJW 2003, 1761, 1763; *Sodan* in Sodan, GG, Art. 12 Rn. 14.

294 BVerfGE 33, 171, 191 = NJW 1972, 1509; BVerfGE 68, 193, 223 ff. = NJW 1985, 1385; BVerfGE 116, 202, 221 = NJW 2007, 51; BVerfGE 117, 163, 181 = NJW 2007, 979; BVerfGE 118, 1, 15 ff. = NJW 2007, 2098; BVerfGE 123, 186, 252 f. = NJW 2009, 2033; BVerfGE 126, 286, 300 = NJW 2010, 3422; BVerfGE 128, 157, 176 = NJW 2011, 1427; BVerfGE 134, 204 Rn. 67 f. = NJW 2014, 46; vgl. *Degenhardt,* JuS 1990, 161, 165; *Hellgardt,* Regulierung und Privatrecht, S. 294; *Hofmann* in Schmidt-Bleibtreu/Klein/Hofmann/Hennecke, GG, Art. 12 Rn. 23; *Sodan* in Sodan, GG, Art. 12 Rn. 14.

295 BVerfGE 70, 1, 25 f. = SozVers 1986, 21; *Kiethe,* BB 2003, 1573, 1574; *Starck* in v. Mangoldt/Klein/Starck, GG, Art. 2 Rn. 146.

gemäß Art. 12 Abs. 1 GG ablehnen würde, wäre zumindest Art. 2 Abs. 1 GG als Auffanggrundrecht beeinträchtigt.[296] Auch mit Blick auf eine verfassungsrechtliche Rechtfertigung braucht der Meinungsstreit an dieser Stelle nicht entschieden zu werden. Denn Art. 12 Abs. 1 GG und Art. 2 Abs. 1 GG belassen dem Staat bei regulierenden Eingriffen in vertragliche Vereinbarungen in etwa den gleichen Dispositionsspielraum.[297] Es dürfte nicht angebracht sein, bei der Vertragsfreiheit im privatrechtlichen Bereich von einem schwächeren Grundrechtsschutz auszugehen als im wirtschaftsrechtlichen Bereich.[298]

III. Verhältnismäßigkeit als Maßstab

Sowohl Art. 12 Abs. 1 GG als auch Art. 2 Abs. 1 GG unterliegen Gesetzesvorbehalten und können anhand gesetzlicher Regelungen eingeschränkt werden.[299] Voraussetzung ist, dass das freiheitseinschränkende Gesetz mit den verfassungsrechtlich verankerten Grundsätzen vereinbar ist.[300] Insbesondere der Verhältnismäßigkeitsgrundsatz begrenzt als Schranke-Schranke jede Art einer Grundrechtsbeeinträchtigung.[301] Danach muss das einschränkende Gesetz zur

---

296 BVerfGE 1, 264, 273 f.; BVerfGE 6, 32, 37; BVerfGE 9, 338, 343 = NJW 1959, 1579; BVerfGE 21, 227, 234 = NJW 1967, 1315; BVerfGE 67, 157, 171 = NJW 1985, 121; BVerfGE 77, 84, 118 = NJW 1988, 1195; BVerfGE 78, 179, 196 = NJW 1988, 2290; BVerfGE 80, 137, 152 ff. = NJW 1989, 2525; *Degenhardt,* JuS 1990, 161, 165 f.; *Di Fabio* in Maunz/Dürig, GG, Art. 2 Rn. 21; *Hofmann* in Schmidt-Bleibtreu/Klein/Hofmann/Hennecke, GG, Art. 2 Rn. 3; *Jarass* in Jarass/Pieroth, GG, Art. 2 Rn. 22a; *Kunig* in v. Münch/Kunig, GG, Art. 2 Rn. 12; *Murswiek/Rixen* in Sachs, GG, Art. 2 Rn. 10; *Sodan* in Sodan, GG, Art. 2 Rn. 1.

297 *Degenhart,* JuS 1990, 161, 165; *Manssen,* Privatrechtsgestaltung durch Hoheitsakt, S. 134; vgl. *Kiethe,* BB 2003, 1573, 1574.

298 *Manssen,* Privatrechtsgestaltung durch Hoheitsakt, S. 134.

299 Ausführlich zu den Schranken von Art. 2 Abs. 1 GG und Art. 12 Abs. 1 GG *Di Fabio* in Maunz/Dürig, GG, Art. 2 Rn. 37 ff.; *Hofmann* in Schmidt-Bleibtreu/Klein/Hofmann/Hennecke, GG, Art. 2 Rn. 5 ff., Art. 12 Rn. 50 ff.; *Jarass* in Jarass/Pieroth, GG, Art. 2 Rn. 13 ff., Art. 12 Rn. 27 ff.; *Kunig* in v. Münch/Kunig, GG, Art. 2 Rn. 19 ff., Art. 12 Rn. 45 ff.; *Manssen* in v. Mangoldt/Klein/Starck, GG, Art. 12 Rn. 103 ff.; *Murswiek/Rixen* in Sachs, GG, Art. 2 Rn. 89 ff., Art. 12 Rn. 105 ff.; *Scholz* in Maunz/Dürig, GG, Art. 12 Rn. 300 ff.; *Sodan* in Sodan, GG, Art. 2 Rn. 11 ff., Art. 12 Rn. 25 ff.; *Starck* in v. Mangoldt/Klein/Starck, GG, Art. 2 Rn. 21 ff.

300 Vgl. *Di Fabio* in Maunz/Dürig, GG, Art. 2 Rn. 41; *Müller-Franken* in Schmidt-Bleibtreu/Klein/Hofmann/Hennecke, GG, Vorb. v. Art. 1 Rn. 52 f.; *Sodan* in Sodan, GG, Art. 1 Vorb. Rn. 45.

301 Vgl. *Di Fabio* in Maunz/Dürig, GG, Art. 2 Rn. 41; *Hellgardt,* Regulierung und Privatrecht, S. 319; *Jarass* in Jarass/Pieroth, GG, Vorb. v. Art. 1 Rn. 45; *Klatt/Meister,* JuS

Erreichung einer Gemeinwohlaufgabe geeignet, erforderlich und angemessen sein.[302] Geht es um die verfassungsrechtliche Rechtfertigung einer Gesetzesnorm, kommen dem Gesetzgeber eine weitreichende Einschätzungsprärogative und ein Prognosespielraum zu.[303] Aus Gründen des Gemeinwohls kann er die wirtschaftliche Betätigungsfreiheit in erheblichem Umfang zurückdrängen.[304]

Wie bei der Frage des Regulierungsbedarfs herausgearbeitet, sollen vergütungsregulierende Maßnahmen Steuerungsprobleme in Aktiengesellschaften und bestandsgefährdende Risikoanreize in den Vergütungssystemen von Vorstandsmitgliedern verhindern.[305] Beim Erlass von Vergütungsvorschriften hat der Gesetzgeber darauf zu achten, dass diese zur Zielerreichung beitragen und kein milderes, gleichwirksames Eingriffsmittel existiert.[306] Schließlich darf der hoheitliche Eingriff in die Vergütungssysteme der Unternehmen nicht außer Verhältnis zu den damit verfolgten Zielen stehen.[307] Dabei ergeben sich, je

---

2014, 193; *Lepsius* in Fehling/Ruffert (Hrsg.), Regulierungsrecht, § 4 Rn. 68 ff.; *Müller-Franken* in Schmidt-Bleibtreu/Klein/Hofmann/Hennecke, GG, Vorb. v. Art. 1 Rn. 53; *Sachs* in Sachs, GG, Vor Art. 1 Rn. 135; *Schmidt-Preuss,* FS R. Schmidt, 547, 555; *Starck* in v. Mangoldt/Klein/Starck, GG, Art. 1 Rn. 277 ff.; *Voßkuhle,* JuS 2007, 429.

302 *Di Fabio* in Maunz/Dürig, GG, Art. 2 Rn. 41; *Jarass* in Jarass/Pieroth, GG, Vorb. v. Art. 1 Rn. 46; *Kiethe,* BB 2003, 1573, 1575; *Müller-Franken* in Schmidt-Bleibtreu/Klein/Hofmann/Hennecke, GG, Vorb. v. Art. 1 Rn. 53; *v. Münch/Kunig* in v. Münch/Kunig, GG, Vorb. Art. 1-19 Rn. 39; *Sachs* in Sachs, GG, Art. 20 Rn. 149; *Sodan* in Sodan, GG, Art. 1 Vorb. Rn. 60 ff.; *Starck* in v. Mangoldt/Klein/Starck, GG, Art. 1 Rn. 285; ausführlich zum Verhältnismäßigkeitsprinzip *Hellgardt,* Regulierung und Privatrecht, S. 301 ff.; *Klatt/Meister,* JuS 2014, 193 ff.; *Voßkuhle,* JuS 2007, 429 ff.

303 BVerfGE 50, 290, 332 f. = NJW 1979, 833; *Hellgardt,* Regulierung und Privatrecht, S. 319.

304 BVerfGE 50, 290, 333, 337 f. = NJW 1979, 833; *Groeger,* RdA 2011, 287, 293; *Kiethe,* BB 2003, 1573, 1575.

305 Siehe oben, 2. Teil, sub § 4 und § 5.

306 *Di Fabio* in Maunz/Dürig, GG, Art. 2 Rn. 41; *Jarass* in Jarass/Pieroth, GG, Vorb. v. Art. 1 Rn. 46; *Kiethe,* BB 2003, 1573, 1575; *Müller-Franken* in Schmidt-Bleibtreu/Klein/Hofmann/Hennecke, GG, Vorb. v. Art. 1 Rn. 53; *v. Münch/Kunig* in v. Münch/Kunig, GG, Vorb. Art. 1–19 Rn. 39; *Sachs* in Sachs, GG, Art. 20 Rn. 149; *Sodan* in Sodan, GG, Art. 1 Vorb. Rn. 60 ff.; *Starck* in v. Mangoldt/Klein/Starck, GG, Art. 1 Rn. 285.

307 BVerfGE 30, 292, 316 = NJW 1971, 1255; BVerfGE 35, 382, 401 = NJW 1974, 227; BVerfGE 38, 281, 302 = NJW 1975, 1265; BVerfGE 76, 1, 51 = NJW 1988, 626; *Di Fabio* in Maunz/Dürig, GG, Art. 2 Rn. 41; *Hellgardt,* Regulierung und Privatrecht, S. 309; *Klatt/Meister,* JuS 2014, 193, 196; *Müller-Franken* in Schmidt-Bleibtreu/Klein/Hofmann/Hennecke, GG, Vorb. v. Art. 1 Rn. 53; *Sodan* in Sodan, GG, Art. 1 Vorb. Rn. 66; *Voßkuhle,* JuS 2007, 429, 430.

nachdem auf welchem Abstraktionsniveau ein Eingriff in die Vertragsfreiheit von börsennotierten Unternehmen und Vorstandsmitgliedern erfolgt, Unterschiede in der verfassungsrechtlichen Kontrolltiefe.[308] So dürfte beispielsweise bei börsennotierten Unternehmen des Finanzsektors, aufgrund des zusätzlichen Interesses an einem stabilen und funktionsfähigen Finanzsystem, ein stärkerer Eingriff in die Vergütungssysteme von Vorstandsmitgliedern gerechtfertigt sein, als dies bei börsennotierten Unternehmen der Realwirtschaft der Fall ist.

IV. Zusammenfassung

Die Regulierung der Vergütungssysteme von Vorstandsmitgliedern börsennotierter Unternehmen greift in die Vertragsfreiheit von börsennotierten Unternehmen und ihren Vorstandsmitgliedern ein. Ob ein Eingriff in die Vergütungssysteme von Vorstandsmitgliedern gerechtfertigt ist, lässt sich letztlich nur mit Blick auf die jeweils konkrete Maßnahme ermitteln. Entscheidend ist, dass eine vergütungsregulierende Maßnahme einer Verhältnismäßigkeitsprüfung standhält. Das dürfte aufgrund des weiten gesetzgeberischen Gestaltungsspielraums bei der Regulierung eines Wirtschaftsbereichs in der Regel zu bejahen sein. Ergeben sich im Rahmen der nachfolgenden Ausführungen bei einer vergütungsregulierenden Maßnahme jedoch hinreichende verfassungsrechtliche Bedenken, wird darauf an gegebener Stelle eingegangen.

---

308 *Hellgardt,* Regulierung und Privatrecht, S. 319; vgl. *Klatt/Meister,* JuS 2014, 193, 196; *Voßkuhle,* JuS 2007, 429, 430.

3. Teil Zweckmäßigkeit und Ausgestaltung der verschiedenen Regulierungsinstrumente

§ 8 Festsetzung einer Vergütungshöchstgrenze

I. Einführung

Stellt man sich die Frage nach den Ausgestaltungsmöglichkeiten einer Vergütungsregulierung, liegt es nahe, zunächst an eine Vergütungshöchstgrenze für Vorstandsmitglieder zu denken. Die Einführung einer Vergütungshöchstgrenze für Vorstandsmitglieder wird in der rechtswissenschaftlichen Literatur[309] und in der Öffentlichkeit[310] immer wieder diskutiert. Vor allem die Öffentlichkeit stört sich stärker an der absoluten Höhe von Vorstandsvergütungen als an der Art ihrer Ausgestaltung.[311] Die Bundesregierung hat bereits im Jahr 2003 in ihrem Maßnahmenkatalog zur Stärkung der Unternehmensintegrität und des Anlegerschutzes eine Vergütungshöchstgrenze für Vorstandsmitglieder vorgeschlagen.[312] Bis zur Einführung des ARUG II im Jahr 2019 kam es dazu jedoch nicht.[313] Zwar sieht das bereits im Jahr 2008 als Reaktion auf die Finanzmarktkrise erlassene Finanzmarktstabilisierungsfondsgesetz (FMStFG)[314] in § 10 Abs. 2a vor, dass Vorstandsbezüge eine Grenze von 500.000 Euro pro Jahr nicht übersteigen dürfen. Allerdings handelt es sich dabei nicht um eine gesetzliche Vergütungshöchstgrenze, sondern um eine Verhandlungsvorgabe für Unternehmen des Finanzsektors, wenn diese Stabilisierungsmaßnahmen in Anspruch nehmen wollen.[315] Darüber hinaus lässt sich auch Ziffer 4.2.3 Abs. 2 Satz 6 DCGK nicht als gesetzliche Vergütungshöchstgrenze begreifen. Diese sieht

---

309 Vgl. exemplarisch *Arnold,* Steuerung des Vorstandshandelns, S. 146 f.; *Cahn,* FS Hopt, 431, 432 f.; *Goj,* AG 2015, 173 ff.; *Habersack,* NZG 2018, 127, 133; *Kiethe,* BB 2003, 1573 ff.; *Seibert,* DB 2009, 1167, 1169; *Thüsing,* ZGR 2003, 457, 487 f.; *Vetter,* ZIP 2009, 1307 ff.

310 Vgl. exemplarisch *Freiberger,* Chefgehälter – Deckel drauf, S.Z. vom 26.3.2018, S. 15.

311 Vgl. *Cahn,* FS Hopt, 431, 432 f.; *Vetter,* ZIP 2009, 1307.

312 Bundesregierung, Maßnahmenkatalog zur Stärkung der Unternehmensintegrität und des Anlegerschutzes vom 23.2.2003, S. 5; vgl. dazu auch *Hoegen,* Reform der Vorstandsvergütung, S. 207; *Körner,* NJW 2004, 2697, 2700; *Marsch-Barner,* FS Röhricht, 401, 403; *Seibert,* BB 2003, 693, 695.

313 Vgl. *Fleischer* in Spindler/Stilz, AktG, § 87 Rn. 22; *Marsch-Barner,* FS Röhricht, 401, 403; *Schlegelberger/Quassowski,* AktG, § 78 Rn. 4; *Spindler* in MüKoAktG, § 87 Rn. 40.

314 Gesetz zur Umsetzung eines Maßnahmenpakets zur Stabilisierung des Finanzmarktes (FMStG) vom 17.10.2008, BGBl. I S. 1982.

315 Vgl. *Mertens/Cahn* in KK-AktG, § 87 Rn. 97; *Seibert,* DB 2009, 1167, 1169; *Spindler* in MüKoAktG, § 87 Rn. 8.

zwar vor, dass Vorstandsvergütungen insgesamt und hinsichtlich ihrer variablen Vergütungsbestandteile betragsmäßige Höchstgrenzen aufweisen sollen,[316] rechtlich bindend ist diese Empfehlung für Aktiengesellschaften jedoch nicht.[317] Abgesehen davon geht aus dem in Ziffer 4.2.3 Abs. 2 Satz 6 DCGK verwendeten Wortlaut „aufweisen" nicht eindeutig hervor, ob eine in Euro definierte Höchstgrenze verlangt wird oder ob Angaben zur Berechnung der Vergütungshöhe genügen.[318] Erst durch die Einführung des ARUG II im Jahr 2019 nahm der deutsche Gesetzgeber eine Pflicht zur Festsetzung einer Vergütungshöchstgrenze für Vorstandsmitglieder ins Aktiengesetz auf. Seither sind börsennotierte Gesellschaften gemäß § 87a Abs. 1 Satz 2 Nr. 1 AktG verpflichtet, eine Maximalvergütung für Vorstandsmitglieder in ihrem Vergütungssystem festzulegen.Mit Blick auf die mit einer Vergütungsregulierung verfolgten Ziele bleibt zu klären, inwieweit eine Vergütungshöchstgrenze für Vorstandsmitglieder zweckmäßig ist. Dafür müsste eine Vergütungshöchstgrenze dazu beitragen können, dass börsennotierte Unternehmen Vorstandsmitglieder leistungs- und erfolgsabhängiger vergüten und über Vergütungsanreize nicht hauptsächlich dazu anhalten, auf kurzfristigen Erfolg ausgerichtete Geschäftsstrategien zu verfolgen. Was die Ausgestaltung einer Vergütungshöchstgrenze betrifft, kommen unterschiedliche Varianten in Betracht. Denkbar ist, entweder eine absolute Vergütungshöchstgrenze festzusetzen oder mit einer relativen Vergütungshöchstgrenze[319] eine flexiblere Lösung zu wählen.[320] Alternativ zu einer gesetzlichen Vergütungshöchstgrenze könnte aber auch eine satzungsmäßige Vergütungshöchstgrenze oder eine Pflicht zur Festlegung einer Maximalvergütung in den Vergütungssystemen der Vorstandsmitglieder zweckmäßig sein.[321]

---

316 Ausführlich dazu *Goj,* AG 2015, 173 ff.

317 Siehe zur Bindungswirkung des DCGK oben, 1. Teil, sub § 2, V. 1.; vgl. ferner *Goette* in MüKoAktG, § 161 Rn. 1, 24; *Hölters* in Hölters, AktG, § 161 Rn. 3, 6; *Kiethe,* NZG 2003, 559; *Vetter* in Henssler/Strohn, AktG, § 161 Rn. 7.

318 *Bachmann* in Kremer/Bachmann/Lutter/v. Werder, DCGK, Rn. 1013; *Goj,* AG 2015, 173, 175; *Klein,* AG 2013, 733, 736; *Sünner,* AG 2014, 115, 117.

319 Eine relative Vergütungshöchstgrenze ist eine Vergütungshöchstgrenze, die sich nach einer vorher festgelegten Bemessungsgrundlage bestimmt, vgl. *Dreher* in Henze/Hoffmann-Becking (Hrsg.), RWS-Forum 25, 203, 213; *Marsch-Barner,* FS Röhricht, 401, 403 f.

320 Vgl. dazu *Arnold,* Steuerung des Vorstandshandelns, S. 146; *Habersack,* NZG 2018, 127, 133; *Klein,* AG 2013, 733, 736; *Marsch-Barner,* FS Röhricht, 401, 403 f.; *Säcker/Boesche,* BB 2006, 897, 903.

321 *Arnold,* Steuerung des Vorstandshandelns, S. 146 f.; *Feudner,* NZG 2007, 779, 780 f.; *Fleischer/Bedowski,* AG 2009, 677, 683; *Habersack,* NZG 2018, 127, 132; *Körner,* NJW

II. Zweckmäßigkeit einer gesetzlichen Vergütungshöchstgrenze

Weder eine gesetzlich vorgeschriebene absolute noch eine gesetzlich vorgeschriebene relative Höchstgrenze für Vorstandsvergütungen dürfte sich dazu eignen, auf die mit einer Vergütungsregulierung verfolgten Ziele hinzuwirken. Sicherlich lässt sich über die Einführung einer Vergütungshöchstgrenze gleich welcher Art erreichen, dass Vorstandsbezüge aufgrund leistungs- und erfolgsunabhängiger Vergütungsbestandteile nicht über ein bestimmtes Niveau ansteigen. Eine Vergütungshöchstgrenze kann allerdings nicht beeinflussen, ob und inwieweit börsennotierte Unternehmen Vorstandsmitglieder tatsächlich entsprechend ihren Aufgaben und Leistungen vergüten.[322] Darüber hinaus kann eine Vergütungshöchstgrenze nicht verhindern, dass börsennotierte Unternehmen die Vergütungssysteme ihrer Vorstandsmitglieder vorwiegend auf kurzfristigen Erfolg ausrichten. In beiden Fällen handelt es sich um eine Frage der Vergütungsstruktur, auf die sich eine Vergütungshöchstgrenze nicht auswirkt.[323]

Abgesehen davon dürfte sich eine gesetzliche Vergütungshöchstgrenze für Vorstandsmitglieder auch aus ökonomischer Sicht nicht rechtfertigen lassen.[324] Insbesondere für eine absolute Vergütungshöchstgrenze fehlt es an einem stichhaltigen Grund, weshalb Vorstandsmitglieder in einer freien Marktwirtschaft nur bis zu einer bestimmten Grenze von einem Unternehmenserfolg profitieren können sollen, wenn sie zu diesem Erfolg durch eigene gute Leistungen beigetragen haben.[325] Auch widerspricht eine absolute Vergütungshöchstgrenze dem Grundgedanken von Vergütungsanreizen.[326] Vergütungsanreize sollen Einsatz- sowie Leistungsbereitschaft von Vorstandsmitgliedern erhöhen und bezwecken, dass Vorstandsmitglieder ihr Verhalten darauf ausrichten, für einen maximalen Unternehmenserfolg zu sorgen. Erreichen Vorstandsmitglieder jedoch unterjährig eine Vergütungshöchstgrenze, entfallen sämtliche vergütungsbezogenen

---

2004, 2697, 2701 f.; *Marsch-Barner*, FS Röhricht, 401, 403 f.; *Schüppen*, ZIP 2010, 905, 911; *Vetter*, ZIP 2009, 1397 ff.; rechtsvergleichend *Fleischer*, RIW 2010, 497, 499.

322 *Cahn*, FS Hopt, 431, 432; *Prinz/Schwalbach*, AR 2013, 111, 113.

323 Vgl. *Cahn*, FS Hopt, 431, 432.

324 Vgl. *Arnold*, Steuerung des Vorstandshandelns, S. 146 f.; *Cahn*, FS Hopt, 431, 432; *Habersack*, NZG 2018, 127, 133.

325 Vgl. *Gordon*, 30 J. Corp. L. 675, 677 (2005); *Kling*, DZWIR 2010, 221, 222; *Lücke*, NZG 2005, 692, 694; *Schmidt-Preuss*, FS R. Schmidt, 547, 550; *Spindler* in MüKoAktG, § 87 Rn. 40; *Weber* in Hölters, AktG, § 87, Rn. 26; *Wolff/Homann*, ZGR 2010, 959, 970.

326 Vgl. DAV, NZG 2013, 419, 420; *Wilsing/von der Linden*, DStR 2013, 1291, 1293.

Leistungsanreize. Sie haben anschließend keine Möglichkeit mehr, ihr Einkommen durch eigene Leistungen weiter zu steigern.

Darüber hinaus zeigt sowohl eine absolute als auch eine relative Vergütungshöchstgrenze Vorstandskandidaten bereits vor der Vergütungsverhandlung, wo die absolute „Schmerzgrenze" des Aufsichtsrats liegt.[327] Das kann die Verhandlungsposition von Vorstandskandidaten verbessern und es ihnen ermöglichen, eine höhere Vergütung auszuhandeln.[328] Neben einem durchschnittlichen Anstieg von Vorstandgehältern lässt das befürchten, dass eine Vergütungshöchstgrenze letztlich zu einem Richtwert verkommt, den es für Vorstandskandidaten unbedingt zu erreichen gilt.[329] Außerdem ist nicht auszuschließen, dass Vorstandsmitglieder aufgrund höherer Gehaltsaussichten zur ausländischen Konkurrenz wechseln und ausländische Top-Manager dem deutschen Markt fernbleiben.[330] Mithin kann eine Vergütungshöchstgrenze zu einem Wettbewerbsnachteil für deutsche Unternehmen gegenüber der ausländischen Konkurrenz führen.[331] Nicht zuletzt kann eine Vergütungshöchstgrenze das Vertrauen von Anlegern in den Markt beeinträchtigen. Denn eine Vergütungshöchstgrenze signalisiert Anlegern, dass börsennotierte Unternehmen nicht imstande sind, Vorstandsmitglieder von niedrigeren Vergütungen zu überzeugen.[332]

Schließlich dürfte die Einführung einer gesetzlichen Vergütungshöchstgrenze für Vorstandsmitglieder auch aus verfassungsrechtlicher Sicht abzulehnen sein.[333] Eine gesetzliche Vergütungshöchstgrenze greift in die Vertragsfreiheit der betroffenen Unternehmen und ihrer Vorstandsmitglieder ein.[334] Selbst wenn dem Gesetzgeber bei der Ausgestaltung einer Vergütungsregulierung eine weite

---

327 *Arnold,* Steuerung des Vorstandshandelns, S. 146 f.

328 *Arnold,* Steuerung des Vorstandshandelns, S. 146 f.

329 *Arnold,* Steuerung des Vorstandshandelns, S. 146 f.; *Bachmann* in Kremer/Bachmann/Lutter/v. Werder, DCGK, Rn. 1010; *Lutter,* ZIP 2003, 733, 740; *Prinz/Schwalbach,* AR 2013, 111, 113.

330 *Kiethe,* BB 2003, 1573, 1576 f.; *Thüsing,* ZGR 2003, 457, 488; a.A. *Körner,* NJW 2004, 2697, 2700.

331 *Kiethe,* BB 2003, 1573, 1576 f.

332 *Kiethe,* BB 2003, 1573, 1576.

333 *Jahn,* ZRP 2004, 179, 181; *Körner,* NJW 2004, 2697, 2700; *Lutter,* ZIP 2006, 733, 734; *Martens,* ZHR 169 (2005), 124, 145; *Verse,* NZG 2013, 921, 927; ausführlich dazu *Kiethe,* BB 2003, 1573 ff.

334 Vgl. *Habersack,* NZG 2018, 127, 133; *Jahn,* ZRP 2004, 179, 181; *Kiethe,* BB 2003, 1573, 1575 ff.; *Körner,* NJW 2004, 2697, 2700; allgemein zur Frage einer Grundrechtsbeeinträchtigung durch eine Vergütungsregulierung siehe oben, 2. Teil, sub § 7.

Einschätzungsprärogative und ein weiter Prognosespielraum zukommen,[335] dürften sich in der Regel mildere Eingriffsmittel, wie beispielsweise Vorschriften über die Gestaltung der Vergütungsstruktur, finden lassen. Eine Vergütungshöchstgrenze käme daher nur als ultima ratio in Betracht.[336]

III. Probleme bei der Festsetzung einer Vergütungshöchstgrenze

Abgesehen von einer fehlenden Zweckmäßigkeit ist eine Vergütungshöchstgrenze für Vorstandsmitglieder auch deshalb abzulehnen, da sich eine geeignete Höchstgrenze nicht bestimmen lässt. Es existiert kein „gerechter" Preis für die Vorstandstätigkeit[337] und damit auch keine bestimmbare Schwelle, ab der Vorstandsbezüge stets als unangemessen angesehen werden können.[338] Darüber hinaus dürfte vor allem eine absolute Vergütungshöchstgrenze nicht in der Lage sein, den individuellen Bedürfnissen von sämtlichen börsennotierten Unternehmen gerecht zu werden. Zu unterschiedlich sind die Verhältnisse zwischen börsennotierten Unternehmen.[339] Mit anderen Worten, eine absolute Vergütungshöchstgrenze wäre viel zu grob und damit für eine Vielzahl von Unternehmen entweder zu hoch oder zu niedrig angesetzt.[340] Eine zu hoch angesetzte Vergütungshöchstgrenze hätte keinen Einfluss auf die Vergütungspraxis eines Unternehmens.[341] Bei einer zu niedrig angesetzten Vergütungshöchstgrenze

---

335 Vgl. BVerfGE 50, 290, 332 f. = NJW 1979, 833; *Hellgardt*, Regulierung und Privatrecht, S. 319.

336 *Habersack*, NZG 2018, 127, 133.

337 Siehe dazu auch oben, 2. Teil, sub § 6, III.

338 Vgl. *Arnold*, Steuerung des Vorstandshandelns, S. 146; *Feudner*, NZG 2007, 779, 780; *Gordon*, 30 J. Corp. L. 675, 680 f. (2005); *Hoegen*, Reform der Vorstandsvergütung, S. 206; *Hohenstatt*, ZIP 2009, 1349, 1354; *Hüffer* in Bayer/Habersack (Hrsg.), Aktienrecht im Wandel, Bd. II, Kap. 7 Rn. 59, 61; *Koch* in Hüffer/Koch, AktG § 87 Rn. 5; *Körner*, NJW 2004, 2697, 2700; *Lücke*, NZG 2005, 692, 694; *Martens*, ZHR 169 (2005), 124, 126; *Säcker/Boesche*, BB 2006, 897, 903; *Snyder*, 28 Del. J. Corp. L. 129, 144 (2003); *Spindler* in MüKoAktG, § 87 Rn. 40; *Thomas*, 57 Vand. L. Rev. 1171, 1199 f. (2004); ausführlich dazu *Thüsing*, ZGR 2003, 457 ff.

339 Vgl. *Koch* in Hüffer/Koch, AktG § 87 Rn. 5; *Körner*, NJW 2004, 2697, 2700; *Schlegelberger/Quassowski*, AktG, § 78 Rn. 4; *Schüller*, Vorstandsvergütung, S. 141; *Schwark*, FS Raiser, 377, 389; *Spindler* in MüKoAktG, § 87 Rn. 40; *Thüsing*, ZGR 2003, 457, 487.

340 *Schwark*, FS Raiser, 377, 389.

341 *Schwark*, FS Raiser, 377, 389.

müssten Vorstandsmitglieder dagegen unmittelbar Abstriche in ihren Vergütungen hinnehmen. Das kann sich demotivierend auf Vorstandsmitglieder auswirken.[342]

Etwas anderes könnte für eine relative Vergütungshöchstgrenze für Vorstandsmitglieder gelten. Da sich diese nach einer vorher definierten Bemessungsgrundlage bestimmt, legt sie die Vergütungshöchstgrenze für jedes Unternehmen individuell fest.[343] Mithin könnte eine relative Vergütungshöchstgrenze den unterschiedlichen Bedürfnissen von börsennotierten Unternehmen im Gegensatz zu einer absoluten Vergütungshöchstgrenze eher gerecht werden.

Allerdings dürfte auch eine relative Vergütungshöchstgrenze nicht praxistauglich sein.[344] Denn es mangelt auch hier an geeigneten Parametern, um eine sinnvolle Bemessungsgrundlage zu bestimmen.[345] In der rechtswissenschaftlichen Literatur wird diesbezüglich darüber diskutiert, Vorstandsbezüge auf ein bestimmtes Vielfaches des Einkommens eines durchschnittlichen Arbeitnehmers zu begrenzen.[346] Dabei stellt sich jedoch die Frage, weshalb das durchschnittliche Arbeitnehmereinkommen als Richtwert für die Höhe von Vorstandsvergütungen infrage kommen soll.[347] Mit einer aus einem Ungerechtigkeitsempfinden resultierenden Unzufriedenheit von Arbeitnehmern lässt sich das jedenfalls nicht begründen. Abgesehen davon wäre die Vergütungshöchstgrenze dadurch vom Ausbildungsgrad der Arbeitnehmer und damit vor allem von der Branchentätigkeit eines Unternehmens abhängig. Es sollte jedoch für die Frage der Angemessenheit von Vorstandsbezügen keine Rolle spielen, ob es sich

---

342 *Schwark,* FS Raiser, 377, 389.

343 *Dreher* in Henze/Hoffmann-Becking (Hrsg.), RWS-Forum 25, 203, 213; *Marsch-Barner,* FS Röhricht, 401, 403 f.

344 Vgl. *Arnold,* Steuerung des Vorstandshandelns, S. 146; *Habersack,* NZG 2018, 127, 133.

345 Vgl. *Arnold,* Steuerung des Vorstandshandelns, S. 146 f.; *Kling,* DZWIR 2010, 221, 226; *Marsch-Barner,* FS Röhricht, 401, 403 f.; *Schwark,* FS Raiser, 377, 389; *Suchan/Winter,* DB 2009, 2531, 2535.

346 Siehe dazu *Adams,* ZIP 2002, 1325, 1343; *Arnold,* Steuerung des Vorstandshandelns, S. 146; *Dreher* in Henze/Hoffmann-Becking (Hrsg.), RWS-Forum 25, 203, 213 f.; *Fleischer/Bedowski,* AG 2009, 677, 683; *Habersack,* NZG 2018, 127, 133; *Kling,* DZWIR 2010, 221, 226; *Körner,* NJW 2004, 2697, 2701; *Lindemann/Heim,* JuS 2018, 1121, 1124; *Marsch-Barner,* FS Röhricht, 401, 403; *Schwark,* FS Raiser, 377, 389; *Seibert,* DB 2009, 1167, 1169; *Suchan/Winter,* DB 2009, 2531, 2535.

347 Vgl. dazu *Kling,* DZWIR 2010, 221, 226; *Marsch-Barner,* FS Röhricht, 401, 403 f.; *Suchan/Winter,* DB 2009, 2531, 2535.

bei Arbeitnehmern überwiegend um gut verdienende Akademiker oder weniger gut verdienende Nicht-Akademiker handelt.[348]

Ferner ist eine Orientierung am Durchschnittseinkommen eines Unternehmens auch deshalb abzulehnen, da das Vorstandsmitglieder dazu verleiten kann, das allgemeine Gehaltsniveau im Unternehmen anzuheben.[349] Es wäre für die Entwicklung eines Unternehmens wohl nicht gerade vorteilhaft, wenn Vorstandsmitglieder Arbeitnehmern ungeachtet der wirtschaftlichen Verhältnisse des Unternehmens eine höhere Vergütung gewährten oder Geringverdiener auslagerten, nur um selbst eine höhere Vergütung erhalten zu können.[350]

Nicht zuletzt kann eine Orientierung am Durchschnittsarbeitseinkommen dazu führen, dass sich Top-Manager vorwiegend für börsennotierte Unternehmen mit einem hohen durchschnittlichen Einkommen entscheiden. Börsennotierte Unternehmen mit einem branchenspezifisch geringen Durchschnittslohn dürften es dagegen schwer haben, eine geeignete Führungskraft für sich zu gewinnen.

IV. Satzungsmäßige Vergütungshöchstgrenzen als vermeintliche Lösung

Lehnt man eine gesetzliche Vergütungshöchstgrenze für Vorstandsmitglieder aus den vorstehend genannten Gründen ab, kann zumindest erwogen werden, es der Hauptversammlung zu ermöglichen, eine Vergütungshöchstgrenze für Vorstandsmitglieder in der Satzung festzulegen. Denkbar ist zwar auch, börsennotierte Unternehmen zu verpflichten, eine Vergütungshöchstgrenze in die Satzung aufzunehmen. Die Frage nach verpflichtenden satzungsmäßigen Vergütungshöchstgrenzen stellt sich aber erst dann, wenn sich satzungsmäßige Vergütungshöchstgrenzen generell als sinnvoll erweisen. Denn sofern satzungsmäßige Vergütungshöchstgrenzen als solche bereits unzweckmäßig sind, kann dahinstehen, ob börsennotierte Unternehmen verpflichtet werden sollten, eine Vergütungshöchstgrenze für Vorstandsmitglieder in die Satzung aufzunehmen.

Im Schrifttum werden fakultative satzungsmäßige Vergütungshöchstgrenzen teilweise befürwortet, da Aktionäre dadurch selbst entscheiden könnten, ob sie eine Vergütungshöchstgrenze für Vorstandsmitglieder vorsähen.[351] Auch

---

348 *Habersack,* NZG 2018, 127, 133; vgl. ferner *Lindemann/Heim,* JuS 2018, 1121, 1124.

349 *Habersack,* NZG 2018, 127, 133.

350 *Habersack,* NZG 2018, 127, 133.

351 Group of German Experts on Corporate Law, ZIP 2003, 863, 870; *Lutter,* ZIP 2003, 737, 740; vgl. *Habersack,* NZG 2018, 127, 132 ff.

spreche für die Möglichkeit einer satzungsmäßigen Vergütungshöchstgrenze, dass dadurch jedes Unternehmen eine Vergütungshöchstgrenze für Vorstandsmitglieder entsprechend seinen eigenen Bedürfnissen festlegen könne.[352] Nicht gefolgt werden kann in diesem Zusammenhang der in der rechtswissenschaftlichen Literatur vertretenen Auffassung, satzungsmäßige Vergütungshöchstgrenzen seien bereits nach geltendem Aktienrecht zulässig.[353] Einzige Voraussetzung sei, dass der Aufsichtsrat in seinem Handlungsspielraum bei der Festsetzung von Vorstandsvergütungen nicht auf eine Weise eingeengt werde, bei der er nicht mehr in der Lage sei, geeignete Vorstandskandidaten zu finden.[354] Hält man satzungsmäßige Vergütungshöchstgrenzen für Vorstandsmitglieder einzelfallabhängig für rechtlich zulässig, könnte das zu Rechtsunsicherheit führen. Denn es dürfte sich nicht bestimmen lassen, ab welcher Vergütungshöchstgrenze Aufsichtsräte in einer unzulässigen Weise in ihrer Vergütungskompetenz beschnitten sind und welche Vergütungshöchstgrenze Aufsichtsräten noch den geforderten Handlungsspielraum belässt. Mit Blick auf eine etwaige unerwartete wirtschaftliche Entwicklung einer Gesellschaft und einen damit verbundenen Anstieg von Vorstandsgehältern könnte sich eine rechtmäßige Vergütungshöchstgrenze außerdem kurzerhand zu einer rechtswidrigen Vergütungshöchstgrenze entwickeln. Auch wenn mildere Mittel, wie beispielsweise Angemessenheitsrichtlinien in der Satzung eines börsennotierten Unternehmens, rechtlich zulässig sein könnten,[355] dürfte das daher nicht für satzungsmäßige Vergütungshöchstgrenzen gelten.

Damit bleibt zu klären, ob satzungsmäßige Vergütungshöchstgrenzen de lege ferenda zu befürworten sind. Dagegen sprechen gewichtige Gründe. Wie eine gesetzliche Vergütungshöchstgrenze beeinflussen auch satzungsmäßige

---

352 *Habersack,* NZG 2018, 127, 132; *Lutter,* ZIP 2003, 737, 740; vgl. *Körner,* NJW 2004, 2697, 2700 ff.

353 *Grattenthaler,* Die Vergütung von Vorstandsmitgliedern in Aktiengesellschaften, S. 68.

354 *Grattenthaler,* Die Vergütung von Vorstandsmitgliedern in Aktiengesellschaften, S. 68.

355 *Feudner,* NZG 2007, 779, 780 f.; *Hoffmann/Preu,* Der Aufsichtsrat, Rn. 223; *Körner,* NJW 2004, 2697, 2701; *Lutter,* ZIP 2003, 737, 740; *Overlack,* ZHR 141 (1977), 125, 134 f.; a.A. (alleinige Zuständigkeit des Aufsichtsrats) *Dreher* in Henze/Hoffmann-Becking (Hrsg.), RWS-Forum 25, 203, 214 f.; *Fonk* in Semler/v. Schenck (Hrsg.), ArbHdb. Aufsichtsratsmitglieder, § 10 Rn. 118; *Kort* in Großkomm AktG, § 87 Rn. 39 f.; *Lutter/Krieger/Verse,* Rechte und Pflichten des Aufsichtsrats, Rn. 387; *Marsch-Barner,* FS Röhricht, 401, 404; *Mertens/Cahn* in KK-AktG, § 87 Rn. 4; *Schüller,* Vorstandsvergütung, S. 167; *Schüppen,* ZIP 2010, 905, 911; *Schwark,* FS Raiser, 377, 397; *Spindler* in MüKoAktG, § 87 Rn. 43; *Vetter,* ZIP 2009, 1307, 1308 f.

Vergütungshöchstgrenzen nicht die Vergütungsstruktur von Vorstandsmitgliedern und sind daher ebenfalls ungeeignet, um leistungs- und erfolgsunabhängige Vorstandsvergütungen sowie auf kurzfristigen Erfolg ausgerichtete Vergütungssysteme von Vorstandsmitgliedern zu verhindern.

Ferner ist es aus praktischer Sicht wenig sinnvoll, der Hauptversammlung die Satzungsautonomie über eine Vergütungshöchstgrenze für Vorstandsmitglieder einzuräumen.[356] Dem ersten Anschein nach mag es zwar plausibel klingen, Aktionären als Anteilseigner die Entscheidung zu überlassen, ob und in welcher Höhe Vorstandsvergütungen begrenzt werden sollen. Dadurch könnten Aktionäre Aufsichtsräten einen betragsmäßigen Rahmen vorgeben und verhindern, dass Aufsichtsräte Vorstandsvergütungen in einer Höhe festsetzen, die für Aktionäre nicht mehr akzeptabel ist. Allerdings ist zu berücksichtigen, dass eine satzungsmäßige Vergütungshöchstgrenze aufgrund der allgemein steigenden Gehaltsentwicklung in regelmäßigen Abständen nach oben angepasst werden müsste.[357] Die Anpassung einer satzungsmäßigen Vergütungshöchstgrenze wäre jedoch nicht ohne Weiteres möglich. Denn eine Satzungsänderung verlangt einen Beschluss der Hauptversammlung mit der hohen Hürde einer Drei-Viertel-Mehrheit (§ 179 Abs. 2 Satz 1 AktG). Wird diese Schwelle erreicht, bestünde zudem das Risiko, dass die Satzungsänderung durch eine Anfechtungsklage verhindert würde.[358] Darüber hinaus besteht bei einer Vergütungshöchstgrenze stets die Gefahr, dass diese aufgrund kurzfristiger Marktentwicklungen rasch erhöht werden muss, um weiterhin kompetente Führungskräfte an die Gesellschaft binden zu können.[359] Die umgehende Änderung einer satzungsmäßigen Vergütungshöchstgrenze dürfte jedoch aufgrund der organisatorischen Schwerfälligkeit der Hauptversammlung kaum möglich sein.[360]

Schließlich lässt sich darüber streiten, inwieweit es sinnvoll ist, die Debatte über angemessene Vorstandsbezüge in die Hauptversammlung börsennotierter

---

356 So auch *Dreher* in Henze/Hoffmann-Becking (Hrsg.), RWS-Forum 25, 203, 215; *Martens,* ZHR 169 (2005), 124, 148.

357 *Arnold,* Steuerung des Vorstandshandelns, S. 146; vgl. ferner *Dreher* in Henze/Hoffmann-Becking (Hrsg.), RWS-Forum 25, 203, 220.

358 *Arnold,* Steuerung des Vorstandshandelns, S. 146 f.; *Martens,* ZHR 169 (2005), 124, 149.

359 *Arnold,* Steuerung des Vorstandshandelns, S. 146; vgl. ferner *Dreher* in Henze/Hoffmann-Becking (Hrsg.), RWS-Forum 25, 203, 220.

360 Vgl. *Arnold,* Steuerung des Vorstandshandelns, S. 146 f.; *Dreher* in Henze/Hoffmann-Becking (Hrsg.), RWS-Forum 25, 203, 215; *Koch* in Hüffer/Koch, AktG, § 119 Rn. 1; *Martens,* ZHR 169 (2005), 124, 148 f., 154.

Unternehmen hineinzutragen.[361] Die Zuständigkeit der Hauptversammlung für die Festsetzung einer Vergütungshöchstgrenze für Vorstandsmitglieder[362] könnte endlose Diskussionen auslösen und die Gefahr unsachlicher Entscheidungen zum Schaden des Unternehmens heraufbeschwören.[363]

V. Festlegung einer Maximalvergütung in den Vergütungssystemen

Ebenfalls nicht überzeugend ist es, börsennotierte Unternehmen zu verpflichten, eine Maximalvergütung für Vorstandsmitglieder in deren Vergütungssysteme aufzunehmen. Denn auch hier greifen überwiegend die vorstehend angesprochenen Einwände. Zwar verbleibt Aufsichtsräten in diesem Fall, ähnlich wie der Hauptversammlung bei satzungsmäßigen Vergütungshöchstgrenze, individueller Gestaltungsspielraum. Fraglich ist aber nach wie vor, nach welchen Parametern und auf welche Höhe eine Maximalvergütung zu bestimmen ist, damit diese nicht die soeben diskutierten Probleme einer zu niedrigen und einer zu hohen Vergütungshöchstgrenze auslöst. Entscheidendes Kriterium dafür, Unternehmen nicht zu verpflichten, eine Maximalvergütung für Vorstandsmitglieder in das Vergütungssystem aufnehmen zu müssen, ist aber auch an dieser Stelle, dass eine Vergütungshöchstgrenze nicht imstande ist, das Verhalten von Vorstandsmitgliedern zu beeinflussen. Daher sollte die nunmehr in § 87a Abs. 1 Satz 2 Nr. 1 AktG verankerte Pflicht, eine Maximalvergütung für Vorstandsmitglieder in deren Vergütungssysteme festzulegen, nochmals überdacht werden.

VI. Zusammenfassung

Eine Vergütungshöchstgrenze für Vorstandsmitglieder ist nicht zweckmäßig, wenn es darum geht, auf die mit einer Vergütungsregulierung verfolgten Ziele hinzuwirken. Weder lässt sich durch eine Vergütungshöchstgrenze unterbinden, dass Vorstandsmitglieder leistungs- und erfolgsunabhängig vergütet werden,

---

361 Vgl. dazu *Arnold,* Steuerung des Vorstandshandelns, S. 149; *Forstmoser,* SJZ 108 (2012), 337, 343 f.; *Frank/Lange/Lenk,* Der Aufsichtsrat 2013, 128, 130; *Hüffer* in Aktienrecht im Wandel, Bd. II, Kap. 7 Rn. 70; *Martens,* ZHR 169 (2005), 124, 149; *Schwark,* FS Raiser, 377, 397.

362 Siehe zur Frage der Kompetenzverteilung bei der Festsetzung der Vorstandsvergütung unten, 3. Teil, sub § 10.

363 *Schwark,* FS Raiser, 377, 397; vgl. *Martens,* ZHR 169 (2005), 124, 149; *Seibert,* FS Hüffer, 955, 970.

noch kann eine Vergütungshöchstgrenze verhindern, dass Vergütungssysteme von Vorstandsmitgliedern vorwiegend auf kurzfristigen Erfolg ausgerichtet werden. Darüber hinaus ist eine Vergütungshöchstgrenze für Vorstandsmitglieder auch aus praktischen Gründen abzulehnen. Insbesondere fehlt es an geeigneten Maßstäben, um eine praxistaugliche Vergütungshöchstgrenze für Vorstandsmitglieder bestimmen zu können.

§ 9 Einflussnahme auf die Struktur der Vergütung

I. Einführung

Zielführender könnte es hingegen sein, nicht weiter die Einführung einer Vergütungshöchstgrenze zu diskutieren, sondern den Fokus auf Vorgaben über die strukturelle Ausgestaltung von Vorstandsvergütungen zu legen.[364] Denn die Ausgestaltung der Vergütungsstruktur ist ausschlaggebend dafür, ob und welche Anreize einem Vorstandsmitglied bei dessen Tätigkeit gesetzt werden. Daher könnten sich gesetzliche Vorgaben über die Vergütungsstruktur von Vorstandsmitgliedern besser eignen, um auf leistungs- und erfolgsabhängige Vergütungsstrukturen von Vorstandsmitgliedern hinzuwirken, die eine nachhaltige und langfristige Unternehmensentwicklung berücksichtigen.

Allerdings dürften es auch an dieser Stelle die vielgestaltigen Verhältnisse in und zwischen börsennotierten Unternehmen erschweren, zweckdienliche Vergütungsvorgaben aufzustellen. Führt man sich vor Augen, dass sich selbst börsennotierte Unternehmen derselben Branche in ihrer Organisationsstruktur und ihrem wirtschaftlichen Erfolg deutlich voneinander unterscheiden können,[365] kann und darf es nicht das Ziel einer Festsetzung von Strukturvorgaben sein, börsennotierten Unternehmen einheitlich eine konkret und detailliert ausgestaltete Vergütungsstruktur vorzuschreiben. Denn solche Strukturvorgaben wären nicht imstande, den individuellen Verhältnissen sämtlicher börsennotierter Unternehmen gerecht zu werden. Deshalb sollten gesetzliche Vorgaben über die Vergütungsstruktur eine gewisse Regelungstiefe nicht überschreiten und Aufsichtsräten Gestaltungsspielraum bei der Festsetzung von Vorstandsvergütungen belassen.

Unter dieser Prämisse stellt sich jedoch wiederum die Frage, inwieweit sich abstrakt ausgestaltete Strukturvorgaben dazu eignen, auf leistungs- und erfolgsabhängige Vorstandsvergütungen hinzuwirken und Risikoanreize in den Vergütungssystemen von Vorstandsmitgliedern zu reduzieren. Ein erster Blick auf die aktien- und aufsichtsrechtlichen Vorschriften über die Struktur von Vorstandsvergütungen zeigt, dass auch diese abstrakt ausgestaltet sind, mithin eine gewisse

---

364 So auch *Cahn,* FS Hopt, 431, 432 f., 435 ff.

365 *Bauer/Arnold,* AG 2009, 717, 720; *Cahn,* FS Hopt, 431, 434; DIHK, NZG 2009, 538; *Mertens/Cahn* in KK-AktG, § 87 Rn. 16; *Spindler* in MüKoAktG, § 87 Rn. 57; *Suchan/Winter,* DB 2009, 2531, 2535.

Regelungstiefe nicht überschreiten und Aufsichtsräten Gestaltungsspielraum bei der Festsetzung der Struktur von Vorstandsvergütungen belassen. In der Umsetzung verwendet der Gesetzgeber zahlreiche unbestimmte Rechtsbegriffe, die erforderlich sind, damit Aufsichtsräten Gestaltungsspielraum verbleibt. Allerdings könnten unbestimmte Rechtsbegriffe ihrerseits zu Problemen bei der Festsetzung von Vorstandsvergütungen führen, weshalb der Nutzen von Strukturvorgaben generell fragwürdig sein könnte. Um der eingangs aufgeworfenen Frage nachzugehen, werden daher im Folgenden die gesetzlichen Strukturvorgaben daraufhin untersucht, inwieweit abstrakt ausgestaltete Strukturvorgaben zweckmäßig sind, um auf die mit einer Vergütungsregulierung verfolgten Ziele hinzuwirken. Aus Verständnisgründen ist allerdings zunächst die Bedeutung der verschiedenen Vergütungsbestandteile zu klären. Diese lassen sich in fixe und variable Vergütungsbestandteile sowie Nebenleistungen kategorisieren.[366]

II. Bestandteile der Vergütungsstruktur

1. Fixe Vergütungsbestandteile

Fixe Vergütungsbestandteile sichern Vorstandsmitgliedern ein festes Gehalt zu und stellen damit ihre Grundvergütung dar.[367] Zu den fixen Vergütungsbestandteilen gelten neben monatlichen Gehaltszahlungen auch Sondervergütungen, wie etwa ein dreizehntes Jahresgehalt oder eine Jahresabschlussgratifikation.[368] Sie werden Vorstandsmitgliedern unabhängig von ihren erbrachten Leistungen oder einem etwaigen Erfolg der Gesellschaft gewährt.[369] Sinn und Zweck von fixen Vergütungsbestandteilen ist, Vorstandsmitglieder finanziell abzusichern und ihnen einen angemessenen Lebensstandard zu ermöglichen.[370] Das

---

366 *Bors,* Erfolgs- und leistungsorientierte Vorstandsvergütung, S. 4; *Raapke,* Regulierung der Vergütung, S. 5; *Schüller,* Vorstandsvergütung, S. 27.

367 *Bors,* Erfolgs- und leistungsorientierte Vorstandsvergütung, S. 5; *Dauner-Lieb* in Henssler/Strohn, AktG, § 87 Rn. 25; *Evers* in Hommelhoff/Hopt/v. Werder (Hrsg.), Hdb. Corporate Governance, 349, 360; *Raapke,* Regulierung der Vergütung, S. 5; *Schüller,* Vorstandsvergütung, S. 27.

368 *Bors,* Erfolgs- und leistungsorientierte Vorstandsvergütung, S. 5; *Evers* in Hommelhoff/Hopt/v. Werder (Hrsg.), Hdb. Corporate Governance, 349, 360; *Raapke,* Regulierung der Vergütung, S. 5; *Schüller,* Vorstandsvergütung, S. 27.

369 BGHZ 10, 187, 191 f.; *Evers* in Hommelhoff/Hopt/v. Werder (Hrsg.), Hdb. Corporate Governance, 349, 360; *Grattenthaler,* Die Vergütung von Vorstandsmitgliedern in Aktiengesellschaften, S. 210; *Raapke,* Regulierung der Vergütung, S. 5.

370 *Bors,* Erfolgs- und leistungsorientierte Vorstandsvergütung, S. 5; *Grattenthaler,* Die Vergütung von Vorstandsmitgliedern in Aktiengesellschaften, S. 210; *Raapke,*

soll sicherstellen, dass Vorstandsmitglieder ihre gesamte Leistungsfähigkeit der Gesellschaft uneingeschränkt zur Verfügung stellen können.[371] Ferner müssen Vorstandsmitglieder im Rahmen ihrer Tätigkeit regelmäßig wichtige Entscheidungen treffen. Dabei sollen sie nicht zusätzlich mit eigenen finanziellen Sorgen belastet sein.[372]

2. Variable Vergütungsbestandteile

Im Gegensatz zu fixen Vergütungsbestandteilen ist die Vergütungshöhe bei variablen Vergütungsbestandteilen nicht von vornherein festgelegt. Stattdessen basieren variable Vergütungsbestandteile auf einer vorab vereinbarten Berechnungsgrundlage, die ausschlaggebend für die Höhe des Vergütungsanspruchs eines Vorstandsmitglieds ist.[373] Mit anderen Worten hängt die Höhe einer variablen Vergütung von künftigen Entwicklungen ab.[374] Variable Vergütungsbestandteile sind namentlich Tantiemen, Gewinnbeteiligungen, Bezugsrechte sowie aktienbasierte Vergütungen einschließlich schuldrechtlicher Nachbildungen, wie etwa sogenannte *Phantom Stocks*[375].[376] Die hinter variablen Vergütungsbestandteilen stehende Idee ist, die Motivation und Einsatzbereitschaft von Vorstandsmitgliedern zu erhöhen.[377] Variable Vergütungsbestandteile sollen es

---

Regulierung der Vergütung, S. 5; *Schüller*, Vorstandsvergütung, S. 27; *Stelter/Roos*, DStR 1999, 1122, 1124.

371 Vgl. *Grattenthaler*, Die Vergütung von Vorstandsmitgliedern in Aktiengesellschaften, S. 210; *Raapke*, Regulierung der Vergütung, S. 5.

372 *Grattenthaler*, Die Vergütung von Vorstandsmitgliedern in Aktiengesellschaften, S. 210.

373 *Raapke*, Regulierung der Vergütung, S. 7.

374 *Dauner-Lieb* in Henssler/Strohn, AktG, § 87 Rn. 12; *Glasow* in Binder/Glos/Riepe (Hrsg.), Hdb. Bankenaufsichtsrecht, § 12 Rn. 4; *Koch* in Hüffer/Koch, AktG, § 87 Rn. 12; *Raapke*, Regulierung der Vergütung, S. 7; *Weber* in Hölters, AktG, § 87 Rn. 35.

375 *Phantom Stocks* sind virtuelle Aktien, für die in der Regel eine unter dem Börsenkurs liegende Zahlung geleistet werden muss. Am Ende der vereinbarten Laufzeit wird der in diesem Zeitpunkt aktuelle Aktienkurs ausgezahlt, vgl. *Binz/Sorg*, BB 2002, 1273, 1275.

376 *Evers* in Hommelhoff/Hopt/v. Werder (Hrsg.), Hdb. Corporate Governance, 349, 363; *Grattenthaler*, Die Vergütung von Vorstandsmitgliedern in Aktiengesellschaften, S. 216 ff.; *Raapke*, Regulierung der Vergütung, S. 7 ff.; *Seibt* in K. Schmidt/Lutter, AktG, § 87 Rn. 5; vgl. ferner die ausführliche Auflistung variabler Vergütungsbestandteile bei *Schüller*, Vorstandsvergütung, S. 28 ff.

377 Vgl. *Glasow* in Binder/Glos/Riepe (Hrsg.), Hdb. Bankenaufsichtsrecht, § 12 Rn. 4; *Grattenthaler*, Die Vergütung von Vorstandsmitgliedern in Aktiengesellschaften, S. 213; *Hucke*, AG 1994, 397, 401.

Vorstandsmitgliedern ermöglichen, ihre eigene Vergütung durch einen höheren Arbeitseinsatz zu steigern.[378]

Bei variablen Vergütungsbestandteilen selbst kann wiederum zwischen erfolgsorientierten und leistungsorientierten als auch zwischen kurzfristig und langfristig ausgerichteten Komponenten differenziert werden.[379] Die Unterschiede liegen in der Art der einem variablen Vergütungsbestandteil zugrundeliegenden Berechnungsmethode. Während sich erfolgsorientierte variable Vergütungsbestandteile nach dem Erfolg eines Unternehmens bemessen, hängen leistungsorientierte variable Vergütungsbestanteile von der Leistung eines Vorstandsmitglieds ab.[380] Kurz- und langfristig ausgerichtete variable Vergütungsbestandteile unterscheiden sich hingegen in zeitlicher Hinsicht. Erstere basieren auf einem eher überschaubaren Bemessungszeitraum, wohingegen Letzteren eine mehrjährige Bemessungsgrundlage zugrunde liegt.[381]

3. Nebenleistungen

Nebenleistungen sind sämtliche Vergütungsbestandteile, die weder zur fixen noch zur variablen Vergütung eines Vorstandsmitglieds gehören.[382] Oftmals handelt es sich um sachbezogene Aufwendungen, die eine Gesellschaft ihrem Vorstandsmitglied zur Verfügung stellt.[383] Dazu zählen etwa ein Dienstwagen mit Chauffeur, eine Dienstwohnung, Personal für die Privatwohnung und eine Zurverfügungstellung von Personal Coaches und Fitnesstrainern.[384] Anhand

---

378 Vgl. *Hucke,* AG 1994, 397, 401; *Kohler,* ZHR 161 (1997), 243, 254; *Menichetti,* DB 1996, 1688; *Schüller,* Vorstandsvergütung, S. 49.

379 *Bors,* Erfolgs- und leistungsorientierte Vorstandsvergütung, S. 6; *Raapke,* Regulierung der Vergütung, S. 7; *Semler,* FS Budde, 599, 610.

380 *Bors,* Erfolgs- und leistungsorientierte Vorstandsvergütung, S. 6; *Raapke,* Regulierung der Vergütung, S. 7.

381 *Bors,* Erfolgs- und leistungsorientierte Vorstandsvergütung, S. 6; *Grattenthaler,* Die Vergütung von Vorstandsmitgliedern in Aktiengesellschaften, S. 216 ff.; *Dzida/Naber,* BB 2011, 2613, 2614; ausführlich zu den Bemessungsgrundlagen variabler Vergütungsbestandteile *Raapke,* Regulierung der Vergütung, S. 7 ff. *Schüller,* Vorstandsvergütung, S. 28 ff.

382 *Raapke,* Regulierung der Vergütung, S. 5; vgl. ferner die ausführliche Auflistung an Nebenleistungen bei *Schüller,* Vorstandsvergütung, S. 31.

383 Vgl. *Bors,* Erfolgs- und leistungsorientierte Vorstandsvergütung, S. 5; *Raapke,* Regulierung der Vergütung, S. 5.

384 *Bors,* Erfolgs- und leistungsorientierte Vorstandsvergütung, S. 5; *Koch* in Hüffer/Koch, AktG, § 87 Rn. 2; *Mertens/Cahn* in KK-AktG, § 87 Rn. 19; *Raapke,* Regulierung der

von Nebenleistungen soll für Vorstandsmitglieder ein Rahmen geschaffen werden, damit sie ihr Amt optimal ausüben können.[385]

Darüber hinaus gelten auch Versorgungs- und Beendigungsleistungen als Nebenleistungen.[386] Versorgungsleistungen sind beispielsweise Ruhegelder oder Hinterbliebenenbezüge.[387] Diese sollen Vorstandsmitgliedern nach ihrer beruflichen Laufbahn eine finanzielle Absicherung bieten. Abfindungen gelten nicht als Versorgungsleistungen. Sie werden Vorstandsmitgliedern nicht mit Blick auf ihre Altersversorgung gewährt, sondern als Ausgleich für die vorzeitige Beendigung ihrer Tätigkeit.[388] Daher handelt es sich hier um eine Beendigungsleistung.

III. Zweckmäßigkeit gesetzlicher Vorgaben über die Vergütungsstruktur von Vorstandsmitgliedern

1. Aktienrechtliche Strukturvorgaben

a) Angemessene Vorstandsbezüge

Die aktienrechtlichen Vorgaben über die Vergütungsstruktur von Vorstandsmitgliedern sind überschaubar und erschöpfen sich in § 87 Abs. 1 AktG. Nach Satz 1 der Vorschrift hat der Aufsichtsrat dafür zu sorgen, dass die Gesamtbezüge eines Vorstandsmitglieds in einem angemessenen Verhältnis zu dessen Aufgaben und Leistungen sowie zur Lage der Gesellschaft stehen und die übliche Vergütung nicht ohne besondere Gründe übersteigen. Der Rechtsanwender wird sich an erster Stelle wohl fragen, was unter dem Begriff „angemessen" zu verstehen ist. Allerdings dürfte es eine prägnante Antwort auf diese Frage nicht geben. Der Grund dafür liegt in der Natur des Begriffs „angemessen". „Angemessen" ist kein fester Begriff der Rechtsordnung.[389] Stattdessen handelt es sich

Vergütung, S. 5 f.; *Seibt* in K. Schmidt/Lutter, AktG, § 87 Rn. 5; *Weber* in Hölters, AktG, § 87 Rn. 9.

385 Vgl. *Evers* in Hommelhoff/Hopt/v. Werder (Hrsg.), Hdb. Corporate Governance, 349, 369; *Seibt* in K. Schmidt/Lutter, AktG, § 87 Rn. 5.

386 *Bors*, Erfolgs- und leistungsorientierte Vorstandsvergütung, S. 5; *Raapke*, Regulierung der Vergütung, S. 6; *Schüller*, Vorstandsvergütung, S. 31.

387 *Spindler* in MüKoAktG, § 87 Rn. 34; *Weber* in Hölters, AktG, § 87 Rn. 9.

388 *Beiner/Braun*, Der Vorstandsvertrag, Rn. 462; *Hoffmann-Becking*, ZHR 169 (2005), 155, 169; *Körner*, NJW 2004, 2697, 2699; *Mertens/Cahn* in KK-AktG, § 87 Rn. 83; *Raapke*, Regulierung der Vergütung, S. 6 f.; *Schüller*, Vorstandsvergütung, S. 36, 212; *Seibt* in K. Schmidt/Lutter, AktG, § 87 Rn. 5; *Thüsing*, ZGR 2003, 457, 503.

389 *Fleischer*, DStR 2005, 1279, 1281; *Lücke*, NZG 2005, 692, 693; *Lutter*, ZIP 2006, 733.

um einen unbestimmten Rechtsbegriff, der einzelfallbezogen zu präzisieren ist.[390] Das belegen vor allem die in der rechtwissenschaftlichen Literatur angestellten Versuche, den Begriff „angemessen" zu konkretisieren.[391] Danach ist es nicht möglich, diesen Begriff zu definieren.[392] Man könne nur versuchen, ihm bedingt Konturen zu verleihen, indem man sich von allen Seiten her annähere.[393] Der Begriff „angemessen" weise beispielsweise ethische und kulturelle Elemente auf.[394] Allerdings dürften weder moralische Zielvorstellungen noch kulturelle Unterschiede in den Vorstellungen über eine gerechte Vorstandsvergütung in der Lage sein, den Begriff „angemessen" zu präzisieren.[395]

Zielführender könnte dagegen sein, zu versuchen, den Begriff „angemessen" anhand weiterer Kriterien greifbar zu machen. Das Aktiengesetz gibt mit den Aufgaben und Leistungen des Vorstandsmitglieds, der Gesellschaftslage und der Üblichkeit einer Vergütung materielle Kriterien vor, die bei der Ermittlung angemessener Vorstandsbezüge kumulativ zu beachten sind.[396] Allerdings lassen sich auch diese Vergleichsmaßstäbe nicht ohne Weiteres bestimmen.

Schwierigkeiten bereitet insbesondere das Merkmal der „Leistungen" eines Vorstandsmitglieds.[397] Problematisch ist dabei vor allem die Wahl eines geeigneten Maßstabs.[398] Messgrößen wie Arbeitsstunden oder Ähnliches stellen aufgrund der ohnehin hohen Arbeitsbelastung eines jeden Vorstandsmitglieds keine taugliche Bezugsgröße dar.[399] Allerdings sollten auch potenzielle

---

390 *Fleischer,* DStR 2005, 1279, 1281; *Fleischer* in Spindler/Stilz, AktG, § 87 Rn. 21; *Hoegen,* Reform der Vorstandsvergütung, S. 242; *Körner,* NJW 2004, 2697, 2698; *Lücke,* NZG 2005, 692; *Schwark,* FS Raiser, 377, 388; *Schwennicke* in Grigoleit, AktG, § 87 Rn. 6; *Spindler* in MüKoAktG, § 87 Rn. 42; *Thüsing,* ZGR 2003, 457, 468.

391 *Fleischer,* DStR 2005, 1279 ff.; *Fleischer,* DStR 2005, 1318 ff.; *Lücke,* NZG 2005, 692 ff.; *Lutter,* ZIP 2006, 733 ff.; *Schwark,* FS Raiser, 377, 387 ff.; *Spindler,* NJOZ 2009, 3282, 3283 ff.; *Thüsing,* ZGR 2003, 457, 469 ff.

392 *Fleischer,* DStR 2005, 1279, 1281; *Jahn,* ZRP 2004, 179, 181; *Lutter,* ZIP 2006, 733; *Koch* in Hüffer/Koch, AktG, § 87 Rn. 17; *Spindler* in MüKoAktG, § 87 Rn. 40.

393 *Fleischer* in Spindler/Stilz, AktG, § 87 Rn. 21; *Lutter,* ZIP 2006, 733; *Spindler* in MüKoAktG, § 87 Rn. 41; *Thüsing,* ZGR 2003, 457, 469.

394 *Lutter,* ZIP 2006, 733 f.

395 *Lutter,* ZIP 2006, 733 f.

396 *Dauner-Lieb* in Henssler/Strohn, AktG, § 87 Rn. 14; *Koch* in Hüffer/Koch, AktG, § 87 Rn. 3; *Spindler,* DStR 2004, 36, 38; *Spindler* in MüKoAktG, § 87 Rn. 44; *Thüsing,* ZGR 2003, 457, 469.

397 *Dauner-Lieb* in Henssler/Strohn, AktG, § 87 Rn. 15; *Fleischer* in Spindler/Stilz, AktG, § 87 Rn. 11; *Spindler* in MüKoAktG, § 87 Rn. 50.

398 DIHK, NZG 2009, 538, 539; *Suchan/Winter,* DB 2009, 2531, 2532.

399 *Suchan/Winter,* DB 2009, 2531, 2532.

Unterscheidungsmerkmale wie Entscheidungsverhalten oder Führungsstil ungeeignet sein, da sie sich kaum überprüfen lassen.[400] Hinzu kommt, dass Vorstandsmitglieder für noch zu erbringende, zukünftige Leistungen vergütet werden.[401] Künftige Leistungen lassen sich jedoch nur schwer prognostizieren. Sofern es sich um die Wiederbestellung eines Vorstandsmitglieds handelt, können zumindest seine vergangenen Leistungen als Indiz herangezogen werden.[402] Geht es dagegen um die Erstbestellung eines Vorstandsmitglieds, wird eine sachgerechte Leistungsbeurteilung bezüglich der ihm angedachten Position kaum möglich sein.[403] Als Orientierung dienen dann allenfalls etwaige Leistungsbeurteilungen aus früheren Tätigkeiten des Vorstandskandidaten.[404]

Der Begriff der „Aufgaben" eines Vorstandsmitglieds dürfte sich im Gegensatz zum Leistungsbegriff etwas einfacher bestimmen lassen. Maßgeblich ist die Art der Aufgaben, die einem Vorstandsmitglied anvertraut werden.[405] Handelt es sich beispielsweise um das Amt des Vorstandsvorsitzenden, rechtfertigt das in der Regel eine höhere Vergütung.[406] Doch auch unter den übrigen Vorstandsmitgliedern können Abstufungen in der Gehaltsstruktur angebracht sein. Besondere Fähigkeiten, Kenntnisse und Erfahrungen eines Vorstandsmitglieds

---

400 *Suchan/Winter*, DB 2009, 2531, 2532.

401 Entwurf eines Gesetzes zur Angemessenheit der Vorstandsvergütung (VorstAG) der Fraktionen CDU/CSU und SPD vom 17.3.2009, BT-Drs. 16/12278, S. 5; *Mertens/Cahn* in KK-AktG, § 87 Rn. 13; *Nikolay*, NJW 2009, 2640, 2641; *Spindler* in MüKoAktG, § 87 Rn. 49; *Weber* in Hölters, AktG, § 87 Rn. 21.

402 Entwurf eines Gesetzes zur Angemessenheit der Vorstandsvergütung (VorstAG) der Fraktionen CDU/CSU und SPD vom 17.3.2009, BT-Drs. 16/12278, S. 5; *Bauer/Arnold*, AG 2009, 717, 718; *Fleischer* in Spindler/Stilz, AktG, § 87 Rn. 13; *Mertens/Cahn* in KK-AktG, § 87 Rn. 13; *Schwennicke* in Grigoleit, AktG, § 87 Rn. 9; *Spindler* in MüKoAktG, § 87 Rn. 49; *Weber* in Hölters, AktG, § 87 Rn. 21.

403 *Bauer/Arnold*, AG 2009, 717, 718; *Fleischer* in Spindler/Stilz, AktG, § 87 Rn. 13; *Hohenstatt*, ZIP 2009, 1349, 1350; *Spindler* in MüKoAktG, § 87 Rn. 50; *Weber* in Hölters, AktG, § 87 Rn. 21.

404 *Bauer/Arnold*, AG 2009, 717, 718; *Fleischer* in Spindler/Stilz, AktG, § 87 Rn. 13; *Nikolay*, NJW 2009, 2640, 2641; *Spindler* in MüKoAktG, § 87 Rn. 50; *Weber* in Hölters, AktG, § 87 Rn. 21.

405 *Fleischer* in Spindler/Stilz, AktG, § 87 Rn. 10; *Schwark*, FS Raiser, 377, 383; *Spindler* in MüKoAktG, § 87 Rn. 45.

406 *Fleischer*, DStR 2005, 1279, 1280; *Mertens/Cahn* in KK-AktG, § 87 Rn. 12; *Spindler* in MüKoAktG, § 87 Rn. 43; *Weber* in Hölters, AktG, § 87 Rn. 19.

können bei der Vergütungsfestsetzung ebenso eine Rolle spielen wie das Maß an Verantwortung, das einem Vorstandsmitglied bei seiner Tätigkeit zukommt.[407]

Auch das Kriterium der Gesellschaftslage dürfte sich im Vergleich zum Leistungsbegriff einfacher ermitteln lassen. Gemeint ist die wirtschaftliche Gesamtsituation eines Unternehmens, die neben der gegenwärtigen Vermögens-, Finanz- und Ertragslage auch die zukünftige Entwicklung einer Gesellschaft und externe Faktoren umfasst.[408] Dabei ist zu beachten, dass eine wirtschaftlich schlechte Gesellschaftslage nicht zwingend zu niedrigeren Vorstandsbezügen führen muss. Insbesondere in Sanierungsfällen sind kompetente Vorstandsmitglieder gefragt, die eine Gesellschaft aus der Krise führen können. Das kann eine verhältnismäßig höhere Vergütung rechtfertigen.[409]

Schwieriger lässt sich wiederum das Kriterium der „üblichen Vergütung" bestimmen. Dabei ist auf ein Vergleichsumfeld abzustellen, womit die Branchen-, Größen- und Landesüblichkeit gemeint ist (sog. horizontaler Vergleich).[410] Problematisch ist, dass vergleichbare Unternehmen am Markt aufgrund der heterogenen Verhältnisse zwischen Unternehmen oftmals nicht existieren.[411] Abgesehen davon ist eine Begrenzung auf die Landesüblichkeit insbesondere

---

407 *Dauner-Lieb* in Henssler/Strohn, AktG, § 87 Rn. 17; *Fleischer* in Spindler/Stilz, AktG, § 87 Rn. 10; *Koch* in Hüffer/Koch, AktG, § 87 Rn. 4; *Lindemann/Heim,* JuS 2018, 1121, 1122; *Lingemann,* BB 2009, 1918; *Mertens/Cahn* in KK-AktG, § 87 Rn. 12; *Peltzer,* FS Lutter, 571, 574; *Schwennicke* in Grigoleit, AktG, § 87 Rn. 8; *Semler,* FS Budde, 599, 601; *Spindler* in MüKoAktG, § 87 Rn. 45.

408 LG Düsseldorf NJW 2004, 3275, 3278; *Dauner-Lieb* in Henssler/Strohn, AktG, § 87 Rn. 15; *Fleischer,* DStR 2005, 1279, 1280; *Fleischer* in Spindler/Stilz, AktG, § 87 Rn. 14; *Lindemann/Heim,* JuS 2018, 1121, 1123; *Schwark,* FS Raiser, 377, 384; *Schwennicke* in Grigoleit, AktG, § 87 Rn. 10; *Spindler* in MüKoAktG, § 87 Rn. 53; *Weber* in Hölters, AktG, § 87 Rn. 25.

409 *Dauner-Lieb* in Henssler/Strohn, AktG, § 87 Rn. 15; DIHK, NZG 2009, 538, 539; *Fleischer* in Spindler/Stilz, AktG, § 87 Rn. 14; *Hoffmann-Becking,* NZG 1999, 797, 798; *Koch* in Hüffer/Koch, AktG, § 87 Rn. 3; *Lindemann/Heim,* JuS 2018, 1121, 1123; *Schwark,* FS Raiser, 377, 384; *Schwennicke* in Grigoleit, AktG, § 87 Rn. 10; *Spindler* in MüKoAktG, § 87 Rn. 55; *van Kann/Keiluweit,* DStR 2009, 1587; *Weber* in Hölters, AktG, § 87 Rn. 26.

410 Entwurf eines Gesetzes zur Angemessenheit der Vorstandsvergütung (VorstAG) der Fraktionen CDU/CSU und SPD vom 17.3.2009, BT-Drs. 16/12278, S. 5.

411 *Bauer/Arnold,* AG 2009, 717, 720; *Cahn,* FS Hopt, 431, 434; DIHK, NZG 2009, 538, 539; *Lindemann/Heim,* JuS 2018, 1121, 1123; *Mertens/Cahn* in KK-AktG, § 87 Rn. 16; *Spindler* in MüKoAktG, § 87 Rn. 57; *Thüsing,* AG 2009, 517, 518.

bei international tätigen Unternehmen nicht gerade sinnvoll.[412] Zusätzlich zum horizontalen Vergleich ist auch das Lohn- und Gehaltsgefüge im Unternehmen zu berücksichtigen (sog. vertikaler Vergleich).[413] Doch auch der Mehrwert eines vertikalen Vergleichs ist zweifelhaft. Der vertikale Vergleich soll dazu dienen, dass Vorstandsvergütungen nicht Maß und Bezug zur Vergütungsstaffelung und den Vergütungsgepflogenheiten im Unternehmen verlieren.[414] Unklar ist dabei, in welchem Zusammenhang die Lohnstruktur eines Unternehmens mit dem Umfang und der Komplexität einer Vorstandstätigkeit stehen soll.[415] Mit anderen Worten, das Verhältnis der Vergütung eines Vorstandsmitglieds zum übrigen Lohn- und Gehaltsgefüge im Unternehmen dürfte nichts darüber aussagen, ob eine Vergütung angemessen ist.[416]

Schließlich trägt auch die Ausnahmeregelung in § 87 Abs. 1 Satz 1 a.E. AktG nicht dazu bei, den Begriff „angemessen" zu konkretisieren. Danach dürfen die Gesamtbezüge eines Vorstandsmitglieds die übliche Vergütung nicht ohne besondere Gründe übersteigen. Wenn allerdings bereits unklar ist, wann Vorstandsbezüge „üblich" sind, lässt sich erst recht nicht ermitteln, wann dieses Kriterium überschritten ist. Insgesamt lässt sich daher festhalten, dass sich der

---

412 Vgl. *Bauer/Arnold,* AG 2009, 717, 719 f.; *Dauner-Lieb,* Der Konzern 2009, 583, 586 f.; *Dauner-Lieb* in Henssler/Strohn, AktG, § 87 Rn. 19; *Fleischer,* NZG 2009, 801, 802; *Fleischer* in Spindler/Stilz, AktG, § 87 Rn. 16; *Hohenstatt,* ZIP 2009, 1349, 1351; *Hohaus/Weber,* DB 2009, 1515, 1516; *Lingemann,* BB 2009, 1918; *Spindler,* NJOZ 2009, 3282, 3283; *Spindler* in MüKoAktG, § 87 Rn. 58; *Wagner/Wittgens,* BB 2009, 906, 907.

413 Beschlussempfehlung und Bericht des Rechtsausschusses zum Entwurf eines Gesetzes zur Angemessenheit der Vorstandsvergütung (VorstAG) vom 17.6.2009, BT-Drs. 16/13433, S. 10; Entwurf eines Gesetzes zur Angemessenheit der Vorstandsvergütung (VorstAG) der Fraktionen CDU/CSU und SPD vom 17.3.2009, BT-Drs. 16/12278, S. 5.

414 Beschlussempfehlung und Bericht des Rechtsausschusses zum Entwurf eines Gesetzes zur Angemessenheit der Vorstandsvergütung (VorstAG) vom 17.6.2009, BT-Drs. 16/13433, S. 10.

415 Vgl. *Bauer/Arnold,* AG 2009, 717, 720; *Dauner-Lieb,* Der Konzern 2009, 583, 587; *Dauner-Lieb* in Henssler/Strohn, AktG, § 87 Rn. 20; *Hohenstatt,* ZIP 2009, 1349, 1351; *Rieble* in Rieble/Junker/Giesen (Hrsg.), Finanzkriseninduzierte Vergütungsregulierung und arbeitsrechtliche Entgeltsysteme, 107, 113 ff.; *Suchan/Winter,* DB 2009, 2531, 2535; *Wagner/Wittgens,* BB 2009, 906, 907; *Weber* in Hölters, AktG, § 87 Rn. 23.

416 *Dauner-Lieb,* Der Konzern 2009, 583; *Dauner-Lieb* in Henssler/Strohn, AktG, § 87 Rn. 20; *Habersack,* NZG 2018, 127, 133; *Hohaus/Weber,* DB 2009, 1515, 1516; *Kling,* DZWIR 2010, 221, 226; *Marsch-Barner,* FS Röhricht, 401, 403 f.; *Schwennicke* in Grigoleit, AktG; § 87 Rn. 11; *Suchan/Winter,* DB 2009, 2531, 2535; *Wagner/Wittgens,* BB 2009, 906, 907; *Weber* in Hölters, AktG, § 87 Rn. 23.

Begriff „angemessen" auch nicht anhand der in § 87 Abs. 1 Satz 1 AktG enthaltenen Kriterien eindeutig bestimmen lässt.

b) Nachhaltige Unternehmensentwicklung

Ähnlich verhält es sich mit dem Begriff „nachhaltig". § 87 Abs. 1 Satz 2 AktG verlangt von börsennotierten Gesellschaften, dass sie ihre Vergütungsstruktur auf eine nachhaltige Unternehmensentwicklung ausrichten. Diese Vorschrift lässt die Intention des Gesetzgebers erkennen, Vergütungssysteme in börsennotierten Unternehmen zu verhindern, die vorwiegend auf kurzfristigen Erfolg ausgerichtet sind.[417] Allerdings bleibt mangels präzisierender Kriterien auch an dieser Stelle unklar, was unter dem Begriff „nachhaltig" zu verstehen ist. Obwohl der unbestimmte Rechtsbegriff „nachhaltig" dem Aktienrecht vor der Einführung mit dem VorstAG fremd war, verzichtete der Gesetzgeber bei der Einführung des VorstAG darauf, den Begriff inhaltlich näher zu konkretisieren.[418] Darüber hinaus kann ein Blick ins Umweltrecht in die Irre führen. Denn im Umweltrecht existieren vergleichbare Begriffe, die jedoch in keinem Zusammenhang mit dem aktienrechtlichen Nachhaltigkeitsbegriff stehen.[419]

Bedingt weiterhelfen könnte § 87 Abs. 1 Satz 3 Hs. 1 AktG. Diese Vorschrift verlangt ergänzend zum Nachhaltigkeitsbegriff, dass variablen Vergütungsbestandteilen eine mehrjährige Bemessungsgrundlage zugrunde liegen soll.[420] Wenngleich nach dem Wortlaut ein Zeitraum von zwei Jahren ausreicht,[421] sind nach der Vorstellung des Gesetzgebers entsprechend § 193 Abs. 2 Nr. 4 AktG vier Jahre als Richtwert gemeint.[422] Insgesamt lässt sich jedoch auch anhand dieser

---

417 Beschlussempfehlung und Bericht des Rechtsausschusses zum Entwurf eines Gesetzes zur Angemessenheit der Vorstandsvergütung (VorstAG) vom 17.6.2009, BT-Drs. 16/13433, S. 10; Entwurf eines Gesetzes zur Angemessenheit der Vorstandsvergütung (VorstAG) der Fraktionen CDU/CSU und SPD vom 17.3.2009, BT-Drs. 16/12278, S. 5.

418 *Mertens,* AG 2011, 57, 58; *Spindler* in MüKoAktG, § 87 Rn. 79; *Thüsing,* AG 2009, 717, 719; *Thüsing/Forst,* GWR 2010, 515.

419 Vgl. *Fleischer,* NZG 2009, 801, 802; *Mertens,* AG 2011, 57, 58; *Spindler* in MüKoAktG, § 87 Rn. 79; *Thüsing/Forst,* GWR 2010, 515.

420 *Dauner-Lieb* in Henssler/Strohn, AktG, § 87 Rn. 22; *Fleischer* in Spindler/Stilz, AktG, § 87 Rn. 31; *Koch* in Hüffer/Koch, AktG, § 87 Rn. 12; *Weber* in Hölters, AktG, § 87 Rn. 35.

421 *Cahn,* FS Hopt, 431, 441; *Hohenstatt/Kuhnke,* ZIP 2009, 1981, 1985; *Koch* in Hüffer/Koch, AktG, § 87 Rn. 12; *Spindler* in MüKoAktG, § 87 Rn. 93.

422 Entwurf eines Gesetzes zur Angemessenheit der Vorstandsvergütung (VorstAG) der Fraktionen CDU/CSU und SPD vom 17.3.2009, BT-Drs. 16/12278, S. 5.

Vorgabe keine präzise Aussage darüber treffen, ob eine Vergütungsstruktur von Vorstandsmitgliedern dem Nachhaltigkeitserfordernis genügt. Vielmehr dürfte vor allem die Branchentätigkeit eines Unternehmens ausschlaggebend sein, ab wann von nachhaltig ausgerichteten Vergütungsstrukturen von Vorstandsmitgliedern gesprochen werden kann. Das lässt sich jedoch wiederum nur einzelfallbezogen ermitteln.

Auch mit Einführung des ARUG II ist es dem Gesetzgeber nicht gelungen, beim Umgang mit dem unbestimmten Rechtsbegriff der „Nachhaltigkeit" für Klarheit zu sorgen. Der Gesetzgeber ergänzte den Begriff der „Nachhaltigkeit" um einen weiteren unbestimmten Rechtsbegriff. Von nun an haben börsennnotierte Aktiengesellschaften ihre Vergütungsstruktur auf eine nachhaltige „und langfristige" Entwicklung des Unternehmens auszurichten. Hiermit möchte der Gesetzgeber deutlich machen, dass der Aufsichtsrat bei der Festsetzung der Vergütung, insbesondere der Wahl der Vergütungsanreize, auch soziale und ökologische Gesichtspunkte in den Blick zu nehmen hat.[423] Ob diese Gesichtspunkte dem Begriff „langfristig" allerdings entnommen werden können, lässt sich durchaus hinterfragen. Darüber hinaus dürfte es generell kaum zu Rechtsklarheit beitragen, wenn man einen unbestimmten Rechtsbegriff um einen weiteren ergänzt.

c) Begrenzungsmöglichkeit bei außerordentlichen Entwicklungen

Einfacher zu verstehen ist dagegen die in § 87 Abs. 1 Satz 3 Hs. 2 AktG enthaltene Vorgabe über die Vergütungsstruktur von Vorstandsmitgliedern. Danach sollen Aufsichtsräte für außerordentliche Entwicklungen eine Begrenzungsmöglichkeit vereinbaren. Das soll verhindern, dass Vorstandsmitglieder aufgrund variabler Vergütungsbestandteile unabhängig von ihren eigenen Leistungen von außerordentlichen Entwicklungen (*windfall profits*) wie etwa Unternehmensübernahmen, der Veräußerung von Unternehmensanteilen, einer Hebung stiller Reserven oder sonstigen externen Einflüssen profitieren.[424] Hinsichtlich

423 Beschlussempfehlung und Bericht des Ausschusses für Recht und Verbraucherschutz zum Entwurf eines Gesetzes zur Umsetzung der 2. Aktionärsrechterichtlinie (ARUG II) vom 13.11.2019, BT-Drs. 19/15153, S. 64.

424 Beschlussempfehlung und Bericht des Rechtsausschusses zum Entwurf eines Gesetzes zur Angemessenheit der Vorstandsvergütung (VorstAG) vom 17.6.2009, BT-Drs. 16/13433, S. 10; *Bauer/Arnold,* AG 2009, 717, 723; *Fleischer* in Spindler/Stilz, AktG, § 87 Rn. 37; *Hohenstatt,* ZIP 2009, 1349, 1352; *Koch* in Hüffer/Koch, AktG, § 87 Rn. 12; *Schwennicke* in Grigoleit, AktG, § 87 Rn. 26; *Spindler* in MüKoAktG, § 87 Rn. 96; *Thüsing,* AG 2009, 517, 522; *Raapke,* Regulierung der Vergütung, S. 161.

der Ausgestaltung einer Begrenzungsmöglichkeit empfiehlt die Gesetzesbegründung zwar eine feste höhenmäßige Begrenzung, überlässt diese Entscheidung letztlich aber dem Aufsichtsrat.[425]

Welchen Einfluss *windfall profits* auf die Höhe von Vorstandsvergütungen haben können, illustriert insbesondere ein Blick auf die Geschehnisse in *Corporations*. Dort trugen *windfall profits* dazu bei, dass Managergehälter aufgrund variabler Vergütungsbestandteile unabhängig von deren Leistungen auf gewaltige Summen anstiegen.[426] Da außerordentliche Entwicklungen und externe Einflüsse nicht vorhersehbar sind, lässt sich auch in deutschen Aktiengesellschaften nicht ausschließen, dass Vorstandsvergütungen aufgrund von *windfall profits* erheblich ansteigen können. Eine nachträgliche Begrenzungsmöglichkeit ist daher ein geeignetes Mittel, um zu verhindern, dass Vorstandsmitglieder aufgrund von *windfall profits* Vergütungen in einer Höhe erhalten, die nicht auf ihre eigenen Leistungen und Erfolge zurückzuführen sind.

Allerdings lassen sich mit Blick auf die mit einer Vergütungsregulierung verfolgten Ziele auch Einwände gegen die Vorschrift anführen. Das Wort Begrenzungsmöglichkeit suggeriert, dass sich Aufsichtsräte eine Möglichkeit vorbehalten sollen, Vorstandsbezüge beim Eintritt von *windfall profits* nachträglich zu beschränken. Dabei sollte es – zumindest in der Theorie – bei optimal ausgestalteten leistungs- und erfolgsabhängigen Vergütungsstrukturen nicht möglich sein, dass sich *windfall profits* auf die Höhe von Vorstandsbezügen auswirken.[427] Mithin sollte sich das Augenmerk bei der Festsetzung einer jeden Vergütungsstruktur primär darauf richten, Vorstandsbezüge enger mit den Aufgaben und Leistungen von Vorstandsmitgliedern und der Gesellschaftslage zu

425 Beschlussempfehlung und Bericht des Rechtsausschusses zum Entwurf eines Gesetzes zur Angemessenheit der Vorstandsvergütung (VorstAG) vom 17.6.2009, BT-Drs. 16/13433, S. 10.

426 Vgl. *Arnold,* Steuerung des Vorstandshandelns, S. 135; *Baums,* FS Claussen, 3, 12 ff.; *Bebchuk/Fried,* Pay without Performance, S. 73, 123, 137 ff.; *Bebchuk/Fried,* 17 J. Econ. Persp. 71, 83 f. (2003); *Bebchuk/Fried/Walker,* 69 UCLA L. Rev. 751, 758 (2002); *Kohler,* ZHR 161 (1997), 243, 258; *Schüller,* Vorstandsvergütung, S. 95.

427 Vgl. *Bebchuk/Fried,* Pay without Performance, S. 190; *Bebchuk/Fried/Walker,* 69 UCLA L. Rev. 751, 796 ff. (2002); *Gibbons/Murphy,* 43 Indus. & Lab. Rel. Rev. 30 ff. (1990); *Jensen/Murphy,* 98 J. Pol. Econ. 225, 246 f. (1990); *Kühnberger/Keßler,* AG 1999, 453, 457; *Menichetti,* DB 1996, 1688, 1690 f.; *Rappaport,* Shareholder Value, S. 187 ff.; *Schüller,* Vorstandsvergütung, S. 96 f.; *Spindler,* DStR 2004, 36, 37.

verknüpfen. Bestenfalls lässt sich dadurch bereits ausschließen, dass Vorstandsbezüge durch *windfall profits* ansteigen können.[428]

Aber auch wenn eine optimale Vertragsgestaltung in der Theorie plausibel klingt, lässt es sich in der Praxis aufgrund der Komplexität von Vorstandsvergütungen[429] keineswegs sicher ausschließen, dass *windfall profits* die Höhe von Vorstandsbezügen unvorhergesehen beeinflussen.[430] Daher ist es empfehlenswert, eine Begrenzungsmöglichkeit bei außerordentlichen Entwicklungen in die Vergütungsstrukturen von Vorstandsmitgliedern aufzunehmen. Auf diese Weise haben Aufsichtsräte zumindest nachträglich noch eine Möglichkeit, hohe Gehaltszahlungen an Vorstandsmitglieder zu verhindern, die rein auf *windfall profits* zurückzuführen sind.

Darin dürfte sich der Nutzen einer solchen Begrenzungsmöglichkeit und damit der gesetzlichen Regelung jedoch zugleich erschöpfen. Insbesondere sollte die Regelung allenfalls einen geringen Beitrag zu den mit einer Vergütungsregulierung verfolgten Zielen leisten. Sicherlich können Aufsichtsräte mithilfe einer nachträglichen Begrenzungsmöglichkeit verhindern, dass Vorstandsmitglieder aufgrund von *windfall profits* leistungs- beziehungsweise erfolgsunabhängig vergütet werden. Allerdings führt das nicht dazu, dass Vorstandsvergütungen als solche leistungs- und erfolgsabhängiger werden. Vielmehr handelt es sich um ein nachträgliches Eingriffsinstrument für den Fall, dass Vergütungsstrukturen von Vorstandsmitgliedern *windfall profits* nicht hinreichend berücksichtigen. Ferner ist nicht ersichtlich, inwiefern eine nachträgliche Begrenzungsmöglichkeit Risikoanreize in den Vergütungsstrukturen von Vorstandsmitgliedern verringern soll.

d) Zwischenzusammenfassung

Es kann festgehalten werden, dass der Nutzen gesetzlicher Vorgaben über die Vergütungsstruktur von Vorstandsmitgliedern beschränkt ist. Die in § 87 Abs. 1

---

428 Vgl. dazu *Bebchuk/Fried,* 17 J. Econ. Persp. 71, 83 f. (2003); *Bebchuk/Fried/Walker,* 69 UCLA L. Rev. 751, 802 ff. (2002); *Spindler,* DStR 2004, 36, 37; *Kohler,* ZHR 161 (1997), 243, 258 ff.; *Schüller,* Vorstandsvergütung, S. 96 f.

429 Vgl. *Bayer,* DB 2018, 3034, 3042; *Bebchuk/Fried,* Pay without Performance, S. 37; *Bebchuk/Fried/Walker,* 69 UCLA L. Rev. 751, 772 (2002); *de Raet/Dörfler,* CCZ 2017, 253, 255; *Edmans/Gabaix/Jenter* in Hermalin/Weisbach (Hrsg.), The Handbook of the Economics of Corporate Governance, 383, 484; *Fleischer,* RIW 2010, 497, 500; *Habersack,* NZG 2018, 127, 130, 134; *Heuchemer/Kloft,* WM 2010, 2241, 2248; *Kühnberger/Keßler,* AG 1999, 453, 455; *Wighardt/Berger,* NZG 2017, 1370, 1371.

430 Vgl. *Arnold,* Steuerung des Vorstandshandelns, S. 135; *Baums,* FS Claussen, 3, 13.

AktG enthaltenen unbestimmten Rechtsbegriffe lassen sich nicht bestimmen und dürften daher bei Aufsichtsräten zu offenen Fragen führen. Zugleich ist es aufgrund der vielgestaltigen Verhältnisse in und zwischen börsennotierten Unternehmen sowie des zu berücksichtigenden Gestaltungsspielraums von Aufsichtsräten nicht sinnvoll, an diesen Stellen präzisere Strukturvorgaben aufzustellen.

Abgesehen davon dürften gesetzliche Strukturvorgaben Aufsichtsräte aber generell dazu anhalten können, sich mit der Art und Weise der Festsetzung von Vorstandsvergütungen auseinanderzusetzen. Die in § 87 Abs. 1 AktG verankerten Vorgaben geben klar zu erkennen, dass der Gesetzgeber dafür sorgen will, dass Vorstandsvergütungen leistungs- und erfolgsabhängig ausgestaltet und nicht nur auf kurzfristigen Erfolg ausgerichtet werden. Auch wenn Aufsichtsräten durch die abstrakt gehaltenen aktienrechtlichen Strukturvorgaben ein weiter Gestaltungsspielraum verbleibt, sollten die Vorschriften damit zumindest einer Festsetzung offensichtlich leistungs- und erfolgsunabhängiger sowie ausschließlich auf kurzfristigen Erfolg ausgerichteter Vergütungsstrukturen von Vorstandsmitgliedern entgegenwirken können. Das dürfte hinsichtlich des im Verhältnis zum Finanzsektor geringer ausfallenden Regulierungsbedarfs bei börsennotierten Unternehmen der Realwirtschaft ausreichend sein.

2. Aufsichtsrechtliche Strukturvorgaben

a) Kredit- und Finanzdienstleistungsinstitute

aa) Überblick

Die aufsichtsrechtlichen Vorgaben über die Vergütungsstruktur von Vorstandsmitgliedern in Instituten weisen im Gegensatz zu den aktienrechtlichen Vergütungsvorschriften eine größere Regelungsdichte und -tiefe auf. Inhaltlich verlangt die InstitutsVergV im Grundsatz, dass Institute ihre Vergütungsstrategie und -systeme darauf ausrichten, die in ihren Geschäfts- und Risikostrategien niedergelegten Ziele zu erreichen (§ 4 InstitutsVergV). Das verdeutlicht die Vergütungssystemen angedachte Funktion als Unternehmenssteuerungsinstrument.[431] Was die Struktur der InstitutsVergV betrifft, zeigen die speziell für bedeutende Institute geltenden Vorschriften des dritten Abschnitts, dass der InstitutsVergV ein abgestuftes Konzept zugrunde liegt.

431 *Glasow* in Binder/Glos/Riepe (Hrsg.), Hdb. Bankenaufsichtsrecht, § 12 Rn. 62; *Wolfgarten* in BFS-KWG, InstitutsVergV, § 4 Rn. 2.

Für die nachfolgende Untersuchung sei angemerkt, dass die zusätzlichen geltenden Vorgaben für Vorstandsmitglieder (§ 10 InstitutsVergV) inhaltlich § 87 Abs. 1 AktG entsprechen.[432] Daher kann diesbezüglich nach oben verwiesen werden.[433] Als Untersuchungsgegenstand verbleiben damit die übrigen für Vorstandsvergütungen relevanten Strukturvorgaben der InstitutsVergV. Außerdem verwenden die Vorschriften aufgrund des weiten personellen Anwendungsbereichs der InstitutsVergV regelmäßig den Begriff „Mitarbeiter". Aufgrund des Fokus der Untersuchung auf Vorstandsvergütungen und aus Verständnisgründen wird nachfolgend jedoch der Begriff „Vorstandsmitglieder" verwendet.

bb) Angemessene Vergütungsstrukturen, § 5 InstitutsVergV

Wie bereits die aktienrechtlichen Strukturvorgaben verlangt auch die InstitutsVergV angemessen ausgestaltete Vergütungsstrukturen. Allerdings gibt die InstitutsVergV weitere Kriterien vor, wann Vergütungsstrukturen als angemessen ausgestaltet anzusehen sind. Danach dürfen Vergütungssysteme keine Anreize beinhalten, die Vorstandsmitglieder dazu verleiten, unverhältnismäßig hohe Risiken einzugehen (§ 5 Abs. 1 Nr. 1 InstitutsVergV). Unverhältnismäßig hohe Risikoanreize bestehen insbesondere dann, wenn Vorstandsmitglieder signifikant von ihrer variablen Vergütung abhängig sind (§ 5 Abs. 3 Nr. 1 InstitutsVergV). Ferner schreibt die InstitutsVergV vor, dass Vergütungsstrukturen nicht angemessen ausgestaltet sind, wenn Vorstandsmitglieder trotz negativer Erfolgsbeiträge einen unveränderten Anspruch auf die variable Vergütung haben (§ 5 Abs. 2 InstitutsVergV). Zusätzlich zu diesen Kriterien verdeutlicht ein Blick in die umfassend ausgestaltete Auslegungshilfe der InstitutsVergV, dass der Verordnungsgeber bestrebt war, den Begriff „angemessen" greifbar zu machen.[434]

Insgesamt gelungen ist ihm das jedoch nur bedingt. Die Kriterien, die den Begriff „angemessen" inhaltlich präzisieren sollen, sind selbst überwiegend abstrakt ausgestaltet. Wann beispielsweise ein Vorstandsmitglied signifikant von seiner variablen Vergütung abhängig ist, lässt sich nur einzelfallbezogen ermitteln. Mit Blick auf die mit einer Vergütungsregulierung verfolgten Zielsetzungen als sachdienlich eingestuft werden kann dagegen die Vorgabe einer

432 BaFin, Auslegungshilfe zur InstitutsVergV, § 10 Abs. 1; *Bauernfeind*, GWR 2016, 89, 90; *Glasow* in Binder/Glos/Riepe (Hrsg.), Hdb. Bankenaufsichtsrecht, § 12 Rn. 67; *Herz*, NZG 2018, 1050; *Heuchemer/Kloft*, WM 2010, 2241, 2243; *Rubner*, NZG 2010, 1288, 1289.

433 Siehe oben, 3. Teil, sub § 9, III. 1.

434 BaFin, Auslegungshilfe zur InstitutsVergV, § 5.

Malus-Vergütungsstruktur (§ 5 Abs. 2 InstitutsVergV). Denn Vergütungsstrukturen von Vorstandsmitgliedern sind leistungs- und erfolgsabhängiger ausgestaltet, wenn diese nicht nur bei guten Leistungen und Erfolgen Gehaltssteigerungen vorsehen, sondern auch bei schlechten Leistungen und Misserfolgen zu niedrigeren Gehältern führen. Ferner sollten sich über eine Malus-Vergütungsstruktur auch Risikoanreize in den Vergütungsstrukturen verringern lassen. Denn sofern Vorstandsmitglieder bei schlechten Leistungen damit rechnen müssen, dass sich ihre Vergütung verringert, werden sie wohl nicht dazu bereit sein, dieselben Risiken einzugehen, wie wenn ihnen schlimmstenfalls eine in Aussicht gestellte Bonuszahlung zu entgehen droht.

cc) *Angemessenes Verhältnis zwischen variabler und fixer Vergütung, § 6 InstitutsVergV*

Kritisieren lässt sich auch die Vorgabe über das Verhältnis zwischen variabler und fixer Vergütung (§ 6 Abs. 1 InstitutsVergV). Danach müssen variable und fixe Vergütungsbestandteile in einem angemessenen Verhältnis zueinander stehen. Ein solches liegt vor, wenn einerseits keine signifikante Abhängigkeit eines Vorstandsmitglieds von der variablen Vergütung besteht, die variable Vergütung aber andererseits einen wirksamen Verhaltensanreiz setzen kann. Erneut verwendet die InstitutsVergV den Begriff „angemessen", der zu offenen Fragen führt. Denn auch hier können die zusätzlichen Kriterien den Begriff nicht hinreichend konkretisieren. Es ist eine Frage des Einzelfalls, wann keine signifikante Abhängigkeit eines Vorstandsmitglieds von seiner variablen Vergütung besteht, die variable Vergütung jedoch noch immer einen wirksamen Verhaltensanreiz setzt.

Innerhalb seines Anwendungsbereichs gibt immerhin § 25a Abs. 5 KWG klare Richtwerte vor. Danach darf die variable Vergütung 100 % und nach Billigung der Hauptversammlung 200 % der fixen Vergütung nicht übersteigen. Doch selbst wenn dadurch ein konkreter Bezugswert für Aufsichtsräte geschaffen ist, lässt sich der Nutzen eines solchen Bonus-Caps hinterfragen. Ein Bonus-Cap dürfte dafür sorgen, dass fixe Vergütungen angehoben werden, um Vorstandsmitgliedern weiterhin eine entsprechend hohe variable Vergütung gewähren zu können.[435] Eine höhere fixe Vergütung hat den Effekt, dass Gehaltsabstriche bei der variablen Vergütung eine geringere Sanktionswirkung entfalten.[436] Eine geringere Sanktionswirkung führt wiederum dazu, dass Akteure eher dazu

435 *Murphy,* 19 Eur. Fin. Mgmt. 631, 640 f. (2013).
436 *Murphy,* 19 Eur. Fin. Mgmt. 631, 640 f. (2013).

bereit sind, Risiken einzugehen.[437] Daher dürfte ein Bonus-Cap der eigentlichen Zielsetzung einer Vergütungsregulierung zuwiderlaufen.[438] Namentlich trägt ein Bonus-Cap wohl nicht dazu bei, dass Vorstandsmitgliedern weniger Vergütungsanreize gesetzt werden, die diese zu einer hohen Risikobereitschaft verleiten. Abgesehen davon schränkt ein Bonus-Cap außerdem die Möglichkeiten eines Unternehmens ein, anhand variabler Vergütungsbestandteile für eine positive Verhaltenssteuerung zu sorgen.[439]

dd) Vorgaben über besondere Vergütungskomponenten

Mit Blick auf eine Reduzierung von Risikoanreizen in den Vergütungsstrukturen von Vorstandsmitgliedern können die Vorgaben über garantierte variable Vergütungen, Abfindungen und Halteprämien als sinnvoll angesehen werden (§ 5 Abs. 5 bis 7 InstitutsVergV). Eine garantierte variable Vergütung, wie etwa ein Willkommens- oder Anfangsbonus, zeichnet sich dadurch aus, dass sie erfolgs- und leistungsunabhängig zugesagt wird und dennoch nicht zur fixen Vergütung zählt.[440] Demzufolge steht eine garantierte variable Vergütung nicht in Einklang mit dem Prinzip einer leistungs- und risikoorientierten Vergütung.[441] Aus diesem Grund stellt die InstitutsVergV an eine garantierte variable Vergütung strenge Anforderungen (§ 5 Abs. 5 InstitutsVergV).[442] Diese darf ausschließlich im Rahmen der Aufnahme eines Arbeits-, Geschäftsbesorgungs- oder Dienstverhältnisses für die ersten zwölf Monate der Beschäftigung gewährt werden (§ 5 Abs. 5 Satz 1 Nr. 1 InstitutsVergV). Ferner darf deren Auszahlung nicht die Einhaltung der regulatorischen Eigenmittelanforderungen gefährden (§§ 5 Abs. 5 Satz 1 Nr. 3, 7 Abs. 1 Satz 3 InstitutsVergV).[443]

---

437 Vgl. IMF, Global Financial Stability Report, S. 126; *Murphy*, 19 Eur. Fin. Mgmt. 631, 640 f. (2013).

438 Vgl. *Glasow* in Binder/Glos/Riepe (Hrsg.), Hdb. Bankenaufsichtsrecht, § 12 Rn. 69.

439 *Glasow* in Binder/Glos/Riepe (Hrsg.), Hdb. Bankenaufsichtsrecht, § 12 Rn. 69.

440 BaFin, Auslegungshilfe zur InstitutsVergV, § 5 Abs. 5; *Glasow* in Binder/Glos/Riepe (Hrsg.), Hdb. Bankenaufsichtsrecht, § 12 Rn. 74.

441 BaFin, Auslegungshilfe zur InstitutsVergV, § 5 Abs. 5; *Glasow* in Binder/Glos/Riepe (Hrsg.), Hdb. Bankenaufsichtsrecht, § 12 Rn. 74; *Wolfgarten* in BFS-KWG, InstitutsVergV, § 5 Rn. 18.

442 Vgl. BaFin, Auslegungshilfe zur InstitutsVergV, § 5 Abs. 5; *Glasow* in Binder/Glos/Riepe (Hrsg.), Hdb. Bankenaufsichtsrecht, § 12 Rn. 74; *Wolfgarten* in BFS-KWG, InstitutsVergV, § 5 Rn. 18.

443 *Glasow* in Binder/Glos/Riepe (Hrsg.), Hdb. Bankenaufsichtsrecht, § 12 Rn. 74.

Ähnlich strenge Vorgaben sieht die InstitutsVergV für Abfindungen vor. Institute müssen in Bezug auf die Zusage von Abfindungen ein Rahmenkonzept festlegen, das einen Höchstbetrag oder Kriterien für eine Bestimmung von Abfindungsbeträgen ausweist (§§ 5 Abs. 6, 11 Abs. 1 Nr. 3 InstitutsVergV). Dabei müssen sie der Leistung ihrer Vorstandsmitglieder Rechnung tragen und dürfen negative Erfolgsbeiträge oder Fehlverhalten eines Vorstandsmitglieds nicht belohnen. Wenngleich das Fehlverhalten eines Vorstandsmitglieds einzelfallbezogen geprüft werden muss, nennt die Auslegungshilfe zur InstitutsVergV konkrete Beispiele.[444] Danach ist ein Fehlverhalten etwa anzunehmen, wenn ein Vorstandsmitglied durch sein Verhalten zu einem wesentlichen Verlust für das Institut beitrug oder zumindest grob fahrlässig gegen interne Regeln, Anweisungen, Werte oder Vorgehensweisen verstieß.[445]

Schließlich gelten auch für Halteprämien spezielle Anforderungen (§ 5 Abs. 7 InstitutsVergV). Bei Halteprämien handelt es sich um zusätzliche variable Vergütungen, die Vorstandsmitglieder zeitlich an das Institut binden sollen. Die Auszahlung von Halteprämien hängt deshalb davon ab, ob Vorstandsmitglieder bis zum Ablauf eines vorab festgelegten Zeitraums oder bis zum Eintritt eines vorab festgelegten Ereignisses für das Institut tätig sind.[446] Demzufolge basieren auch Halteprämien nicht auf Erfolgs- oder Leistungszielen und entsprechen ebenfalls nicht dem Prinzip einer leistungs- und risikoorientierten Vergütung.[447] Möchte ein Institut dennoch Halteprämien mit Vorstandsmitgliedern vereinbaren, muss es dafür ein berechtigtes Interesse begründen können (§ 5 Abs. 7 InstitutsVergV). Gelingen dürfte das insbesondere bei Restrukturierungen, Abwicklungen, Kontrollwechseln oder aber auch in allen anderen Situationen, in denen Vorstandsmitglieder nur schwer ersetzbar sind.[448] Nicht zulässig sind Halteprämien dagegen, wenn sie lediglich aus Kompensationszwecken gewährt werden, um etwa einen nicht erreichten Bonus eines Vorstandsmitglieds auszugleichen.[449]

Insgesamt macht die InstitutsVergV an dieser Stelle im Gegensatz zu den zuvor diskutierten Vorschriften klare Vorgaben, die durch die Auslegungshilfe

---

444 BaFin, Auslegungshilfe zur InstitutsVergV, § 5 Abs. 6.

445 BaFin, Auslegungshilfe zur InstitutsVergV, § 5 Abs. 6.

446 *Annuß/Sappa,* BB 2017, 2612, 2614; *Glasow* in Binder/Glos/Riepe (Hrsg.), Hdb. Bankenaufsichtsrecht, § 12 Rn. 79; *Löw/Glück,* NZA 2015, 137, 139; *Tusch/Schuster/Herzberg,* WM 2017, 2289, 2294.

447 *Glasow* in Binder/Glos/Riepe (Hrsg.), Hdb. Bankenaufsichtsrecht, § 12 Rn. 79.

448 BaFin, Auslegungshilfe zur InstitutsVergV, § 5 Abs. 7.

449 BaFin, Auslegungshilfe zur InstitutsVergV, § 5 Abs. 7.

der InstitutsVergV hinreichend präzisiert werden. Sie nennt mit garantierten variablen Vergütungsbestandteilen, Abfindungen und Halteprämien konkrete Vergütungskomponenten und knüpft diese an strenge Voraussetzungen. Diese strengen Voraussetzungen führen dazu, dass die genannten, offensichtlich erfolgs- und leistungsunabhängigen variablen Vergütungskomponenten nur ausnahmsweise festgesetzt werden dürfen. Im Ergebnis sollte das zu leistungs- und erfolgsabhängiger ausgestalteten Vorstandsvergütungen in Instituten beitragen.

ee) Besondere Strukturvorgaben für bedeutende Institute

(1) Verschärfte Anforderungen an die Vergütungssysteme von Vorstandsmitgliedern

Sinn und Zweck der besonderen Vorschriften des dritten Abschnitts der InstitutsVergV ist es, die Vergütungssysteme von bedeutenden, insbesondere von systemrelevanten Instituten stärker zu regulieren.[450] Als bedeutend gelten Institute, deren Bilanzsumme im Durchschnitt zu den jeweiligen Stichtagen der letzten drei abgeschlossenen Geschäftsjahre einen Schwellenwert von 15 Milliarden Euro erreicht oder überschreitet (§ 25n Abs. 1 Hs. 1 KWG). Allerdings kann ein Institut auf Grundlage einer Risikoanalyse gemäß § 25n Abs. 5 KWG grundsätzlich nachweisen, dass es nicht bedeutend ist (§ 25n Abs. 1 Hs. 2 KWG). Ausgeschlossen ist dieser Nachweis jedoch für Institute, die unwiderlegbar als bedeutend gelten (§ 25n Abs. 2 KWG), von der Aufsichtsbehörde als bedeutend eingestuft werden (§ 25n Abs. 3 KWG) oder einer Institutsgruppe angehören, bei der ein Institut als bedeutend gilt (§ 25n Abs. 4 KWG).

Auf personeller Ebene beschränken sich die besonderen Vorschriften des dritten Abschnitts der InstitutsVergV auf die Vergütungssysteme von Risikoträgern in bedeutenden Instituten. Dabei handelt es sich um Mitarbeiter von bedeutenden Instituten, deren berufliche Tätigkeit sich wesentlich auf das Risikoprofil des Instituts auswirkt (§ 2 Abs. 8 InstitutsVergV). Ob ein Mitarbeiter Risikoträger ist, müssen bedeutende Institute eigenverantwortlich auf Grundlage einer Risikoanalyse ermitteln (§ 25a Abs. 5b KWG). Vorstandsmitglieder gelten jedoch bereits aufgrund ihrer Leitungsfunktion unwiderlegbar als Risikoträger (§ 25a Abs. 5b

---

450 Vgl. *Glasow* in Binder/Glos/Riepe (Hrsg.), Hdb. Bankenaufsichtsrecht, § 12 Rn. 85; *Rubner/Raible*, NZG 2017, 1052, 1053.

KWG[451]).[452] Selbst wenn die InstitutsVergV Geschäftsleiter im Gegensatz zu ihrer alten Fassung nicht mehr ausdrücklich als Risikoträger nennt (vgl. § 18 Abs. 1 InstitutsVergV a.F.[453]), ist das nicht mit einer Änderung der Rechtslage verbunden, sondern lediglich der Verwendung des umfassenden Mitarbeiterbegriffs geschuldet (vgl. § 2 Abs. 7 InstitutsVergV).

(2) Umfassender Risikoausrichtungsprozess

Inhaltlich verlangen die besonderen Vorschriften der InstitutsVergV, dass bedeutende Institute variable Vergütungen ihrer Risikoträger einem umfassenden Risikoausrichtungsprozess unterziehen (§ 18 Abs. 3 InstitutsVergV).[454] Dieser Prozess besteht aus der jeweils auf einer Risiko- und Erfolgsmessung (§ 18 Abs. 4 und 5 InstitutsVergV) basierenden Ermittlung (Ex-ante-Risikoadjustierung, § 19 InstitutsVergV) und Auszahlung (Ex-post-Risikoadjustierung, §§ 20, 22 InstitutsVergV) der variablen Vergütung.[455] Dabei muss das Institut den Zeitrahmen der Risiko- und Erfolgsmessung über mehrere Jahre anlegen und an seinem Geschäftszyklus ausrichten (§ 18 Abs. 4 Satz 1 InstitutsVergV).

Bei der Ex-ante-Risikoadjustierung sind der Gesamterfolg des Instituts, der Erfolgsbeitrag der Organisationseinheit und der individuelle Erfolgsbeitrag angemessen zu berücksichtigen (§ 19 Abs. 1 InstitutsVergV). Dabei sollten alle drei Betrachtungsebenen annähernd gleich gewichtet sein.[456] Ferner darf Vorstandsmitgliedern die variable Vergütung erst nach Ablauf eines Bemessungszeitraums von drei Jahren anhand der Ergebnisse desselben ermittelt und zuerkannt werden (§ 19 Abs. 1 InstitutsVergV).[457] Den individuellen Erfolgsbeitrag eines Vorstandsmitglieds muss

451 Offensichtlich wird die Eigenschaft von Vorstandsmitgliedern als Risikoträger durch den Verweis auf Art. 3 der Delegierten Verordnung (EU) Nr. 604/2014 der Kommission vom 4. März 2014 zur Ergänzung der Richtlinie 2013/36/EU des Europäischen Parlaments und des Rates im Hinblick auf technische Regulierungsstandards in Bezug auf qualitative und angemessene quantitative Kriterien zur Ermittlung der Mitarbeiterkategorien, deren berufliche Tätigkeit sich wesentlich auf das Risikoprofil eines Instituts auswirkt, ABl. 2014 L 167, 30, die durch die Delegierte Verordnung (EU) 2016/861 vom 18. Februar 2016, ABl. 2016 L 144, 21 geändert worden ist.

452 *Glasow* in Binder/Glos/Riepe (Hrsg.), Hdb. Bankenaufsichtsrecht, § 12 Rn. 91; *Herz,* NZG 2018, 1050, 1052.

453 Verordnung über die aufsichtsrechtlichen Anforderungen an Vergütungssysteme von Instituten (Instituts-Vergütungsverordnung, InstitutsVergV) vom 16.12.2013, BGBl. I S. 4270.

454 BaFin, Auslegungshilfe zur InstitutsVergV, § 18 Abs. 3.

455 BaFin, Auslegungshilfe zur InstitutsVergV, § 18 Abs. 3.

456 BaFin, Auslegungshilfe zur InstitutsVergV, § 19 Abs. 1; vgl. ferner *Herz,* NZG 2018, 1050, 1053.

457 BaFin, Auslegungshilfe zur InstitutsVergV, § 19 Abs. 1.

das Institut anhand quantitativer und qualitativer Vergütungsparameter bestimmen (§ 19 Abs. 2 InstitutsVergV). Quantitative Kriterien sind etwa die risikoadjustierte Kapitalrendite, der wirtschaftliche Gewinn oder risikoadjustierte Finanzierungskosten.[458] Qualitative Parameter sind dagegen beispielsweise das Erreichen strategischer Ziele, Kundenzufriedenheit, das Befolgen interner und externer Vorschriften oder die Motivation eines Vorstandsmitglieds.[459] Der Unterschied besteht darin, dass qualitative Vergütungsparameter im Gegensatz zu quantitativen Vergütungsparametern nur begrenzt objektiv messbar sind und ihre Ergebnisfeststellung in der Regel durch eine Beurteilung erfolgt.[460] Beide müssen jedoch gewährleisten, dass nachhaltige Erfolge vergütungsrelevant sind und Risiken angemessen berücksichtigt werden (§ 19 Abs. 3 InstitutsVergV).[461] Dazu muss das Institut alle derzeitigen und auf Basis einer Szenarioanalyse sämtliche mit hinreichender Wahrscheinlichkeit eintretenden zukünftigen Risiken identifizieren.[462]

Bei der Ex-post-Risikoadjustierung wird dagegen nachträglich überprüft, ob die ursprünglich im Rahmen der Ex-ante-Risikoadjustierung ermittelte variable Vergütung rückblickend noch sachgerecht ist.[463] Hintergrund dieser nachträglichen Prüfung ist, dass sich im Zeitpunkt der Vergütungsfestsetzung nicht gewährleisten lässt, ob der Erfolg oder Erfolgsbeitrag eines Mitarbeiters, seiner Organisationseinheit oder des Instituts tatsächlich nachhaltig ist.[464] Um im Rahmen der Auszahlung eine Ex-post-Risikoadjustierung vornehmen zu können, müssen Institute ein komplexes System aus Anspruchs-, Auszahlungs- und Rückforderungsanforderungen in ihre Vergütungsstrukturen integrieren (§ 20 InstitutsVergV).[465] Namentlich müssen sie die Auszahlung eines wesentlichen Teils, wenigstens jedoch 60 % der variablen Vergütung eines Vorstandsmitglieds zurückhalten und über einen Zeitraum von mindestens fünf Jahren strecken (§ 20 Abs. 1 und 2 InstitutsVergV). Entscheidend für die Dauer der Zurückbehaltung und die Höhe des zurückzubehaltenden Anteils der variablen Vergütung sind der Geschäftszyklus, Art und Risikogehalt der Geschäftsaktivitäten, die diesbezüglich erwarteten Schwankungen, die Einflussnahmemöglichkeit

458 BaFin, Auslegungshilfe zur InstitutsVergV, § 19 Abs. 1.
459 BaFin, Auslegungshilfe zur InstitutsVergV, § 19 Abs. 1.
460 BaFin, Auslegungshilfe zur InstitutsVergV, § 19 Abs. 2.
461 BaFin, Auslegungshilfe zur InstitutsVergV, § 19 Abs. 2 f.
462 BaFin, Auslegungshilfe zur InstitutsVergV, § 19 Abs. 3.
463 *Glasow* in Binder/Glos/Riepe (Hrsg.), Hdb. Bankenaufsichtsrecht, § 12 Rn. 108.
464 *Glasow* in Binder/Glos/Riepe (Hrsg.), Hdb. Bankenaufsichtsrecht, § 12 Rn. 107.
465 *Glasow* in Binder/Glos/Riepe (Hrsg.), Hdb. Bankenaufsichtsrecht, § 12 Rn. 109.

der Vorstandsmitglieder hierauf sowie gegebenenfalls ein gebilligtes erhöhtes Bonus-Cap (§ 20 Abs. 1 Satz 3 InstitutsVergV).

Ferner müssen bedeutende Institute darauf achten, dass ein erheblicher Teil, mindestens aber 50 % jeder zurückbehaltenen und nicht zurückbehaltenen variablen Vergütung aus Instrumenten besteht. Mit „Instrumenten" gemeint sind Aktien, gleichwertige Beteiligungen, aktienbasierte oder gleichwertige Instrumente (§ 20 Abs. 5 Satz 1 Nr. 1 InstitutsVergV) sowie, vorbehaltlich einer Verfügbarkeit, bail-in-fähige Instrumente, die der Delegierten Verordnung (EU) Nr. 527/2014[466] entsprechen (§ 20 Abs. 5 Satz 1 Nr. 2 InstitutsVergV). Soweit Letztere verfügbar sind, müssen diese in einem ausgewogenen Verhältnis zu den übrigen Instrumenten stehen (§ 20 Abs. 5 Satz 1 InstitutsVergV). Zusätzlich müssen Institute diese Instrumente mit einer Sperrfrist von mindestens einem Jahr versehen, nach deren Ablauf frühestens über den jeweiligen Anteil der variablen Vergütung verfügt werden darf (§ 20 Abs. 5 Satz 2 InstitutsVergV).

(3) Malus- und Clawback-Mechanismus

Neben diesen einschneidenden Anforderungen müssen bedeutende Institute zwei weitere Mechanismen in die Vergütungsstrukturen ihrer Vorstandsmitglieder aufnehmen: Malus und Clawback (§§ 18 Abs. 5, 20 Abs. 4 Nr. 3, Abs. 6 InstitutsVergV).[467] Diese verfolgen denselben Zweck und sollen die ursprünglich gewährte variable Vergütung nachträglich verringern oder zu derem vollständigen Verlust führen, sofern sich nach Eintritt der ursprünglich vereinbarten Erfolgsziele Risiken realisieren oder sich nachträglich Misserfolge offenbaren.[468] Die Unterschiede zwischen Malus und Clawback liegen in ihren Rechtsfolgen und ihrer Eingriffsintensität.[469]

Der Malus-Mechanismus greift bereits während des Zurückbehaltungszeitraums.[470] Er ermöglicht bedeutenden Instituten, rückschauend zu überprüfen, ob sich ein Vorstandsmitglied den Anspruch auf eine Auszahlung der zurückbehaltenen variablen Vergütung tatsächlich erdient hat.[471] Ergeben sich negative

466 Delegierte Verordnung (EU) Nr. 527/2014 der Kommission vom 12.3.2014 zur Ergänzung der Richtlinie 2013/36/EU durch technische Regulierungsstandards zur Bezeichnung der Klassen von Instrumenten, die die Bonität eines Instituts unter der Annahme der Unternehmensfortführung angemessen widerspiegeln und die für eine Verwendung zu Zwecken der variablen Vergütung geeignet sind, ABl. 2014 L 148, 21.

467 *Glasow* in Binder/Glos/Riepe (Hrsg.), Hdb. Bankenaufsichtsrecht, § 12 Rn. 119.

468 *Glasow* in Binder/Glos/Riepe (Hrsg.), Hdb. Bankenaufsichtsrecht, § 12 Rn. 119.

469 *Glasow* in Binder/Glos/Riepe (Hrsg.), Hdb. Bankenaufsichtsrecht, § 12 Rn. 119.

470 *Glasow* in Binder/Glos/Riepe (Hrsg.), Hdb. Bankenaufsichtsrecht, § 12 Rn. 120.

471 *Glasow* in Binder/Glos/Riepe (Hrsg.), Hdb. Bankenaufsichtsrecht, § 12 Rn. 120.

Abweichungen des Erfolgsbeitrags eines Vorstandsmitglieds, seiner Organisationseinheit oder des Gesamterfolgs des Instituts von den vereinbarten Zielen, verringert sich die variable Vergütung dieses Vorstandsmitglieds entsprechend dem Abweichungsgrad (§ 18 Abs. 5 InstitutsVergV). Schwerwiegende Fälle können sogar zu einem vollständigen Verlust der zurückbehaltenen variablen Vergütung führen. In jedem Fall muss ein Vorstandsmitglied seine variable Vergütung vollständig verlieren, wenn dieses an einem Verhalten, das für das Institut zu erheblichen Verlusten oder einer wesentlichen regulatorischen Sanktion geführt hat, maßgeblich beteiligt oder dafür verantwortlich war (§ 18 Abs. 5 Satz 3 Nr. 1 InstitutsVergV). Gleiches gilt, wenn ein Vorstandsmitglied durch sein Verhalten relevante externe oder interne Regelungen in Bezug auf Eignung und Verhalten in schwerwiegendem Maß verletzt hat (§ 18 Abs. 5 Satz 3 Nr. 2 InstitutsVergV). Auch an dieser Stelle verwendet die InstitutsVergV mit den Kriterien „wesentlich regulatorische Sanktion" und „schwerwiegendes Maß" unbestimmte Rechtsbegriffe. Diese müssen von den Instituten eigenverantwortlich konkretisiert werden.[472] Wenngleich die Auslegungshilfe dazu Anhaltspunkte liefert,[473] dürfte diese Aufgabe Instituten Probleme bereiten.[474] Denn Materialitätsschwellenwerte dürfen nur ausnahmsweise und konservativ eingesetzt werden.[475]

Der Clawback-Mechanismus greift im Gegensatz zum Malus-Mechanismus erst nach der Anspruchsentstehung. Daher hat er eine größere Eingriffsintensität.[476] Er dient dazu, entstandene Ansprüche von Risikoträgern auf variable Vergütungen nachträglich zum Erlöschen zu bringen und eine bereits ausgezahlte variable Vergütung zurückzufordern (§ 20 Abs. 6 Satz 1 InstitutsVergV).[477] Voraussetzung für ein Erlöschen beziehungsweise eine Rückforderung sind namentlich besonders schwerwiegende persönliche Verfehlungen eines Vorstandsmitglieds.

472 *Glasow* in Binder/Glos/Riepe (Hrsg.), Hdb. Bankenaufsichtsrecht, § 12 Rn. 122.

473 BaFin, Auslegungshilfe zur InstitutsVergV, § 18 Abs. 5.

474 *Glasow* in Binder/Glos/Riepe (Hrsg.), Hdb. Bankenaufsichtsrecht, § 12 Rn. 122.

475 BaFin, Auslegungshilfe zur InstitutsVergV, § 20 Abs. 4.

476 Vgl. *Glasow* in Binder/Glos/Riepe (Hrsg.), Hdb. Bankenaufsichtsrecht, § 12 Rn. 123.

477 BaFin, Auslegungshilfe zur InstitutsVergV, § 20 Abs. 6; *Annuß/Sappa*, BB 2017, 2612, 2615; *Dzida/Naber*, BB 2011, 2613, 2615 f.; *Glasow* in Binder/Glos/Riepe (Hrsg.), Hdb. Bankenaufsichtsrecht, § 12 Rn. 123; *Lindemann/Heim*, JuS 2018, 1121, 1126; *Rubner/Raible*, NZG 2017, 1052, 1055; *Tusch/Schuster/Herzberg*, WM 2017, 2289, 2290; vgl. zu den Gestaltungsmöglichkeiten von Clawback-Klauseln *Schockenhoff/Nußbaum*, AG 2018, 813, 817 ff.

Diese bestimmen sich nach § 18 Abs. 5 Satz 3 InstitutsVergV,[478] weshalb an dieser Stelle auf das soeben Gesagte verwiesen werden kann. In zeitlicher Hinsicht müssen die Institute sicherstellen, dass sowohl ein nachträgliches Erlöschen als auch eine Rückforderung mindestens zwei Jahre nach Ablauf der Zurückbehaltungsfrist des zuletzt erdienten Vergütungsbestandteils endet (§ 20 Abs. 6 Satz 2 InstitutsVergV).

(4) Zwischenzusammenfassung

In ihrer Gesamtheit sind die besonderen Vorschriften im Gegensatz zu den allgemeinen Vorschriften der InstitutsVergV einschneidender und engen den Gestaltungsspielraum von Aufsichtsräten bedeutender Institute bei der Festsetzung von Vorstandsvergütungen ein. Da Zurückbehaltungs-, Auszahlungs- und Zurückforderungsmodalitäten letztlich für jedes Vorstandsmitglied individuell festzulegen sind, dürfte es für Aufsichtsräte eine alles andere als einfache Aufgabe sein, das vorgeschriebene komplexe System einer Risikoadjustierung in die Vergütungsstrukturen von Vorstandsmitgliedern aufzunehmen. Darüber hinaus dürfte der Nutzen einer Ex-post-Risikoadjustierung mit Blick auf eine Risikoverringerung in den Vergütungsstrukturen von Vorstandsmitgliedern überschaubar sein. Denn eine Ex-post-Risikoadjustierung dient dazu, nachträglich sicherzustellen, dass Vorstandsmitglieder nicht für vermeintliche Erfolge oder gar für Fehlverhalten vergütet werden. Da Vorstandsmitglieder bei risikoreichen Geschäften jedoch regelmäßig von einem Erfolgseintritt ausgehen dürften, lässt sich hinterfragen, ob und inwieweit nachträgliche, potenzielle Auszahlungssperren und Rückforderungsansprüche Vorstandsmitglieder in ihrem Handeln tatsächlich beeinflussen. Jedenfalls sollte sichergestellt sein, dass klar definierte Überprüfungsmechanismen existieren, die für Vorstandsmitglieder verständlich und deutlich sind.

ff) Stellungnahme

Wie bereits die aktienrechtlichen Strukturvorgaben lassen die der InstitutsVergV erkennen, dass sich Strukturvorgaben nur bedingt dazu eignen, um auf leistungs- und erfolgsabhängige Vorstandsvergütungen hinzuwirken und Risikoanreize in den Vergütungsstrukturen von Vorstandsmitgliedern zu reduzieren. Zwar sind die Vorgaben der InstitutsVergV gegenüber den aktienrechtlichen Vorgaben umfassender, notwendigerweise beinhalten aber auch diese unbestimmte Rechtsbegriffe, um Aufsichtsräten Gestaltungsspielraum zu belassen.

478 BaFin, Auslegungshilfe zur InstitutsVergV, § 20 Abs. 6.

Zentral ist der InstitutsVergV ebenfalls der Begriff „angemessen", der sich wie auch die anderen der verwendeten unbestimmten Rechtsbegriffe nicht rechtssicher bestimmen lässt und bei Aufsichtsräten zu offenen Fragen führen dürfte. Davon abgesehen zeigen aber auch die Strukturvorgaben der InstitutsVergV Aufsichtsräten deutlich, dass sie auf leistungs- und erfolgsabhängige Vorstandsvergütungen sowie die Berücksichtigung einer nachhaltigen und langfristigen Unternehmensentwicklung bei der Gestaltung von Vergütungsanreizen abzielen.

Zusätzlich beweisen die Vorgaben über garantierte variable Vergütungen, Abfindungen und Halteprämien, dass es zielführend sein kann, an die Festsetzung bestimmter Vergütungsbestandteile hohe Anforderungen zu stellen. Sinnvoll dürfte das insbesondere bei solchen Vergütungsbestandteilen sein, bei denen es wahrscheinlich ist, dass Vorstandsmitglieder leistungs- und erfolgsunabhängig vergütet oder zu einer hohen Risikobereitschaft verleitet werden.

b) Versicherungsunternehmen

Die Vorgaben über die Vergütungsstruktur von Vorstandsmitgliedern im Versicherungswesen sind im Gegensatz zu den Strukturvorgaben der InstitutsVergV überschaubar. Allerdings ist ihnen die gleiche Problematik inhärent. Auch die Vorgaben über die strukturelle Gestaltung von Vorstandsvergütungen in Versicherungsunternehmen beinhalten unbestimmte Rechtsbegriffe,[479] die sich nicht konkretisieren lassen und bei Aufsichtsräten zu offenen Fragen führen dürften. So sind die Vergütungssysteme von Vorstandsmitgliedern „angemessen", „transparent" und auf eine „nachhaltige" Entwicklung des Unternehmens auszurichten (§ 25 Abs. 1 VAG). Dasselbe gilt für die Grundsätze über eine schriftlich festzulegende Vergütungspolitik (Art. 275 Solvency II-VO). Danach darf die Vergütungspolitik in Versicherungsunternehmen beispielsweise nicht zur Übernahme von Risiken ermutigen, die die Risikotoleranzschwellen des Unternehmens übersteigen (Art. 275 Nr. 1 lit. c Solvency II-VO). Risikotoleranzschwellen lassen sich jedoch nicht für alle Versicherungsunternehmen verallgemeinern, sondern müssen von ihnen individuell festgelegt werden. Weitere Beispiele sind die Forderung nach einer „klaren", „transparenten" und „wirksamen" Governance in Bezug auf die Vergütung und Überwachung der Vergütungspolitik (Art. 275 Nr. 1 lit. e Solvency II-VO) und die Vorgabe, dass

479 Vgl. *de Raet/Dörfler*, CCZ 2017, 253, 259 („die Vorschrift greift damit Begriffe auf, die teilweise so auch in § 87 Abs. 1 verwendet werden").

fixe und variable Vergütungsbestandteile in einem „ausgewogenen" Verhältnis zueinander stehen müssen (Art. 275 Nr. 2 lit. a Solvency II-VO).

IV. Zusammenfassung und Folgerungen

Es hat sich gezeigt, dass unmittelbare hoheitliche Eingriffe in die Vergütungsstrukturen von Vorstandsmitgliedern mit Blick auf die mit einer Vergütungsregulierung verfolgten Zielsetzungen nur bedingt erfolgversprechend sind. Denn aufgrund der vielgestaltigen Verhältnisse in und zwischen börsennotierten Unternehmen müssen Strukturvorgaben gewählt werden, die den individuellen Verhältnissen von allen börsennotierten Unternehmen Rechnung tragen. Nicht sinnvoll ist es deshalb, börsennotierten Unternehmen einheitlich eine konkrete und bis ins Detail ausgestaltete Vergütungsstruktur vorzuschreiben. Vielmehr müssen gesetzliche Strukturvorgaben abstrakt ausgestaltet werden, damit Aufsichtsräten bei der Festsetzung von Vorstandsvergütungen Gestaltungsspielraum verbleibt.

Um Aufsichtsräten bei der Festsetzung von Vorstandsvergütungen Gestaltungsspielraum zu belassen, müssen unbestimmte Rechtsbegriffe verwendet werden. Unbestimmte Rechtsbegriffe können jedoch nicht rechtssicher konkretisiert werden und daher bei Aufsichtsräten zu offenen Fragen führen. Deutlich zeigt sich das vor allem an dem in den gesetzlichen Strukturvorgaben vielfach verwendeten Begriff „angemessen". Nichtsdestotrotz kann abstrakt ausgestalteten Strukturvorgaben nicht ihre Daseinsberechtigung abgesprochen werden. Immerhin dürften diese Aufsichtsratsmitglieder dazu anhalten, sich stärker mit der Ausgestaltung von Vorstandsvergütungen auseinanderzusetzen. Ferner zeigen die bestehenden Strukturvorgaben, dass sich Strukturvorgaben ungeachtet etwaiger Auslegungsschwierigkeiten dazu eignen, Aufsichtsräten deutlich zu machen, worauf sie bei der Festsetzung von Vorstandsvergütungen achten müssen, nämlich leistungs- und erfolgsabhängige Vergütungsstrukturen sowie Vergütungsanreize, die auch eine nachhaltige und langfristige Unternehmensentwicklung berücksichtigen. Ohne diese Vorschriften würde es an einer solchen Zielvorgabe fehlen. Mithin hätten Aufsichtsräte dann durchweg freie Hand und wohl nur wenig Bedenken, dass sie Vergütungsstrukturen festsetzen könnten, die Vorstandsmitglieder leistungs- und erfolgsunabhängig vergüten. Ferner dürften Aufsichtsräte ohne gesetzliche Strukturvorgaben eher bereit sein, einem Verlangen von institutionellen Investoren nachzugeben, Anreize in den Vergütungsstrukturen von Vorstandsmitgliedern auf kurzfristigen Erfolg auszurichten.

De lege ferenda kann unter der Prämisse eines dem Aufsichtsrat verbleibenden Gestaltungsspielraums erwogen werden, einzelne Vergütungsbestandteile strenger zu regulieren. Empfehlenswert ist das bei solchen Vergütungsbestandteilen, die offensichtlich oder mit überwiegender Wahrscheinlichkeit dazu führen, dass Vorstandsmitglieder leistungs- und erfolgsunabhängig vergütet oder zu einer hohen Risikobereitschaft verleitet werden. Als Orientierung können dabei die bereits bestehenden restriktiven Vorgaben der InstitutsVergV bezüglich der Festsetzung von garantierten variablen Vergütungen, Abfindungen und Halteprämien dienen (§ 5 Abs. 5 bis Abs. 7 InstitutsVergV). Nicht zielführend ist dagegen der Versuch, unbestimmte Rechtsbegriffe anhand weiterer, nicht näher bestimmbarer Begriffe zu konkretisieren. Das dürfte Aufsichtsräte eher verunsichern, als bei diesen für Klarheit im Umgang mit einem unbestimmten Rechtsbegriff zu sorgen.

§ 10 Eingriff in die Festsetzungskompetenz des Aufsichtsrats

I. Einführung

Die vorstehende Untersuchung hat gezeigt, dass sich gesetzliche Strukturvorgaben nur bedingt dazu eignen, Aufsichtsräte bei der Festsetzung von Vorstandsvergütungen zu beeinflussen. Im Folgenden soll daher grundsätzlicher angesetzt und die Festsetzungskompetenz des Aufsichtsrats hinterfragt werden. Idealerweise sollte gewährleistet sein, dass die Entscheidung über die Vorstandsvergütungen von einem objektiv urteilenden und unbefangenen Organ getroffen wird. Da Aufsichtsratsmitglieder Interessenkonflikten unterliegen können, wenn sie Vorstandsvergütungen festsetzen,[480] lässt sich an erster Stelle daran denken, der Hauptversammlung und damit den Aktionären die Entscheidung über die Vorstandsvergütungen zuzusprechen. Schließlich würden diese mittelbar über ihr eigenes Vermögen verfügen und daher wohl eher darauf achten, dass Vorstandsmitglieder leistungs- und erfolgsabhängig vergütet werden.[481] Alternativ könnte es sich aber auch anbieten, Aktionären bei der Vergütungsentscheidung des Aufsichtsrats mehr Mitspracherechte einzuräumen. Auch dadurch ließe sich möglicherweise erreichen, dass Aufsichtsräte Vorstandsmitglieder entsprechend ihren Aufgaben und Leistungen sowie enstprechend der Gesellschaftslage vergüten.

Wirft man einen Blick auf die Entwicklung der Vergütungsvorschriften in den letzten Jahren auf internationaler und nationaler Ebene, lässt sich ein Trend hin zu mehr Mitspracherechten von Aktionären bei der Entscheidung über die Vorstandsvergütungen erkennen. Zunächst führte der deutsche Gesetzgeber im Jahr 2009 mit dem VorstAG ein fakultatives Votum der Hauptversammlung über das Vergütungssystem von Vorstandsmitgliedern mit rechtlich unverbindlicher Wirkung ein (§ 120 Abs. 4 AktG a.F.). Obligatorisch und rechtsverbindlich sollte das Vergütungsvotum der Hauptversammlung schließlich durch die Einführung eines Gesetzes zur Verbesserung der Kontrolle der Vorstandsvergütung

480 Siehe dazu oben, 2. Teil, sub § 4, VI.

481 Vgl. Beschlussempfehlung und Bericht des Rechtsausschusses zum Entwurf eines Gesetzes zur Verbesserung der Kontrolle der Vorstandsvergütung und zur Änderung weiterer aktienrechtlicher Vorschriften (VorstKoG) vom 26.6.2013, BT-Drs. 17/14214, S. 17; *Verse*, NZG 2013, 921, 924.

und zur Änderung weiterer aktienrechtlicher Vorschriften (VorstKoG)[482] im Jahr 2013 werden. Dazu kam es jedoch nicht, da das VorstKoG in der letzten Bundesratssitzung vor den Bundestagswahlen 2013 scheiterte und der deutsche Gesetzgeber dieses Bestreben in den weiteren Aktienrechtsnovellen aufgab.[483] Anschließend wurden die Mitgliedstaaten aber durch die 2017 neu gefasste Aktionärsrechterichtlinie[484] dazu angehalten, ein rechtlich verbindliches Votum der Hauptversammlung über die Vergütungspolitik einzuführen. Daraufhin erließ der deutsche Gesetzgeber das ARUG II. Vor diesem Hintergrund wird im Folgenden untersucht, ob und inwieweit ein Eingriff in die Vergütungskompetenz des Aufsichtsrats zweckmäßig ist, um auf leistungs- und erfolgsabhängig ausgestaltete Vorstandsvergütungen hinzuwirken.

II. Kompetenzverlagerung auf die Hauptversammlung

1. Die Hauptversammlung als ungeeignetes Festsetzungsorgan

Nicht empfehlenswert ist, die Hauptversammlung in die konkrete Vergütungsentscheidung des Aufsichtsrats einzubinden oder ihr gar die alleinige Zuständigkeit für diese Entscheidung zuzusprechen. Selbst wenn sich dadurch etwaige Überwachungsdefizite zwischen Aktionären und Aufsichtsrat beseitigen ließen, ist die Hauptversammlung bereits aus praktischer Sicht nicht das geeignete Organ für diese Entscheidung.[485] Denn die Hauptversammlung findet in

---

482 Beschlussempfehlung und Bericht des Rechtsausschusses zum Entwurf eines Gesetzes zur Verbesserung der Kontrolle der Vorstandsvergütung und zur Änderung weiterer aktienrechtlicher Vorschriften (VorstKoG) vom 26.6.2013, BT-Drs. 17/14214, S. 7, 12 ff.

483 Anrufung des Vermittlungsausschusses durch den Bundesrat betreffend das Gesetz zur Verbesserung der Kontrolle der Vorstandsvergütung und zur Änderung weiterer aktienrechtlicher Vorschriften (VorstKoG) vom 24.9.2013, BT-Drs. 17/14790, S. 1 f.; *Anzinger,* ZGR 2019, 39, 57; *de Raet/Dörfler,* CCZ 2017, 253, 254; *Habersack* in MüKo-AktG, Einl. §§ 1–75 Rn. 71; *Hirte,* NJW 2014, 1219; *Kalb/Fröhlich,* NZG 2014, 167; *Leuering,* NZG 2017, 646, 648; *Velte,* EuZW 2013, 893, 896; *Velte,* NZG 2017, 368, 370; *Zetzsche,* NZG 2014, 1121, 1130.

484 Richtlinie (EU) 2017/828 des Europäischen Parlaments und des Rates vom 17.5.2017 zur Änderung der Richtlinie 2007/36/EG im Hinblick auf die Förderung der langfristigen Mitwirkung der Aktionäre, ABl. 2017 L 132, 1.

485 Vgl. *Arnold,* Steuerung des Vorstandshandelns, S. 149; *Drefahl,* BOARD 2015, 43, 44; *Drefahl/Pelger,* BFuP 65 (2013), 444, 446; *Eisenschmidt,* DB 2016, 2793, 2794; *Gordon,* 30 J. Corp. L. 675, 699 (2005); *Martens,* ZHR 169 (2005), 124, 149; *Schwark,* FS Raiser, 377, 397; *Seibert,* FS Hüffer, 955, 970; *Velte,* EuZW 2013, 893, 894.

der Regel nur einmal im Jahr statt und ihre Einberufung erfordert einen nicht unerheblichen zeitlichen und organisatorischen Aufwand.[486] Diese Schwerfälligkeit macht es kaum möglich, kurzfristig Beschlüsse zu fassen, wenn ein plötzlich vakant gewordener Vorstandsposten neu besetzt werden muss.[487] Ferner bedeutet es für Aktiengesellschaften einen nicht zu unterschätzenden personellen und finanziellen Mehraufwand, wenn sie zusätzlich eine oder mehrere weitere Hauptversammlungen im Jahr abhalten müssten.[488] Daher ist eine derartige Kompetenzverlagerung auf die Hauptversammlung auch aus wirtschaftlicher Sicht wenig sinnvoll.

Darüber hinaus dürften Aktionäre als solche ungeeignet sein, die Bezüge von Vorstandsmitgliedern festzusetzen. Da Aktionäre ihre Beteiligung an einer Aktiengesellschaft regelmäßig als bloße Kapitalanlage betrachten, verhalten sie sich bei Hauptversammlungen oftmals apathisch.[489] Mithin werden sie zumeist nicht daran interessiert sein, sich umfassend mit der Gestaltung von Vorstandsvergütungen zu beschäftigen oder diese gar selbst festzusetzen. Überdies lässt sich auch an dieser Stelle bezweifeln, ob es sinnvoll ist, das konfliktträchtige Thema der Gestaltung von Vorstandsvergütungen in diesem Umfang in der Hauptversammlung zu klären.[490]

Nicht zuletzt unterliefe es wohl auch die Personalkompetenz des Aufsichtsrats über den Vorstand, wenn man die Hauptversammlung in die konkrete Entscheidung über die Vorstandsbezüge einbände.[491] Denn die Vergütungsverhandlung mit einem Vorstandskandidaten dürfte darüber mitentscheiden, ob es dem Aufsichtsrat gelingt, eine geeignete Führungskraft davon zu überzeugen, für die Gesellschaft tätig zu werden. Wäre der Aufsichtsrat dabei von einem Beschluss der Hauptversammlung abhängig, würde es ihm dazu jedoch an Flexibilität und

---

486 *Arnold,* Steuerung des Vorstandshandelns, S. 149; *Verse,* NZG 2013, 921, 926.

487 Vgl. *Arnold,* Steuerung des Vorstandshandelns, S. 149; *Frank/Lange/Lenk,* Der Aufsichtsrat 2013, 128, 130; *Verse,* NZG 2013, 921, 926.

488 *Verse,* NZG 2013, 921, 926.

489 Vgl. *Arnold,* Steuerung des Vorstandshandelns, S. 150; *Baums,* ZIP 1995, 11; *Dauner-Lieb,* WM 2007, 9, 11; *Ferrarini/Moloney,* ECFR 2004, 251, 256; *Fleischer/Strothotte,* AG 2011, 221, 224 f.; *Harbarth,* NZG 2011, 368, 371; *Hoffmann-Becking,* ZHR 170 (2006), 2, 7; *Roth,* ZIP 2003, 369, 376; *Seibert,* FS Hommelhoff, 1111, 1113; *Thüsing,* ZIP 2005, 1389, 1390.

490 Vgl. *Arnold,* Steuerung des Vorstandshandelns, S. 149; *Forstmoser,* SJZ 108 (2012), 337, 343 f.; *Frank/Lange/Lenk,* Der Aufsichtsrat 2013, 128, 130; *Hüffer* in Aktienrecht im Wandel, Bd. II, Kap. 7 Rn. 70; *Martens,* ZHR 169 (2005), 124, 149; *Schwark,* FS Raiser, 377, 397; *Seibert,* FS Hüffer, 955, 970.

491 Vgl. *Arnold,* Steuerung des Vorstandshandelns, S. 149; *Hommelhoff,* NZG 2015, 1329, 1333; *Seibert,* FS Hüffer, 955, 970.

Gestaltungsspielraum in der Vergütungsverhandlung fehlen.[492] Letztlich würde man demnach nicht nur die Vergütungsentscheidung, sondern auch die Frage der personellen Besetzung des Vorstands in die Hände der Hauptversammlung legen.[493]

Außerdem dürfte es der interessenpluralistisch ausgerichteten Konzeption der Aktiengesellschaft zuwiderlaufen, wenn man die Hauptversammlung und damit die Anteilseigner in die Entscheidung über die Vorstandsbezüge einbände.[494] Denn dadurch würde der Einfluss von Aktionären als Kapitalvertreter im Vergleich zu den übrigen Stakeholdern, wie etwa Arbeitnehmern, unverhältnismäßig gestärkt.[495] Letztendlich gäbe man institutionellen Investoren wohl nur ein weiteres Mittel an die Hand, um eine Vergütungspolitik entsprechend ihren kurzfristig ausgerichteten Geschäftszielen durchzusetzen.[496]

Ebenfalls dürfen die einem Hauptversammlungsbeschluss innewohnenden Anfechtungsrisiken nicht unterschätzt werden.[497] Vorstandsmitglieder werden

---

492 Vgl. Anrufung des Vermittlungsausschusses durch den Bundesrat betreffend das Gesetz zur Verbesserung der Kontrolle der Vorstandsvergütung und zur Änderung weiterer aktienrechtlicher Vorschriften (VorstKoG) vom 24.9.2013, BT-Drs. 17/14790, S. 1; *Seibt,* DB 2014, 1910, 1912; *Verse,* NZG 2013, 921, 926.

493 Vgl. *Arnold,* Steuerung des Vorstandshandelns, S. 149; *Hommelhoff,* NZG 2015, 1329, 1333.

494 Vgl. Anrufung des Vermittlungsausschusses durch den Bundesrat betreffend das Gesetz zur Verbesserung der Kontrolle der Vorstandsvergütung und zur Änderung weiterer aktienrechtlicher Vorschriften (VorstKoG) vom 24.9.2013, BT-Drs. 17/14790, S. 1 f.; *Döll,* WM 2010, 103, 110; *Gaul,* AG 2017, 178, 187; *Lanfermann/Maul,* BB 2014, 1283, 1284.

495 Anrufung des Vermittlungsausschusses durch den Bundesrat betreffend das Gesetz zur Verbesserung der Kontrolle der Vorstandsvergütung und zur Änderung weiterer aktienrechtlicher Vorschriften (VorstKoG) vom 24.9.2013, BT-Drs. 17/14790, S. 1 f.; *Drefahl,* BOARD 2015, 43; *Velte,* EuZW 2013, 893, 896; *Velte,* NZG 2017, 368, 370; *Verse,* NZG 2013, 921, 925.

496 Vgl. Anrufung des Vermittlungsausschusses durch den Bundesrat betreffend das Gesetz zur Verbesserung der Kontrolle der Vorstandsvergütung und zur Änderung weiterer aktienrechtlicher Vorschriften (VorstKoG) vom 24.9.2013, BT-Drs. 17/14790, S. 2; *Diekmann,* WM 2018, 796, 797; *Döll,* WM 2010, 103, 108; *Fleischer/Bedowski,* AG 2009, 677, 678, 681; *Habersack,* NZG 2018, 127, 132; *Lanfermann/Maul,* BB 2014, 1283, 1284; *Maßmann/Luzhkova,* BOARD 2017, 116, 117; *Velte,* EuZW 2013, 893, 896; *Velte,* NZG 2017, 368, 370.

497 *Arnold,* Steuerung des Vorstandshandelns, S. 149 f.; *Fleischer/Bedowski,* AG 2009, 677, 685; *Martens,* ZHR 169 (2005), 124, 149; *Seibt,* DB 2014, 1910, 1912; *Verse,* NZG 2013, 921, 929.

kaum bereit sein, Vergütungsvereinbarungen zu schließen, deren Wirksamkeit in eine Schwebelage geraten und am Ende von einer gerichtlichen Entscheidung abhängen kann.[498] Zudem wären die Folgen einer gerichtlichen Nichtigerklärung ebenso unabsehbar wie die einer verweigerten Zustimmung der Vergütungsentscheidung des Aufsichtsrats durch die Hauptversammlung.[499]

Schließlich kann auch die Überlegung nicht befürwortet werden, einzelne Vergütungsbestandteile an eine Zustimmung der Hauptversammlung zu knüpfen oder der Hauptversammlung gar zu ermöglichen, selbstständig zustimmungspflichtige Vergütungsbestandteile in der Satzung festzulegen.[500] Dabei lässt sich zwar an eine Parallele zu § 193 Abs. 2 AktG denken, der die Ausgabe von Aktienoptionen und Wandelschuldverschreibungen an Vorstandsmitglieder bei einer bedingten Kapitalerhöhung an einen Hauptversammlungsbeschluss knüpft, jedoch eignet sich diese Vorschrift nicht als Rechtfertigung. Denn Sinn und Zweck der Vorschrift ist der Schutz von Aktionären gegen eine Verwässerung ihrer Anteile bei einer bedingten Kapitalerhöhung.[501] Bei Vergütungsbestandteilen wie etwa *Phantom Stocks* oder *Stock Appreciation Rights*, die Aktien beziehungsweise Aktienoptionen virtuell nachbilden,[502] besteht jedoch nicht die Gefahr einer anteilsmäßigen Verwässerung.[503] Als Rechtfertigung für einen solchen Zustimmungsvorbehalt verbleibt somit einzig eine etwaige besondere „Gefährlichkeit" einzelner Vergütungsbestandteile.[504] Das dürfte jedoch aus den

498 Vgl. *Arnold,* Steuerung des Vorstandshandelns, S. 149; *Drescher* in Henssler/Strohn, AktG, § 241 Rn. 15; *Drescher* in Spindler/Stilz, AktG, § 241 Rn. 30; *Englisch* in Hölters, AktG, § 241 Rn. 8; *Fleischer/Bedowski,* AG 2009, 677, 685; *Gordon,* 30 J. Corp. L. 675, 699 (2005); *Hüffer/Schäfer* in MüKoAktG, § 241 Rn. 15; *Verse,* NZG 2013, 921, 929.

499 Vgl. *Arnold,* Steuerung des Vorstandshandelns, S. 149; *Seibt,* DB 2014, 1910, 1912.

500 Vgl. *Arnold,* Steuerung des Vorstandshandelns, S. 151; *Hoffmann-Becking,* ZHR 170 (2006), 2, 5; *Martens,* ZHR 169 (2005), 124, 148, 154.

501 BGHZ 181, 144, 155 Rn. 19 = NZG 2009, 986; *Fuchs* in MüKoAktG, § 193 Rn. 2; *Rieckers* in Spindler/Stilz, AktG, § 193 Rn. 1; *Rieder/Holzmann* in Grigoleit, AktG, § 193 Rn. 1.

502 *Baums,* FS Claussen, 3, 6; *Becker,* Anreizsysteme für Führungskräfte, S. 41; *Binz/Sorg,* BB 2002, 1273, 1275; *Feddersen,* ZHR 161 (1997), 269, 285 f.; *Fleischer,* NZG 2009, 801, 804; *Friedrichsen,* Aktienoptionsprogramme für Führungskräfte, S. 14 f.; *Hoegen,* Reform der Vorstandsvergütung, S. 336 ff.; *Hoffmann-Becking,* NZG 1999, 797, 801; *Kau/Leverenz,* BB 1998, 2269, 2271; *Koch* in Hüffer/Koch, AktG, § 87 Rn. 19; *Kort* in Großkomm AktG, § 87 Rn. 247; *Lindemann/Heim,* JuS 2018, 1121, 1128; *Martens,* FS Ulmer, 399, 402 f.; *Schüller,* Vorstandsvergütung, S. 64 f.; *Spindler* in MüKoAktG, § 87 Rn. 117; *Thüsing* in Fleischer (Hrsg.), Hdb. Vorstandsrecht, § 6 Rn. 60, 111.

503 Vgl. *Arnold,* Steuerung des Vorstandshandelns, S. 151.

504 *Arnold,* Steuerung des Vorstandshandelns, S. 151.

zuvor genannten Gründen nicht ausreichen, um die Personalhoheit des Aufsichtsrats einzuschränken.[505]

2. Nachträgliche Abstimmung der Hauptversammlung über die Vergütungsentscheidung des Aufsichtsrats („Say on Pay")

a) *Zweckmäßigkeit eines Say on Pay-Beschlusses*

Eignet sich die Hauptversammlung als Organ nicht dazu, bei der konkreten Vergütungsentscheidung des Aufsichtsrats mitzuwirken oder gar selbst Vorstandsvergütungen festzulegen, stellt sich die Frage nach anderen Möglichkeiten, Mitspracherechte von Aktionären zu stärken. Zielführend könnte es sein, die Hauptversammlung regelmäßig über die Vorstandsvergütung abstimmen zu lassen. Denn möglicherweise fühlen sich Aufsichtsräte aufgrund eines anstehenden Say on Pay-Beschlusses stärker überwacht und sind infolgedessen eher bestrebt, Vorstandsvergütungen leistungs- und erfolgsabhängig festzusetzen.[506]

Untersuchungen zeigen, dass Verwaltungsräte Vergütungsthemen mit den wesentlichen Aktionären der Gesellschaft kommunizierten, nachdem die Möglichkeit eines Say on Pay-Beschlusses eingeführt wurde.[507] Um ein ablehnendes Vergütungsvotum zu vermeiden, versuchten sie, ihre Vergütungspolitik mit Großaktionären abzustimmen, insbesondere im Vorfeld eines Say on Pay-Beschlusses.[508] Resultat dieser Entwicklungen war, dass Managergehälter fortan leistungsabhängiger ausgestaltet wurden.[509] Namentlich verringerten sich solche

---

505 *Arnold,* Steuerung des Vorstandshandelns, S. 151.

506 Vgl. *Döll,* WM 2010, 103, 108; *Fleischer/Bedowski,* AG 2009, 677, 685; *Lieder/Fischer,* ECFR 2011, 376, 402.

507 *Döll,* WM 2010, 103, 111; *Drefahl,* BOARD 2015, 43, 47; *Fleischer/Bedowski,* AG 2009, 677, 678; *Hupka,* RIW 2012, 758, 759; *Lieder/Fischer,* ECFR 2011, 376, 399; *Verse,* NZG 2013, 921, 925; vgl. ferner den Überblick über die bisherigen empirischen Untersuchungen von Say on Pay-Beschlüssen in Deutschland bei *Eisenschmidt,* DB 2016, 2793, 2795; ausführlich *Hupka,* Das Vergütungsvotum der Hauptversammlung, S. 65 ff.; rechtsvergleichend *Fleischer,* RIW 2010, 497, 501 ff.; *Velte,* EuZW 2013, 893 f.; zur vergleichbaren Wirkung der Say on Pay-Abstimmung nach § 120 Abs. 4 AktG mit der entsprechenden Bestimmung, die im vereinigten Königreich gilt, siehe *Lieder/Fischer,* ECFR 2011, 376, 402 („The impact of the say-on-pay vote under Sec. 120(4) GSCA is comparable to the one of the corresponding provision applicable in the UK.").

508 *Döll,* WM 2010, 103, 111; *Fleischer/Bedowski,* AG 2009, 677, 678; *Hupka,* RIW 2012, 758, 759; *Lieder/Fischer,* ECFR 2011, 376, 402; *Verse,* NZG 2013, 921, 925.

509 *Drefahl/Pelger,* BFuP 65 (2013), 444, 449; *Fleischer/Bedowski,* AG 2009, 677, 678, 685; *Göx/Kunz,* ZfB-Special Issue 82 (5/2012), 123, 139; *Lieder/Fischer,* ECFR 2011, 376,

Vergütungsparameter, die anfällig dafür sind, Misserfolg zu belohnen.[510] Zwar veränderte sich im Zuge dessen die Höhe der Managergehälter nicht signifikant,[511] allerdings kann das nicht als Argument gegen die Zweckmäßigkeit eines Say on Pay-Beschlusses gelten. Denn es ist nicht das Ziel einer Vergütungsregulierung, Vorstandsbezüge schlichtweg ihrer Höhe nach zu begrenzen.[512] Abgesehen davon zeigt die unveränderte Vergütungshöhe, dass Aktionäre hohe Managergehälter durchaus akzeptieren, wenn diese aus ihrer Sicht mit der Leistung eines Managers vereinbar sind.[513]

Zwar ist auch an dieser Stelle anzuerkennen, dass Aktionäre stärkere Einflussmöglichkeiten bei der Vorstandsvergütung dazu ausnutzen könnten, um Aufsichtsräte dazu anzuhalten, Vorstandsmitglieder vorwiegend für kurzfristigen Erfolg zu belohnen,[514] jedoch setzt im Fall einer Stärkung der Mitspracherechte von Aktionären im Wege eines Say on Pay-Beschlusses weiterhin der Aufsichtsrat die Vorstandsvergütung fest. Mit anderen Worten bleibt der Aufsichtsrat in der Lage, einem solchen Verlangen von Aktionären standzuhalten und bei seiner Vergütungsentscheidung eine nachhaltige und langfristige Unternehmensentwicklung zu berücksichtigen. Aus diesem Grund steht einem Say on Pay-Beschluss auch nicht das Argument entgegen, dass die Rechte der Anteilseigner im Gegensatz zu den übrigen Stakeholdern einer Aktiengesellschaft unverhältnismäßig gestärkt werden.[515] Nicht zuletzt spricht die dem Aufsichtsrat

---

401; ausführlich zu den Auswirkungen des Vergütungsvotums *Hupka,* Das Vergütungsvotum der Hauptversammlung, S. 115 ff.

510 *Burns/Minnick,* 48 Fin. Rev. 233 (2013); *Ferri/Maber,* (2013) 17 Rev. Fin. 527, 529; *Fleischer/Bedowski,* AG 2009, 677, 678; *Göx/Kunz,* ZfB-Special Issue 82 (5/2012), 123, 139; *Lieder/Fischer,* ECFR 2011, 376, 402; *Verse,* NZG 2013, 921, 925; vgl. *Döll,* WM 2010, 103, 111; *Fleischer,* RIW 2010, 497, 502.

511 *Burns/Minnick,* 48 Fin. Rev. 233 (2013); *Eisenschmidt,* DB 2016, 2793, 2794; *Ferri/Maber,* (2013) 17 Rev. Fin. 527, 529 f.; *Fleischer,* RIW 2010, 497, 502; *Fleischer/Bedowski,* AG 2009, 677, 678; *Lieder/Fischer,* ECFR 2011, 376, 398; *Verse,* NZG 2013, 921, 925.

512 Siehe zu den mit einer Vergütungsregulierung verfolgten Zielen oben, 2. Teil, sub § 4, VIII. und § 5, VI.

513 Vgl. *Drefahl/Pelger,* BFuP 65 (2013), 444, 462; *Verse,* NZG 2013, 921, 925.

514 Vgl. *Diekmann,* WM 2018, 796, 797; *Habersack,* NZG 2018, 127, 132; *Fleischer/Bedowski,* AG 2009, 677, 678; *Lanfermann/Maul,* BB 2014, 1283, 1284; *Maßmann/Luzhkova,* BOARD 2017, 116, 117; *Velte,* EuZW 2013, 893, 896.

515 Vgl. Anrufung des Vermittlungsausschusses durch den Bundesrat betreffend das Gesetz zur Verbesserung der Kontrolle der Vorstandsvergütung und zur Änderung weiterer aktienrechtlicher Vorschriften (VorstKoG) vom 24.9.2013, BT-Drs. 17/14790,

verbleibende Festsetzungskompetenz auch deshalb für einen Say on Pay-Beschluss, da der Aufsichtsrat gegenüber der Hauptversammlung das flexiblere Organ ist. Genauer gesagt ist er in der Lage, verständiger, sachnäher, schneller und mit einer größeren Kontinuität über die Vorstandsvergütung zu entscheiden, als es der Hauptversammlung möglich wäre.[516]

Darüber hinaus sollte ein Say on Pay-Beschluss nicht als überflüssig angesehen werden, weil Aktionäre bei Vergütungsthemen alternativ ihr Fragerecht gebrauchen (§ 131 AktG) und ihre Unzufriedenheit im Beschluss über die Entlastung von Vorstand und Aufsichtsrat äußern könnten (§ 120 Abs. 1 Satz 1 AktG).[517] Denn weder bei Nachfragen einzelner Aktionäre in der Hauptversammlung noch bei Entlastungsbeschlüssen dürfte dem Thema der Vorstandsvergütung die gleiche Bedeutung zukommen wie bei einem gesonderten Say on Pay-Beschluss. Dementsprechend würde es Aufsichtsräte wohl nicht auf dieselbe Weise disziplinieren und bei diesen nicht denselben Überwachungsdruck erzeugen, wenn man von einem Vergütungsvotum der Hauptversammlung absähe und Aktionäre auf ihr Fragerecht und die Entlastung des Aufsichtsrats verwiese.[518]

Vor diesem Hintergrund lässt sich ein Vergütungsvotum der Hauptversammlung grundsätzlich befürworten. Zu beachten ist jedoch, dass verschiedene Gestaltungsvarianten eines Vergütungsvotums der Hauptversammlung denkbar sind, die sich in ihrer Effektivität in Bezug auf leistungs- und erfolgsabhängige Vorstandsvergütungen unterscheiden. Mit anderen Worten hängt es von der konkreten Ausgestaltung eines Vergütungsvotums ab, ob und inwieweit dieses auf leistungs- und erfolgsabhängige Vorstandsvergütungen hinwirken kann. Maßgeblich sind die folgenden drei Weichenstellungen: Erstens ist zu fragen, welches der geeignete Abstimmungsgegenstand ist, zweitens, ob dem Say on Pay-Beschluss eine rechtlich verbindliche oder eine rein konsultative Wirkung zukommen soll und drittens, ob Aktiengesellschaften in regelmäßigen zeitlichen

---

S. 1 f.; *Drefahl,* BOARD 2015, 43; *Velte,* EuZW 2013, 893, 896; *Velte,* NZG 2017, 368, 370; *Verse,* NZG 2013, 921, 925.

516 Vgl. *Drefahl,* BOARD 2015, 43; *Gaul,* AG 2017, 178, 181; *Lindemann/Heim,* JuS 2018, 1121, 1129; *Renner,* AG 2015, 513, 521; *Seibt,* DB 2014, 1910, 1912; *Velte,* EuZW 2013, 893, 896; *Velte,* NZG 2017, 368, 370.

517 Vgl. *Döll,* WM 2010, 103, 105; diese Instrumente als ausreichend erachtend *Arnold,* Steuerung des Vorstandshandelns, S. 150; *Baums,* ZIP 2004, 1877, 1879; Group of German Experts on Corporate Law, ZIP 2003, 863, 870; *Marsch-Barner,* FS Röhricht, 401, 410; *Martens,* ZHR 169 (2005), 124, 149, 154.

518 Vgl. *Döll,* WM 2010, 103, 108 f.; *Eisenschmidt,* DB 2016, 2793 f.; *Fleischer/Bedowski,* AG 2009, 677, 685; *Lieder/Fischer,* ECFR 2011, 376, 401, 403.

Abständen dazu verpflichtet werden sollten, die Hauptversammlung über die Vorstandsvergütung abstimmen zu lassen, oder ob eine fakultative Ausgestaltung genügt.

b) Abstimmungsgegenstand

Für ein effektives Vergütungsvotum sollte zweifelsfrei feststehen, worüber abgestimmt wird. § 120 Abs. 4 Satz 1 AktG a.F. nannte abstrakt das System zur Vergütung als Abstimmungsgegenstand, ohne näher auf dessen Inhalt einzugehen. Da das Vergütungssystem von Vorstandsmitgliedern auch an anderer Stelle im Gesetz lediglich vorausgesetzt, aber nicht definiert wurde,[519] blieben die begrifflichen Grenzen unklar.[520] Vor allem war zweifelhaft, inwieweit Grundzüge des Vergütungssystems von Details abzugrenzen sind.[521] Nicht hilfreich war dabei auch ein Blick in den DCGK. Denn dieser empfiehlt in Ziffer 4.2.5 lediglich, dass die Grundzüge des Vergütungssystems von Vorstandsmitgliedern in allgemein verständlicher Form erfolgen sollen.

Im Gegensatz zur bisherigen Gesetzeslage können diesbezüglich aber die Neuerungen durch die Aktionärsrechterichtlinie befürwortet werden. Die neu gefasste Aktionärsrechterichtlinie differenziert zwischen der Vergütungspolitik (Art. 9a Aktionärsrechterichtlinie) und dem Vergütungsbericht (Art. 9b Aktionärsrechterichtlinie). Während die Vergütungspolitik einen abstrakten Rahmen für die Festsetzung der Vorstandsvergütung durch den Aufsichtsrat vorgibt, handelt es sich beim Vergütungsbericht um eine Darstellung der Vorstandsgehälter für das zurückliegende Geschäftsjahr. Dadurch sind Aktionäre nicht darauf beschränkt, über bereits fest vereinbarte Vorstandsvergütungen abzustimmen, sondern können sich auch zu den Vorstellungen des Aufsichtsrats über eine künftige Gestaltung von Vorstandsvergütungen äußern.

Zu begrüßen sind auch die konkreten Vorgaben der Aktionärsrechterichtlinie darüber, auf welche Art und Weise Vergütungspolitik und Vergütungsbericht darzustellen sind (Art. 9a Abs. 6, 9b Abs. 1 Aktionärsrechterichtlinie).[522] Denn bei der Durchführung eines Say on Pay-Beschlusses ist es notwendig, dass börsennotierte Unternehmen den jeweiligen Abstimmungsgegenstand in einer für

---

519 Siehe dazu §§ 289a Abs. 2 S. 1, 315a Abs. 2 S. 2 HGB.

520 Siehe dazu §§ 289a Abs. 2 S. 1, 315a Abs. 2 S. 2 HGB. ters, AktG, § 120 Rn. 42; *Koch* in Hüffer/Koch, AktG, § 120 Rn. 21; *Thüsing*, AG 2009, 517, 525; *Thüsing* in Fleischer (Hrsg.), Hdb. Vorstandsrecht, § 6 Rn. 119.

521 *Thüsing* in Fleischer (Hrsg.), Hdb. Vorstandsrecht, § 6 Rn. 119.

522 Vgl. dazu unten, 3. Teil, sub § 11, III. 3.

einen durchschnittlichen Aktionär transparenten Art und Weise erläutern.[523] Ist das gewährleistet, lassen sich wohl auch die in der rechtswissenschaftlichen Literatur angestellten Zweifel ausräumen, dass ein Say on Pay-Beschluss zu einer reinen Formsache verkommen könnte.[524] Namentlich sollte sich dadurch verhindern lassen, dass sich Aktionäre aufgrund einer für sie intransparenten Darstellung nicht näher mit den Bezügen von Vorstandsmitgliedern und damit auch nicht mit ihrem eigenen Stimmverhalten auseinandersetzen.

Ist man dennoch der Ansicht, dass sich Vergütungssysteme von Vorstandsmitgliedern aufgrund ihrer Komplexität nicht ohne Weiteres in einer für Aktionäre transparenten Art und Weise darstellen lassen,[525] dürfte ein Say on Pay-Beschluss gleichwohl nicht zu einer reinen Formsache verkommen. Denn in den letzten Jahren hat der Einfluss von Stimmrechtsberatungsunternehmen, wie etwa Glass Lewis oder Institutional Shareholder Services (ISS), auf Hauptversammlungsbeschlüsse deutlich zugenommen.[526] Insbesondere institutionelle Investoren, und damit der oftmals überwiegende Anteil des in einer Hauptversammlung vertretenen Grundkapitals, richten ihr Stimmverhalten zunehmend nach deren Abstimmungsrichtlinien aus.[527] Die Abstimmungsrichtlinien dieser Stimmrechtsberatungsunternehmen machen weitgehend konkrete Vorgaben, in welchen Fällen Vorstandsvergütungen leistungs- und erfolgsunabhängig ausgestaltet sowie vorwiegend auf kurzfristigen Erfolg ausgerichtet sind und ein ablehnendes Vergütungsvotum erfolgen sollte.[528] Zusätzlich stehen Kleinanlegern, die an Hauptversammlungen teilnehmen und ihr Stimmrecht ausüben

---

523 Vgl. *Dreher* in Henze/Hoffmann-Becking (Hrsg.), RWS-Forum 25, 203, 230; *Jahn*, ZRP 2004, 179, 181.

524 *Arnold*, Steuerung des Vorstandshandelns, S. 150.

525 Dazu tendierend *Ferrarini/Moloney*, ECFR 2004, 251, 336.

526 *Bunz*, NZG 2014, 1049; *de Raet/Dörfler*, CCZ 2017, 253, 257; *Maßmann/Luzhkova*, BOARD 2017, 116, 117; *Plagemann/Rahlmeyer*, NZG 2015, 895, 897; *Schaefer*, NZG 2007, 900, 901 f.; *Uwe H. Schneider/Anzinger*, NZG 2007, 88, 89; *Wettich*, NZG 2011, 721, 726.

527 Vgl. *de Raet/Dörfler*, CCZ 2017, 253, 257; *Gaul*, AG 2017, 178, 179; *Maßmann/Luzhkova*, BOARD 2017, 116, 117; *Plagemann/Rahlmeyer*, NZG 2015, 895, 897; *Schaefer*, NZG 2007, 900, 901 f.; *Uwe H. Schneider/Anzinger*, NZG 2007, 88, 89; *Wettich*, NZG 2011, 721, 726.

528 Vgl. *de Raet/Dörfler*, CCZ 2017, 253, 257; *Maßmann/Luzhkova*, BOARD 2017, 116, 117; die Voting Guidelines der Stimmrechtsberatungsunternehmen sind auf der Website des jeweiligen Stimmrechtsberatungsunternehmens abrufbar.

möchten, Schutzanlegergemeinschaften zur Verfügung.[529] Bei diesen können sie sich über ein anstehendes Vergütungsvotum informieren und sich über ihr Abstimmungsverhalten Klarheit verschaffen.[530]

c) Rechtlich verbindliches oder konsultatives Vergütungsvotum

Weiter fragt sich, welche Wirkung einem Vergütungsvotum der Hauptversammlung zukommen sollte. Denkbar ist entweder, dem Vergütungsvotum eine rechtsverbindliche Wirkung zuzusprechen oder an der bislang bestehenden konsultativen Wirkung entsprechend § 120 Abs. 4 Satz 2 Hs. 1 AktG a.F. festzuhalten. Aufgrund der beiden unterschiedlichen Abstimmungsgegenstände bietet es sich an, diese unabhängig voneinander zu untersuchen.

aa) Vergütungsbericht

Beim Votum über den Vergütungsbericht belässt es die Aktionärsrechterichtlinie bei einer konsultativen Wirkung (Art. 9b Abs. 4 Satz 1 Aktionärsrechterichtlinie). Börsennotierte Unternehmen müssen im Fall eines ablehnenden Vergütungsvotums im darauffolgenden Vergütungsbericht lediglich darlegen, wie dem Vergütungsvotum der Hauptversammlung Rechnung getragen wurde (Art. 9b Abs. 4 Satz 2 Aktionärsrechterichtlinie). Das dürfte an dieser Stelle ausreichen.[531] Denn es ist bereits unklar, wie ein ablehnendes, verbindliches Votum über den Vergütungsbericht rechtlich umzusetzen wäre. Eine gesetzliche Bestimmung, durch die Aufsichtsräte bei einem ablehnenden Vergütungsvotum nachträglich in bereits vereinbarte Vorstandsvergütungen eingreifen können, ließe sich wohl nicht mit dem geltenden Grundsatz der Vertragstreue (pacta sunt servanda – Verträge sind einzuhalten) vereinbaren.[532] Denkbar ist, dass Aufsichtsräte einen Änderungsvorbehalt in den Anstellungsverträgen von Vorstandsmitgliedern vorsehen.[533] Allerdings hätten es auch dadurch Aktionäre letztlich in der Hand,

---

529 Zum Beispiel die Schutzgemeinschaft der Kapitalanleger e.V. und die Deutsche Schutzvereinigung für Wertpapierbesitz e.V. (DSW).

530 Vgl. *de Raet/Dörfler*, CCZ 2017, 253, 257.

531 Ebenso *Forstmoser*, SJZ 108 (2012), 337, 344; *Hupka*, Das Vergütungsvotum der Hauptversammlung, S. 316 f.

532 Vgl. *Diekmann*, WM 2018, 796, 798.

533 *Diekmann*, WM 2018, 796, 798; vgl. *Lanfermann/Maul*, BB 2014, 1283, 1284 f.; *Verse*, NZG 2013, 921, 926; keine unmittelbaren Folgen für bestehende Vergütungsvereinbarungen nehmen dagegen an *Bungert/Wansleben*, DB 2017, 1190, 1192; *Gaul*, AG 2017, 178, 184.

bereits vereinbarte Vorstandsbezüge nachträglich abzuändern.[534] Auf eine solche Vereinbarung dürfte sich kaum ein Vorstandsmitglied einlassen. Darüber hinaus würde ein solcher Änderungsvorbehalt zu Rechtsunsicherheit führen und dürfte eine ordentliche Zusammenarbeit zwischen Vorstandsmitglied und Gesellschaft konterkarieren.[535] Wird andererseits aufgrund dieser Bedenken von der Aufnahme eines Änderungsvorbehalts in Vorstandsverträge abgesehen, droht die Gefahr, dass ein verbindliches Votum über den Vergütungsbericht leerläuft.[536]

Neben diesen rechtlichen Problemen existieren auch praktische Einwände gegen ein verbindliches Vergütungsvotum über den Vergütungsbericht. Diese überschneiden sich teilweise mit den Anführungen bei einer vorherigen Mitwirkung der Hauptversammlung bei der Festsetzung von Vorstandsvergütungen.[537] Werden Aufsichtsräte dazu verpflichtet, einen Änderungsvorbehalt in die Verträge von Vorstandsmitgliedern aufzunehmen, dürfte es ihnen nur schwer gelingen, geeignete Vorstandsmitglieder an die Gesellschaft zu binden.[538] Denn aufgrund des Änderungsvorbehalts wären wohl selbst hohe Vergütungsofferten für Vorstandsmitglieder nur wenig überzeugend. Außerdem könnte die Notwendigkeit eines Änderungsvorbehalts in Vorstandsverträgen dazu führen, dass Führungskräfte ausländische Konkurrenzunternehmen gegenüber deutschen Unternehmen bevorzugen. Schließlich wäre ihnen ihre Vergütung bei der ausländischen Konkurrenz sicher.

Bei einem konsultativen Vergütungsvotum beschließen Aktionäre hingegen ohne rechtliche Wirkung über das, was der Aufsichtsrat ihnen vorlegt.[539] Die vollständige Entscheidungsmacht über die Festsetzung der Vorstandsbezüge verbleibt beim Aufsichtsrat.[540] Wenngleich ein konsultatives Vergütungsvotum in der rechtswissenschaftlichen Literatur teilweise als „zahnloser Tiger" oder „soft law" und damit bedeutungslos bezeichnet wird,[541] sollten dessen faktische Wirkungen nicht unterschätzt werden.[542] Ein ablehnendes, konsultatives

---

534 Vgl. *Diekmann,* WM 2018, 796, 798; *Drefahl,* BOARD 2015, 43, 44.

535 *Diekmann,* WM 2018, 796, 798; *Velte,* EuZW 2013, 893, 896.

536 *Diekmann,* WM 2018, 796, 798.

537 Siehe oben, 3. Teil, sub § 10, II. 1.

538 Vgl. *Frank/Lange/Lenk,* Der Aufsichtsrat 2013, 128, 130; *Verse,* NZG 2013, 921, 925 f.

539 Vgl. *Fleischer/Bedowski,* AG 2009, 677, 681; *Verse,* NZG 2013, 921, 925; ausführlich zum konsultativen Vergütungsvotum *Levit/Malenko,* 5 J. Fin. 1579 ff. (2011).

540 *Fleischer/Bedowski,* AG 2009, 677, 681; *Verse,* NZG 2013, 921, 925.

541 *Begemann/Laue,* BB 2009, 2442 f.; *Deilmann/Otte,* DB 2010, 545; *Eisenschmidt,* DB 2016, 2793; *Eulerich/Rapp/Wolff,* ZCG 2012, 69; *Hanau,* NJW 2009, 1652, 1653; *Spindler,* NJOZ 2009, 3282, 3290; *Velte,* EuZW 2013, 893, 895.

542 Vgl. *Paschos/Goslar,* AG 2018, 857, 863.

Vergütungsvotum kann aufgrund seiner Öffentlichkeitswirkung nicht nur Vorstandsmitglieder, sondern auch Aufsichtsratsmitglieder in ihrer Reputation schädigen.[543] Um das zu vermeiden, werden Aufsichtsräte wohl auch im Vorfeld konsultativer Beschlussfassungen versuchen, Vergütungsthemen mit den wesentlichen Aktionären der Gesellschaft abzustimmen.[544] Ferner belegen Statistiken aus dem Vereinigten Königreich, dass Managervergütungen nicht erst bei einem ablehnenden Vergütungsvotum, sondern bereits bei einem Widerstand von etwa 20 % angepasst werden.[545] Da es sich dabei um eine rein faktische Wirkung handelt, ist nicht auszuschließen, dass dies auch auf deutsche Aktiengesellschaften zutrifft.[546] Mithin dürfte ein konsultatives Vergütungsvotum über den Vergütungsbericht Aufsichtsräte disziplinieren.[547] Angesichts eines anstehenden Votums der Hauptversammlung über den Vergütungsbericht würden sie wohl eher darauf achten, dass Vorstandsmitglieder leistungs- und erfolgsabhängig vergütet werden.[548]

bb) Vergütungspolitik

Etwas anderes könnte für die vom Aufsichtsrat auszuarbeitende Vergütungspolitik gelten. Die Aktionärsrechterichtlinie sieht grundsätzlich eine verbindliche Abstimmung der Hauptversammlung vor (Art. 9a Abs. 2 S. 1 Aktionärsrechterichtlinie), sofern nicht die Mitgliedstaaten von ihrer Wahlmöglichkeit Gebrauch machen und sich für einen empfehlenden Charakter entscheiden (Art. 9a Abs. 3 S. 1 Aktionärsrechterichtlinie). Unklar bleibt allerdings, ob der Aufsichtsrat nach der Änderung einer verbindlichen Vergütungspolitik versuchen muss, bereits bestehende Vorstandsverträge entsprechend abzuändern. Richtigerweise sollte das abgelehnt werden.[549] Denn dadurch

---

543 *Döll,* WM 2010, 103, 109; *Eisenschmidt,* DB 2016, 2793; 2794; *Göx/Kunz,* ZfB-Special Issue 82 (5/2012), 123, 139; vgl. *Drefahl,* BOARD 2015, 43, 44 f.; *Fleischer/Bedowski,* AG 2009, 677, 685.

544 Vgl. *Bachmann/Pauschinger,* ZIP 2019, 1, 10; *Döll,* WM 2010, 103, 111; *Eisenschmidt,* DB 2016, 2793, 2794; *Fleischer/Bedowski,* AG 2009, 677, 678, 681; *Liebscher* in Henssler/Strohn, AktG, § 120 Rn. 17; *Lindemann/Heim,* JuS 2018, 1121, 1128 f.

545 *Ferri/Maber,* (2013) 17 Rev. Fin. 527, 532; *Fleischer/Bedowski,* AG 2009, 677, 685.

546 Vgl. dazu auch *Lieder/Fischer,* ECFR 2011, 376, 402.

547 *Döll,* WM 2010, 103, 108 f.; *Eisenschmidt,* DB 2016, 2793 f.

548 Vgl. *Burns/Minnick,* 48 Fin. Rev. 233 (2013); *Döll,* WM 2010, 103, 111; *Ferri/Maber,* (2013) 17 Rev. Fin. 527, 529; *Fleischer/Bedowski,* AG 2009, 677, 678; *Fleischer,* RIW 2010, 497, 502; *Lieder/Fischer,* ECFR 2011, 376, 402; *Verse,* NZG 2013, 921, 925.

549 So auch *Bungert/Wansleben,* DB 2017, 1190, 1192; *Diekmann,* WM 2018, 796, 798.

ergäben sich die gleichen Probleme wie bei einem verbindlichen Votum über den Vergütungsbericht.[550]

Ausgehend von dieser Prämisse lässt sich ein verbindliches Votum über die Vergütungspolitik befürworten. Nicht gefolgt werden kann den in der rechtswissenschaftlichen Literatur angestellten Bedenken, dass nur bei einem beratenden Vergütungsvotum über die Vergütungspolitik die Machtbalance zwischen den Organen im deutschen dualistischen Gesellschaftssystem aufrechterhalten bleibe.[551] Denn bei einem Votum über die Vergütungspolitik stimmt die Hauptversammlung letztlich nur über den Gestaltungsrahmen von Vorstandsbezügen ab, der wiederum durch den Aufsichtsrat ausgearbeitet wird. Auch dürfte angesichts der erwähnten unveränderten Vergütungshöhe nach der Einführung eines Say on Pay-Beschlusses nicht zu erwarten sein, dass Hauptversammlungen ausschließlich Vergütungspolitiken billigen, die Aufsichtsräte in ihrer Gestaltungsfreiheit wesentlich einschränken.

Kommt es zu einem ablehnenden Votum der Vergütungspolitik, ist der Aufsichtsrat in der Lage, Vorstandsmitglieder weiterhin nach der bisherigen Praxis zu vergüten (Art. 9a Abs. 2 S. 3 Aktionärsrechterichtlinie). Zudem hat er in der nächsten Hauptversammlung die Möglichkeit und zugleich die Pflicht, die Hauptversammlung über eine überarbeitete Vergütungspolitik abstimmen zu lassen (Art. 9a Abs. 2 S. 3 Aktionärsrechterichtlinie). Gleichwohl muss an dieser Stelle berücksichtigt werden, dass es endlos bei der bisherigen Vergütungspraxis bleiben könnte.[552] Allerdings ist die Wahrscheinlichkeit, dass dieses Szenario eintritt, aufgrund der faktischen Wirkung eines ablehnenden Say on Pay-Beschlusses als eher gering einzustufen. Zudem ist ein solches Szenario auch bei einem fakultativen Votum über die Vergütungspolitik denkbar.[553]

Nicht recht greift außerdem der Einwand, Aufsichtsräte könnten bei einer verbindlichen Abstimmung über die Vergütungspolitik in dringenden Fällen nur durch die Vereinbarung einer Vorbehaltsklausel mit dem jeweiligen Vorstandskandidaten abweichen.[554] Denn die Aktionärsrechterichtlinie sieht vor, dass Aufsichtsräte bei außergewöhnlichen Umständen vorübergehend von der

550 Siehe dazu oben, 3. Teil, sub § 10, II. 2. c) aa).

551 *Behme,* BB 2019, 451, 455; *Gaul,* AG 2017, 178, 184; *Hommelhoff,* NZG 2015, 1329, 1333; *Lindemann/Heim,* JuS 2018, 1121, 1129.

552 *Lanfermann/Maul,* BB 2017, 1218, 1220.

553 *Lanfermann/Maul,* BB 2017, 1218, 1220.

554 Vgl. *Diekmann,* WM 2018, 796, 798; *Seibt,* DB 2014, 1910, 1912; *Verse,* NZG 2013, 921, 926.

durch die Hauptversammlung gebilligten Vergütungspolitik abweichen können (Art. 9a Abs. 4 Aktionärsrechterichtlinie).

Schließlich spricht für ein verbindliches Vergütungsvotum über die Vergütungspolitik, dass der Aufsichtsrat bei einem konsultativen Vergütungsvotum trotz nicht zu unterschätzender faktischer Wirkungen stets in der Lage ist, die Entscheidung der Hauptversammlung unberücksichtigt zu lassen. In Anbetracht dieser Gründe und den bei einer Abstimmung über eine künftige Vergütungspolitik nicht bestehenden Rückwirkungsproblemen ist daher eine verbindliche Wirkung zu befürworten.[555]

d) Verpflichtendes oder fakultatives Vergütungsvotum

An dritter und letzter Stelle stellt sich die Frage, ob die Durchführung eines Vergütungsvotums für börsennotierte Unternehmen verpflichtend oder fakultativ sein sollte. Auch dabei geht die Aktionärsrechterichtlinie über die geltende Rechtslage hinaus. § 120 Abs. 4 Satz 1 AktG a.F. sah ein fakultatives Vergütungsvotum vor. Die Aktionärsrechterichtlinie hingegen sieht sowohl für die Vergütungspolitik als auch für den Vergütungsbericht verpflichtende Say on Pay-Beschlüsse in regelmäßigen zeitlichen Abständen vor. Während der Vergütungsbericht der Hauptversammlung jährlich zur Abstimmung vorzulegen ist, muss die Hauptversammlung über die Vergütungspolitik bei jeder wesentlichen Änderung, spätestens jedoch alle vier Jahre beschließen.

Ein Blick auf die Entwicklungen nach der Einführung des fakultativen Vergütungsvotums im Zuge des VorstAG im Jahr 2009 zeigt, dass ein fakultativ abzuhaltender Say on Pay-Beschluss nicht empfehlenswert ist. Denn börsennotierte Unternehmen führten das fakultative Vergütungsvotum nicht in regelmäßigen Abständen durch. Selbst wenn in der darauffolgenden Hauptversammlungssaison zumindest ein Drittel aller im Prime Standard gelisteten Unternehmen ein Vergütungsvotum abhielten, war diese Zahl in den darauffolgenden Jahren stark rückläufig.[556] Das Problem eines fakultativen Vergütungsvotums besteht darin, dass es letztlich im Ermessen von Vorstand und Aufsichtsrat liegt, ob ein solches durchgeführt wird. Diese werden jedoch aufgrund des mit einem ablehnenden Vergütungsvotum verbundenen Reputationsschadens wohl kein Interesse daran haben, einen Say on Pay-Beschluss auf die Tagesordnung der

---

555 Wohl zustimmend *Bachmann/Pauschinger,* ZIP 2019, 1, 4; *Schmidt,* NZG 2018, 1201, 1203.

556 Siehe dazu *Eisenschmidt,* DB 2016, 2793 ff.; *Eulerich/Rapp/Wolff,* ZCG 2012, 69; *Velte,* NZG 2017, 368, 370.

Hauptversammlung zu setzen.[557] Aktionäre haben zwar die Möglichkeit, den Say on Pay-Beschluss auf die Tagesordnung der Hauptversammlung zu setzen, sofern sie das dafür notwendige Quorum erreichen (§ 122 Abs. 2 AktG). Allerdings dürften es Aktionäre aus zeitlichen und ökonomischen Gründen kaum anstreben, von dieser Möglichkeit Gebrauch zu machen.[558]

Für ein fakultatives Vergütungsvotum spricht auch nicht, dass Aufsichtsräte im Fall eines verpflichtenden Vergütungsvotums nicht mehr das Vertrauen von Aktionären für sich gewinnen können, indem sie aus eigener Initiative einen Say on Pay-Beschluss einleiten.[559] Denn es sollte nicht das Ziel eines Say on Pay-Beschlusses sein, dass Aufsichtsräte gelegentlich versuchen können, das Vertrauen der Aktionäre zu gewinnen. Stattdessen sollte ein Say on Pay-Beschluss der Kontrolle von Aufsichtsräten dienen und diese in regelmäßigen Abständen dazu anhalten, Vorstandsbezüge leistungs- und erfolgsabhängig festzusetzen. Daher ist es für einen effektiven Say on Pay-Beschluss notwendig, dass börsennotierte Unternehmen dazu verpflichtet sind, diesen in regelmäßigen Abständen durchzuführen.

Was die zeitlichen Abstände betrifft, in denen ein Vergütungsvotum durchgeführt werden sollte, können ebenfalls die Vorgaben der Aktionärsrechterichtlinie befürwortet werden. Es dürfte keinen Mehrwert bieten, die Hauptversammlung jährlich über eine unveränderte, bereits gebilligte Vergütungspolitik abstimmen zu lassen. Vielmehr sollte es ausreichen, wenn die Vergütungspolitik der Hauptversammlung bei wesentlichen Änderungen zur Abstimmung vorgelegt werden muss (Art. 9a Abs. 5 Satz 1 Aktionärsrechterichtlinie). Ferner ist es sinnvoll, wenn die Hauptversammlung über eine unveränderte Vergütungspolitik zumindest in größeren zeitlichen Abständen beschließen muss (Art. 9a Abs. 5 Satz 2 Aktionärsrechterichtlinie). Das sollte wirtschaftlichen Entwicklungen und möglichen Veränderungen in der Anteilseignerstruktur von börsennotierten Unternehmen Rechnung tragen.

Im Hinblick auf den Vergütungsbericht ist dagegen die von der Aktionärsrechterichtlinie vorgegebene jährliche Abstimmung vorteilhaft (Art. 9b Abs. 4 Satz 1

557 Vgl. *Döll,* WM 2010, 103, 109; *Drefahl,* BOARD 2015, 43, 44 f.; *Eisenschmidt,* DB 2016, 2793, 2794; *Fleischer/Bedowski,* AG 2009, 677, 685.

558 Vgl. *Arnold,* Steuerung des Vorstandshandelns, S. 150; *Baums,* ZIP 1995, 11; *Dauner-Lieb,* WM 2007, 9, 11; *Ferrarini/Moloney,* ECFR 2004, 251, 256; *Fleischer/Strothotte,* AG 2011, 221, 224 f.; *Harbarth,* NZG 2011, 368, 371; *Hoffmann-Becking,* ZHR 170 (2006), 2, 7; *Roth,* ZIP 2003, 369, 376; *Seibert,* FS Hommelhoff, 1111, 1113.

559 Vgl. *Döll,* WM 2010, 103, 108; *Velte,* EuZW 2013, 893, 898; *Verse,* NZG 2013, 921, 924.

Aktionärsrechterichtlinie).[560] Denn dadurch ist gewährleistet, dass Aufsichtsräte jährlich mit einem möglichen ablehnenden Vergütungsvotum konfrontiert werden. Mithin dürfte sie das eher dazu anhalten, leistungs- und erfolgsabhängige Vorstandsvergütungen festzusetzen, als wenn sie über einen längeren Zeitraum keine Kontrolle durch die Hauptversammlung zu befürchten hätten. Zwar wird einem verpflichtenden jährlichen Vergütungsvotum in der rechtswissenschaftlichen Literatur teilweise entgegengehalten, dass es keinen Sinn ergebe, über längerfristig laufende Vergütungsvereinbarungen von Vorstandsmitgliedern wiederholt abzustimmen.[561] Dabei wird jedoch verkannt, dass Anstellungsverträge von Vorstandsmitgliedern in der Regel unterschiedliche Laufzeiten haben. Ferner kann sich die personelle Besetzung des Vorstands kurzerhand ändern, was neue Vergütungsvereinbarungen erfordert.

e) Umsetzung der Aktionärsrechterichtlinie durch das ARUG II

Wie erwartet, führte die Umsetzung der Aktionärsrechterichtlinie durch das ARUG II zu den skizzierten Änderungen. Der Say on Pay-Beschluss ist nicht mehr wie bisher in § 120 Abs. 4 AktG a.F., sondern in einem neuen § 120a AktG geregelt. Entsprechend den Vorgaben der Aktionärsrechterichtlinie ist darin ein verpflichtendes Vergütungsvotum über die Vergütungspolitik[562] für Vorstandsmitglieder bei jeder wesentlichen Änderung der Vergütungspolitik, mindestens jedoch alle vier Jahre vorgesehen (§ 120a Abs. 1 Satz 1 AktG). In Bezug auf die Wirkung des Beschlusses über die Vergütungspolitik machte der Gesetzgeber von seinem Wahlrecht Gebrauch und entschied sich für eine rein konsultative Wirkung (§ 120a Abs. 1 Satz 2 AktG). Begründet wird das damit, dass die Vorgaben der Aktionärsrechterichtlinie behutsam in das deutsche Aktienrecht umgesetzt werden sollen.[563] Durch ein lediglich beratendes Vergütungsvotum verbleibe die Kompetenz zur Festsetzung und Entwicklung eines Systems für die

---

560 Vgl. Velte EuZW 2013, 893, 894; bejahend, aber nicht unbedingt als zwingend eingeschätzt *Lieder/Fischer,* ECFR 2011, 376, 414; ein jährliches Vergütungsvotum bereits eingeführt haben unter anderem Großbritannien, Frankreich, Niederlande und die Schweiz, siehe dazu *Drefahl,* BOARD 2015, 43, 45 f.

561 Vgl. *Eisenschmidt,* DB 2016, 2793, 2796; *Velte,* NZG 2017, 368, 370.

562 Während die Aktionärsrechterichtlinie den Begriff „Vergütungspolitik" verwendet, spricht das ARUG II synonym von „Vergütungssystem", vgl. oben sub Fn. 77.

563 Entwurf eines Gesetzes zur Umsetzung der zweiten Aktionärsrechterichtlinie (ARUG II) des Bundesministeriums der Justiz und für Verbraucherschutz vom 11.10.2018, S. 32.

Vorstandsvergütung weiterhin beim Aufsichtsrat.[564] Verkannt wird dabei, dass die Festsetzungskompetenz des Aufsichtsrats auch bei einem rechtlich verbindlichen Vergütungsvotum über die zukünftige Vergütungspolitik einer Gesellschaft nicht wesentlich beschnitten wird. Deshalb und unter Berücksichtigung der oben ausgeräumten Bedenken gegen ein rechtlich verbindliches Votum über die Vergütungspolitik[565] sollte ein Votum über die Vergütungspolitik mit lediglich konsultativer Wirkung weiter hinterfragt werden.[566] Anzuerkennen ist aber, dass auch die von einem konsultativen Votum über die Vergütungspolitik ausgehenden faktischen Wirkungen den bislang im Aktiengesetz vorgesehenen Say on Pay-Beschluss verbessern.[567]

Zu begrüßen ist die Umsetzung des Votums über den Vergütungsbericht. Denn entsprechend den bereits befürworteten Vorgaben der Aktionärsrechterichtlinie sieht der Gesetzentwurf ein jährlich abzuhaltendes Votum über den Vergütungsbericht mit konsultativer Wirkung vor (§ 120a Abs. 4 AktG). Auch das dürfte den bislang im Aktiengesetz vorgesehenen Say on Pay-Beschluss aufwerten.[568]

Kritisieren lässt sich hingegen die in der Aktionärsrechterichtlinie nicht vorgesehene, unmittelbar vor Abschluss des Gesetzgebungsverfahrens durch den Bundestag aufgenommene Herabsetzungsmöglichkeit der Maximalvergütung in § 87 Abs. 4 AktG.[569] Danach können Aktionäre unter den Voraussetzungen des § 122 Abs. 2 Satz 1 AktG erzwingen, dass die Hauptversammlung über die Herabsetzung der nach § 87a Abs. 1 Satz 2 Nr. 1 AktG festgesetzte Maximalvergütung der Vorstandsmitglieder beschließt. Wenn aber bereits eine Vergütungshöchstgrenze für Vorstandsmitglieder nicht zweckmäßig ist,[570] gilt das erst Recht für die davon abhängige Vorschrift des § 87 Abs. 4 AktG. Des Weiteren

---

564 Entwurf eines Gesetzes zur Umsetzung der zweiten Aktionärsrechterichtlinie (ARUG II) des Bundesministeriums der Justiz und für Verbraucherschutz vom 11.10.2018, S. 32.

565 Siehe dazu oben, 3. Teil, sub § 10, II. 2. c) bb).

566 In diese Richtung auch *Bachmann/Pauschinger,* ZIP 2019, 1, 4 f.; ebenfalls kritisch *Bayer,* DB 2018, 3034, 3038; a.A. *Behme,* BB 2019, 451, 455; DAV, NZG 2019, 12, 19.

567 Vgl. dazu auch *Anzinger,* ZGR 2019, 39, 82 f.; *Paschos/Goslar,* AG 2018, 857, 863.

568 Vgl. zur praktischen Umsetzung der Abstimmung der Hauptversammlung sowohl über die Vergütungspolitik als auch über den Vergütungsbericht die Beschlussvorschläge bei *Diekmann,* BB 2018, 3013 ff.

569 Beschlussempfehlung und Bericht des Ausschusses für Recht und Verbraucherschutz zum Entwurf eines Gesetzes zur Umsetzung der 2. Aktionärsrechterichtlinie (ARUG II) vom 13.11.2019, BT-Drs. 19/15153, S. 12.

570 Siehe oben, 3. Teil, sub § 8.

zielt die Vorschrift darauf ab, was es zu verhindern gilt. Nämlich, dass die oft als ungerecht empfundene Vergütungshöhe von Vorstandsmitgliedern zum Gegenstand der Hauptversammlung gemacht wird und zu unsachlichen Diskussionen führt.[571]

III. Zusammenfassung

Es hat sich gezeigt, dass ein Eingriff in die Vergütungskompetenz des Aufsichtsrats zielführend sein kann, um auf leistungs- und erfolgsabhängige Vergütungsstrukturen von Vorstandsmitgliedern hinzuwirken. Allerdings sollte ein solcher Eingriff eine gewisse Grenze nicht überschreiten. Abzusehen ist insbesondere davon, die Hauptversammlung in die konkrete Vergütungsentscheidung des Aufsichtsrats einzubinden oder ihr gar vollständig die Zuständigkeit für die Festsetzung von Vorstandsvergütungen zuzusprechen. Vielmehr sollte die konkrete Entscheidung über die Festsetzung von Vorstandsvergütungen beim Aufsichtsrat verbleiben.

Ein Say on Pay-Beschluss ist dagegen grundsätzlich geeignet, um in börsennotierten Unternehmen auf leistungs- und erfolgsabhängige Vorstandsvergütungen hinzuwirken. Allerdings hängen dessen Nutzen und Wirkung davon ab, auf welche Art und Weise ein solches Vergütungsvotum ausgestaltet ist. Diesbezüglich weist das bisher in § 120 Abs. 4 AktG a.F. verankerte Vergütungsvotum Defizite auf. Allerdings können die Neuerungen der Aktionärsrechterichtlinie und, mit Ausnahme des vorgesehenen konsultativ wirkenden Votums über die Vergütungspolitik, auch deren Umsetzung durch das ARUG II begrüßt werden.

Bei künftigen Überlegungen sollte der Fokus vor allem auf der Ausgestaltung des Vergütungsvotums liegen. Ziel sollte es dabei stets sein, dass börsennotierte Unternehmen ihren Aktionären den jeweiligen Abstimmungsgegenstand in einer möglichst transparenten Art und Weise darlegen müssen. Denn das dürfte Aufsichtsräte am ehesten dazu anhalten, Vorstandsmitglieder entsprechend ihren Aufgaben und Leistungen sowie entsprechend der Gesellschaftslage zu vergüten.

571 Siehe oben, 3. Teil, sub § 8, IV.

§ 11 Transparenzanforderungen für Vorstandsvergütungen

I. Einführung

Wie bereits herausgearbeitet, ist es bei einem Say on Pay-Beschluss notwendig, dass börsennotierte Unternehmen sowohl Vergütungspolitik als auch Vergütungsbericht für Aktionäre möglichst transparent offenlegen. Allerdings sollte man aufgrund des Zusammenhangs mit einem Say on Pay-Beschluss nicht vorschnell den Schluss ziehen, dass Publizitätsvorschriften lediglich eine verfahrensmäßige Begleiterscheinung darstellen. „*Publicity is justly commended as a remedy for social and industrial diseases*" lautet das von amerikanischen Gerichten vielfach zitierte Diktum von Justice *Luis D. Brandeis.*[572] Vor diesem Hintergrund stellt sich die Frage, ob Publizitätsvorschriften auch eine materielle Wirkung entfalten können.

Mit Blick auf die Vergütungen von Vorstandsmitgliedern börsennotierter Unternehmen bleibt damit nicht nur zu untersuchen, auf welche Art und Weise Publizitätspflichten ausgestaltet werden müssen, damit sie ihren Nutzen zur Durchführung eines Say on Pay-Beschlusses erfüllen. Vielmehr ist ebenfalls zu klären, ob eine Publizität von Vorstandsvergütungen selbst dazu beitragen kann, dass Aufsichtsräte Vorstandsmitglieder leistungs- und erfolgsabhängig vergüten und dabei eine nachhaltige und langfristige Unternehmensentwicklung berücksichtigen. Lässt sich die Möglichkeit einer materiellen Wirkung von Publizitätsvorschriften bejahen, könnte das einen Erkenntnisgewinn darüber liefern, auf welche Art und Weise Publizitätsvorschriften ausgestaltet werden sollten. Nachfolgend wird daher zunächst herausgearbeitet, ob aus Publizitätsvorschriften ein materieller Nutzen hinsichtlich der Ausgestaltung von Vorstandsvergütungen gezogen werden kann. Anschließend kann untersucht werden, inwieweit die geltenden Publizitätsvorschriften gesetzgeberischen Handlungsbedarf aufweisen und worauf bei der Festsetzung von Publizitätsvorschriften zu achten ist. Zeigen sich bei den geltenden Publizitätsvorschriften Defizite, könnten diese durch die anstehende Umsetzung der Aktionärsrechterichtlinie beseitigt werden. Als Grundlage dieser Untersuchung dient eine Darstellung der bislang

---

572 *Brandeis,* Other People's Money and How the Bankers Use It, S. 92; vgl. *Fleischer,* DB 2005, 1611; *Thüsing* in Fleischer (Hrsg.), Hdb. Vorstandsrecht, § 6 Rn. 104; *Thüsing,* ZIP 2005, 1389 f.

Publizitätsvorschriften und der Publizitätsvorgaben der Aktionärsrechterichtlinie, die nunmehr durch das ARUG II Einzug ins Aktiengesetz gefunden haben.

II. Materielle Wirkung von Publizitätsvorschriften

1. Kontrolle durch die Öffentlichkeit als treibender Faktor

Publizitätsvorschriften für Vorstandsvergütungen dürften sich dazu eignen, um auf leistungs- und erfolgsabhängige Vorstandsvergütungen hinzuwirken und Risikoanreize in den Vergütungsstrukturen von Vorstandsmitgliedern zu reduzieren. Erhalten Vorstandsmitglieder Vergütungszahlungen in einer Höhe, die außer Verhältnis zu ihren Aufgaben und Leistungen sowie der wirtschaftlichen Entwicklung des Unternehmens stehen, kann das zu einer starken medialen Aufmerksamkeit führen.[573] Der damit in der Regel verbundene öffentliche Druck zwingt Aufsichtsräte gewissermaßen dazu, die von ihnen getroffenen Vergütungsentscheidungen zu rechtfertigen.[574] Das dürfte ihnen in diesem Fall allerdings selten gelingen. Gelingt es Aufsichtsräten nicht, ihre Vergütungsentscheidung zu rechtfertigen, kann das ihr Ansehen in der Öffentlichkeit beeinträchtigen.

Da Aufsichtsratsmitglieder einen eigenen Reputationsverlust oftmals stärker fürchten als eine Verweigerung der Entlastung durch die Hauptversammlung,[575] dürfte sie die Kontrolle der Öffentlichkeit disziplinieren, wenn sie Vorstandsvergütungen festsetzen.[576] Mit anderen Worten werden Aufsichtsräte bei für jedermann transparent einsehbaren Vorstandsvergütungen wohl eher darauf achten, dass sie Vorstandsmitglieder entsprechend ihren Aufgaben und Leistungen sowie entsprechend der Gesellschaftslage vergüten.[577] Nichts anderes dürfte

---

573 Vgl. exemplarisch *Frühauf/Knop,* Ackermann und Jain liefern sich Gehaltsrennen, F.A.Z. vom 21.3.2012, S. 15; *Hank/Meck,* Millionen-Bonus für Winterkorn, F.A.Z. vom 10.4.2016, S. 1.

574 Vgl. *Arnold,* Steuerung des Vorstandshandelns, S. 153; *Baums,* ZHR 169 (2005), 299, 300; *Ferrarini/Moloney,* ECFR 2004, 251, 300 f.; *Iacobucci,* 48 U. Toronto L.J. 489, 518 (1998); *Thüsing,* ZIP 2005, 1389, 1390.

575 *Fleischer,* DB 2005, 1611, 1612; *Thüsing* in Fleischer (Hrsg.), Hdb. Vorstandsrecht, § 6 Rn. 105; *Thüsing,* ZIP 2005, 1389, 1390.

576 Vgl. *Baums,* ZHR 169 (2005), 299, 300; *Edmans/Gabaix/Jenter* in Hermalin/Weisbach (Hrsg.), The Handbook of the Economics of Corporate Governance, 383, 494; *Fleischer,* RIW 2010, 497, 500; *Iacobucci,* 48 U. Toronto L.J. 489, 501, 518 (1998).

577 Vgl. *Edmans/Gabaix/Jenter* in Hermalin/Weisbach (Hrsg.), The Handbook of the Economics of Corporate Governance, 383, 494; *Iacobucci,* 48 U. Toronto L.J. 489, 501, 503, 518 (1998).

für die Ausrichtung von Vergütungsanreizen in den Vorstandsverträgen gelten. Denn wenn riskante Geschäftsstrategien von Vorstandsmitgliedern zu Misserfolgen führen und Risikoanreize in den Vergütungsstrukturen von Vorstandsmitgliedern für diese Risikobereitschaft mitverantwortlich gemacht werden, kann auch das öffentliche Empörung auslösen und sich negativ auf die Reputation von Aufsichtsratsmitgliedern auswirken.

Um einen materiellen Nutzen gesetzlicher Vergütungsvorgaben zu erzielen, dürfte es jedoch von entscheidender Bedeutung sein, auf welche Art und Weise diese ausgestaltet sind. Die größte Wirkung auf das Verhalten von Aufsichtsräten sollte sich erreichen lassen, wenn börsennotierte Unternehmen Vorstandsvergütungen in einer möglichst umfassenden und für Aktionäre und die Öffentlichkeit transparenten Art und Weise offenlegen müssen.[578] Denn dadurch lässt sich am ehesten gewährleisten, dass leistungs- und erfolgsunabhängige Vorstandsvergütungen sowie vorwiegend auf kurzfristigen Erfolg ausgerichtete Vergütungssysteme von Vorstandsmitgliedern öffentliche Empörung auslösen.

Flankierend dazu dürfte eine detaillierte Offenlegung auch den Anlegerschutz verbessern. Denn ein Einblick in die individuellen Vorstandsvergütungen kann Kapitalanlegern einen Mehrwert bei ihrer Investitionsentscheidung bieten.[579] Empirisch widerlegt wurde dabei die gelegentlich geäußerte Kritik,[580] Kapitalanleger würden sich nicht für die einzelnen Bezüge von Vorstandsmitgliedern interessieren.[581] Denn aus der Art und Weise, wie einzelne Vorstandsmitglieder vergütet werden, lassen sich durchaus Rückschlüsse auf deren Führungsstil und auf die Investitionspolitik eines Unternehmens ziehen.

2. Keine durchgreifenden Bedenken gegen eine Transparenz von Vorstandsvergütungen

Die im Schrifttum geäußerten Bedenken gegen eine Publizität von Vorstandsvergütungen können nicht überzeugen. Danach ist insbesondere eine Offenlegung von individualisierten Vorstandsgehältern problematisch. Diese führe dazu,

---

578 Vgl. *Arnold,* Steuerung des Vorstandshandelns, S. 153; *Bebchuk/Fried,* Pay without Performance, S. 192 ff.; *Ferrarini/Moloney,* ECFR 2004, 251, 300 f.

579 Vgl. *Fleischer,* DB 2005, 1611, 1613; *Thüsing* in Fleischer (Hrsg.), Hdb. Vorstandsrecht, § 6 Rn. 105; *Thüsing,* ZIP 2005, 1389, 1390.

580 *Augsberg,* ZRP 2005, 105, 107; *Niedig/Sünner,* ZRP 2005, 39; *Wiesner,* BB 2003, 213, 214.

581 *Lo,* 35 J. Acct. & Econ. 285 ff. (2003); vgl. dazu auch *Baums,* ZHR 169 (2005), 299, 306; *Fleischer,* DB 2005, 1611, 1613.

dass sich Vorstandsvergütungen sukzessive erhöhen würden. Denn bei einer Veröffentlichung individualisierter Vorstandsvergütungen würden sich Vorstandsmitglieder an den Gehältern ihrer Kollegen orientieren. Das könne einen Wettbewerb um das höchste Gehalt auslösen.[582] Als Beleg dafür wird teilweise der in den neunziger Jahren erfolgte enorme Anstieg von Managergehältern in den USA angeführt.[583] Allerdings ist fraglich, ob sich dieser auf die dort geltenden umfassenden Publizitätspflichten zurückführen lässt. Vielmehr könnte der lange Aufwärtstrend an der Börse während der neunziger Jahre oder die Einführung aktienkursbasierter Vergütungsbestandteile zu Beginn der neunziger Jahre für diese Gehaltsentwicklung verantwortlich sein.[584] Abgesehen davon arbeiten Vorstandsmitglieder in der Regel mit Vergütungsberatern zusammen. Über diese dürften sie auch ohne eine Publizität von Vorstandsvergütungen in Erfahrung bringen können, in welcher Höhe ihre Kollegen vergütet werden.[585] Nicht zuletzt wird öffentliche Empörung als einer der Gründe dafür angesehen, weshalb der rasante Vergütungsanstieg in den USA im Jahr 2000 nicht weiter ging.[586] Diese könnte wiederum durch eine Offenlegung von Managergehältern ausgelöst worden sein.

Ebenfalls nicht recht greifen dürfte der Einwand, eine individualisierte Offenlegung von Vorstandsbezügen konterkariere leistungsgerechte Vorstandsvergütungen.[587] Danach könne öffentlicher Druck dazu führen, dass sich

582 *Arnold,* Steuerung des Vorstandshandelns, S. 152; *Ferrarini/Moloney,* ECFR 2004, 251, 302; *Gordon,* 30 J. Corp. L. 675, 698 (2005); *Schwark,* FS Raiser, 377, 385; vgl. dazu auch *Baums,* ZHR 169 (2005), 299, 305; *Fleischer,* DB 2005, 1611, 1612; *Hüffer* in Bayer/Habersack (Hrsg.), Aktienrecht im Wandel, Bd. II, Kap. 7 Rn. 72; *Iacobucci,* 48 U. Toronto L.J. 489, 510 ff. (1998); *Marsch-Barner,* FS Röhricht, 401, 407; *Thüsing* in Fleischer (Hrsg.), Hdb. Vorstandsrecht, § 6 Rn. 106.

583 *Arnold,* Steuerung des Vorstandshandelns, S. 152; *Baums,* ZHR 169 (2005), 299, 305; *Fleischer,* DB 2005, 1611, 1612; *Marsch-Barner,* FS Röhricht, 401, 407; *Thüsing,* DB 2003, 1612, 1613.

584 Vgl. zum Zusammenhang zwischen dem Bullenmarkt in den neunziger Jahren und Aktienoptionen *Arnold,* Steuerung des Vorstandshandelns, S. 152; *Baums,* ZHR 169 (2005), 299, 306; *Fleischer,* DB 2005, 1611, 1612; ausführlich zu den Problemen mit Aktienoptionen *Hall/Murphy,* 17 J. Econ. Persp. 49 ff. (2003); *Murphy,* 69 UCLA L. Rev. 847 ff. (2002).

585 *Baums,* ZHR 169 (2005), 299, 306.

586 *Bebchuk/Fried,* Pay without Performance, S. 74.

587 *Arnold,* Steuerung des Vorstandshandelns, S. 152 f.; *Hüffer* in Bayer/Habersack (Hrsg.), Aktienrecht im Wandel, Bd. II, Kap. 7 Rn. 72; *Jensen/Murphy,* 98 J. Pol. Econ. 225, 254 (1990); *Thüsing* in Fleischer (Hrsg.), Hdb. Vorstandsrecht, § 6 Rn. 106; *Thüsing,* ZIP 2005, 1389, 1391.

Vorstandsvergütungen nivellieren.[588] Es sei davon auszugehen, dass Unternehmen Spitzen bei den Vorstandsvergütungen vermeiden würden, um öffentliche Empörung zu verhindern.[589] Zugleich höben Unternehmen verhältnismäßig geringe Vorstandsgehälter an, damit Vorstandsmitglieder in der Öffentlichkeit nicht als zweitklassig abgestempelt werden könnten.[590] Im Ergebnis führe eine Offenlegung individualisierter Vorstandsbezüge daher erst recht dazu, dass Vorstandsmitglieder ungeachtet ihrer Aufgaben und Leistungen sowie der Gesellschaftslage vergütet würden.[591] Auch ob ein Vorstandsmitglied mit seiner Vergütung zufrieden sei, sei unter diesen Umständen von untergeordneter Bedeutung.[592]

Es dürfte jedoch näher liegen, dass eine Pflicht zur Offenlegung individualisierter Vorstandsvergütungen auf leistungs- und erfolgsabhängig ausgestaltete Vorstandsvergütungen hinwirkt.[593] Denn Aktionäre und die breite Öffentlichkeit akzeptieren eine hohe Vorstandsvergütung durchaus, wenn sich diese auf die Erfolge und Leistungen eines Vorstandsmitglieds sowie eine entsprechende positive Gesellschaftsentwicklung zurückführen lässt.[594] Mit anderen Worten, Aufsichtsräte haben vorwiegend dann einen Reputationsschaden zu befürchten, wenn Vorstandsgehälter offensichtlich außer Verhältnis zu den erbrachten Leistungen eines Vorstandsmitglieds beziehungsweise zur Gesellschaftslage stehen. Abgesehen davon sollten die Wirkungen einer Offenlegung individualisierter Vorstandsvergütungen nicht überschätzt werden.[595] Bezweifeln lässt sich vor

---

588 *Marsch-Barner*, FS Röhricht, 401, 407; *Thüsing* in Fleischer (Hrsg.), Hdb. Vorstandsrecht, § 6 Rn. 106; *Thüsing*, ZIP 2005, 1389, 1390 f.

589 *Arnold*, Steuerung des Vorstandshandelns, S. 152 f.; *Thüsing*, ZIP 2005, 1389, 1391; *Thüsing* in Fleischer (Hrsg.), Hdb. Vorstandsrecht, § 6 Rn. 106.

590 *Thüsing* in Fleischer (Hrsg.), Hdb. Vorstandsrecht, § 6 Rn. 106; *Thüsing*, ZIP 2005, 1389, 1391.

591 *Arnold*, Steuerung des Vorstandshandelns, S. 153; *Thüsing* in Fleischer (Hrsg.), Hdb. Vorstandsrecht, § 6 Rn. 106; *Thüsing*, ZIP 2005, 1389, 1391.

592 Vgl. *Thüsing* in Fleischer (Hrsg.), Hdb. Vorstandsrecht, § 6 Rn. 106; *Thüsing*, ZIP 2005, 1389, 1391.

593 *Bebchuk/Fried*, Pay without Performance, S. 194; *Ferrarini/Moloney*, ECFR 2004, 251, 301; *Iacobucci*, 48 U. Toronto L.J. 489, 503 ff. (1998); vgl. *Edmans/Gabaix/Jenter* in Hermalin/Weisbach (Hrsg.), The Handbook of the Economics of Corporate Governance, 383, 494.

594 Vgl. *Drefahl/Pelger*, BFuP 65 (2013), 444, 462; *Verse*, NZG 2013, 921, 925.

595 Vgl. *Arnold*, Steuerung des Vorstandshandelns, S. 153; *Fleischer*, RIW 2010, 497, 500; *Hüffer* in Bayer/Habersack (Hrsg.), Aktienrecht im Wandel, Bd. II, Kap. 7 Rn. 72.

allem, dass bereits gewöhnliche Gehaltsunterschiede zwischen Vorstandsmitgliedern öffentliche Kritik auslösen.

Des Weiteren kann eine Offenlegung individualisierter Vorstandsvergütungen auch nicht mit dem Argument als unnötig eingestuft werden, dass sich Aktionäre nicht für die einzelnen Bezüge von Vorstandsmitgliedern interessieren.[596] Selbst wenn sich Aktionäre in der Vergangenheit kaum für individuelle Vorstandsvergütungen interessiert haben sollten, könnte das auch auf eine intransparente Darstellung von Vorstandsvergütungen zurückzuführen sein. Verdeutlichen lässt sich das mit einem Blick auf die Publizitätspraktiken in *Corporations*. *Corporations* veröffentlichten Managervergütungen teilweise absichtlich in einer für Aktionäre und die Öffentlichkeit intransparenten Art und Weise.[597] Vergütungsexperten wurden speziell damit beauftragt, leistungs- und erfolgsabhängige Vergütungsbestandteile möglichst intransparent darzustellen.[598] Dadurch konnten Manager weiterhin von leistungs- und erfolgsunabhängigen Vergütungen profitieren, ohne dass sie oder die für deren Vergütung zuständigen Direktoren einen Reputationsverlust zu befürchten hatten.[599] Wenngleich unklar ist, ob solche Umstände auch in deutschen Aktiengesellschaften eintreten können, illustriert dieses Beispiel jedenfalls, welche Bedeutung eine Pflicht zur umfassenden und transparenten Offenlegung von Vorstandsbezügen für die Wirkung von Publizitätsvorschriften hat.

Deutlich wird die Notwendigkeit einer transparenten Offenlegung auch, wenn man bedenkt, dass es sich bei der Ausgestaltung von Vorstandsvergütungen ohnehin um ein komplexes Thema handelt, das für Aktionäre und erst recht für die breite Öffentlichkeit nur schwer verständlich ist.[600] Es dürfte nicht

---

596 Vgl. *Arnold*, Steuerung des Vorstandshandelns, S. 152; *Thüsing* in Fleischer (Hrsg.), Hdb. Vorstandsrecht, § 6 Rn. 105; *Thüsing*, ZIP 2005, 1389, 1390.

597 *Bebchuk/Fried*, Pay without Performance, S. 67 f., 192; *Bebchuk/Fried*, 17 J. Econ. Persp. 71, 78 f. (2003); *Bebchuk/Fried/Walker*, 69 UCLA L. Rev. 751, 788 f. (2002); *Edmans/Gabaix/Jenter* in Hermalin/Weisbach (Hrsg.), The Handbook of the Economics of Corporate Governance, 383, 468 f.

598 *Bebchuk/Fried*, Pay without Performance, S. 67, 192; *Bebchuk/Fried/Walker*, 69 UCLA L. Rev. 751, 789 ff. (2002).

599 *Bebchuk/Fried*, Pay without Performance, S. 67, 192; *Bebchuk/Fried/Walker*, 69 UCLA L. Rev. 751, 790 (2002); *Edmans/Gabaix/Jenter* in Hermalin/Weisbach (Hrsg.), The Handbook of the Economics of Corporate Governance, 383, 468; vgl. ferner *Ferrarini/Moloney*, ECFR 2004, 251, 299, 303.

600 Vgl. *Bayer*, DB 2018, 3034, 3042; *Bebchuk/Fried*, Pay without Performance, S. 37; *Bebchuk/Fried/Walker*, 69 UCLA L. Rev. 751, 772 (2002); *de Raet/Dörfler*, CCZ 2017, 253, 255; *Edmans/Gabaix/Jenter* in Hermalin/Weisbach (Hrsg.), The Handbook of the Economics of Corporate Governance, 383, 484; *Fleischer*, RIW 2010, 497, 500;

genügen, wenn börsennotierte Unternehmen Vorstandsvergütungen lediglich individualisiert offenlegen müssen. Vielmehr sollten diese zusätzlich verpflichtet sein, Vorstandsvergütungen und die dazugehörende Vergütungspolitik in einer verständlichen Art und Weise zu erläutern.[601]

Ist man dennoch der Meinung, dass sich Aktionäre selbst bei einer transparenten Offenlegung nicht für die Ausgestaltung von Vorstandsvergütungen interessieren, kann auch das Publizitätsvorschriften nicht ihren Nutzen absprechen. Denn ohnehin dürften vorwiegend öffentliche und vor allem mediale Aufmerksamkeit dazu beitragen, dass Aufsichtsräte Vorstandsmitglieder leistungs- und erfolgsabhängig vergüten sowie nicht ausschließlich für kurzfristigen Erfolg belohnen.[602]

Schließlich dürfte eine transparente Offenlegung von Vorstandsbezügen entgegen manchen Literaturstimmen[603] auch nicht gegen das Recht auf informationelle Selbstbestimmung von Vorstandsmitgliedern verstoßen.[604] Zwar greifen Publizitätsvorschriften in das Grundrecht auf informationelle Selbstbestimmung von Vorstandsmitgliedern ein,[605] jedoch ist dieser Eingriff in aller Regel gerechtfertigt.[606] Sicherlich sprechen beispielweise mögliche Friktionen zwischen Vorstandsmitgliedern dafür, finanzielle Ungleichbehandlungen von Vorstandsmitgliedern nicht publik zu machen.[607] Ein solches Geheimhaltungsinteresse dürfte jedoch hinter den mit einer Vergütungsregulierung verfolgten Regelungszielen[608] zurückstehen.

Habersack, NZG 2018, 127, 130, 134; *Heuchemer/Kloft*, WM 2010, 2241, 2248; *Kühnberger/Keßler*, AG 1999, 453, 455; *Wighardt/Berger*, NZG 2017, 1370, 1371.

601 Vgl. *Arnold*, Steuerung des Vorstandshandelns, S. 153; *Bebchuk/Fried*, Pay without Performance, S. 193 f.; *Thüsing* in Fleischer (Hrsg.), Hdb. Vorstandsrecht, § 6 Rn. 119.

602 Vgl. *Fleischer/Bedowski*, AG 2009, 677, 685; *Thüsing* in Fleischer (Hrsg.), Hdb. Vorstandsrecht, § 6 Rn. 105; *Thüsing*, ZIP 2005, 1389, 1390.

603 *Augsberg*, ZRP 2005, 105 ff.; *Menke/Porsch*, BB 2004, 2533 ff.; kritisch *Fleischer*, DB 2005, 1611, 1614 f.; *Hüffer* in Bayer/Habersack (Hrsg.), Aktienrecht im Wandel, Bd. II, Kap. 7 Rn. 72; *Thüsing* in Fleischer (Hrsg.), Hdb. Vorstandsrecht, § 6 Rn. 122 ff.; *Thüsing*, ZIP 2005, 1389, 1394 f.

604 Ausführlich zum grundrechtlichen Schutz gegen Veröffentlichungspflichten *Hesse*, Veröffentlichungspflicht für Vorstandsvergütung, S. 101 ff.

605 *Augsberg*, ZRP 2005, 105, 106; *Fleischer*, DB 2005, 1611, 1614 f.; *Menke/Porsch*, BB 2004, 2533, 2534; *Spindler*, NZG 2005, 689, 691; *Thüsing*, ZIP 2005, 1389, 1394 f.

606 Vgl. *Martens*, ZHR 169 (2005), 124, 150; *Spindler*, NZG 2005, 689, 692; *Thüsing*, ZIP 2005, 1389, 1394 f.; *van Kann*, DStR 2005, 1496, 1500.

607 *Jensen/Murphy*, 68 Harv. Bus. Rev. 138, 144 (1990); *Thüsing* in Fleischer (Hrsg.), Hdb. Vorstandsrecht, § 6 Rn. 106; *Thüsing*, ZIP 2005, 1389, 1390.

608 Siehe dazu oben, 2. Teil, sub § 4 VIII. und § 5 VI.

III. Bestehende Publizitätsvorschriften und Einfluss der Aktionärsrechterichtlinie durch das ARUG II

1. Allgemeine Publizitätspflichten

Es hat sich herausgestellt, dass Publizitätsvorschriften nicht nur der Durchführung eines Say on Pay-Beschlusses dienen, sondern auch eine materielle Wirkung auf die Ausgestaltung von Vorstandsvergütungen entfalten können. Wie bereits für einen effektiven Say on Pay-Beschluss ist es aber auch für eine materielle Wirkung von Publizitätsvorschriften notwendig, dass Vorstandsvergütungen möglichst transparent offengelegt werden müssen. Mit dieser Erkenntnis soll der Fokus nun auf die bestehenden Publizitätsvorgaben und die Vorgaben der Aktionärsrechterichtlinie gerichtet werden.

Bei den bestehenden Publizitätsvorschriften ist ebenfalls zwischen allgemeinen, für sämtliche Aktiengesellschaften geltenden und besonderen, speziell für den Finanzsektor geltenden Vorschriften zu unterscheiden. Die allgemeinen Publizitätsvorschriften sind im Wesentlichen innerhalb der Bilanzierungsvorschriften des Handelsgesetzbuchs geregelt. Gemäß § 285 Nr. 9 lit. a HGB müssen Unternehmen die Vorstandsmitgliedern für ihre Tätigkeit im Geschäftsjahr gewährten Gesamtbezüge im Anhang des Jahresabschlusses offenlegen. Nach der Definition des Gesetzes gehören dazu Gehälter, Gewinnbeteiligungen, Bezugsrechte und sonstige aktienbasierte Vergütungen, Aufwandsentschädigungen, Versicherungsentgelte, Provisionen und Nebenleistungen jeder Art (§ 285 Nr. 9 lit. a Satz 1 HGB). Einzurechnen sind auch Bezüge, die nicht ausgezahlt, sondern in Ansprüche anderer Art umgewandelt oder zur Erhöhung anderer Ansprüche verwendet werden (§ 285 Nr. 9 lit. a Satz 2 HGB). Zudem werden Bezüge erfasst, die im Geschäftsjahr gewährt, bisher aber in keinem Jahresabschluss angegeben wurden (§ 285 Nr. 9 lit. a Satz 3 HGB). Gemeint sind damit beispielsweise Nachvergütungen jeder Art oder Zahlungen, die sich auf einen unbestimmten Zeitraum beziehen.[609] Bezugsrechte und sonstige aktienbasierte Vergütungen sind mit ihrer Anzahl und dem beizulegenden Zeitwert zum Zeitpunkt ihrer Gewährung anzugeben. Spätere Wertveränderungen, die auf der Änderung der Ausübungsbedingungen beruhen, sind dabei zu berücksichtigen (§ 285 Nr. 9 lit. a Satz 4 HGB).

Börsennotierte Aktiengesellschaften müssen außerdem die Bezüge eines jeden Vorstandsmitglieds individualisiert und unter Namensnennung, aufgeteilt nach erfolgsunabhängigen und erfolgsbezogenen Komponenten sowie Komponenten

609 *Poelzig* in MüKoHGB, § 285 Rn. 153.

mit langfristiger Anreizwirkung, gesondert angeben (§ 285 Nr. 9 lit. a Satz 5 HGB a.F.[610]). Darunter fallen auch Leistungen, die einem Vorstandsmitglied für den Fall der regulären oder vorzeitigen Beendigung oder seiner Tätigkeit zugesagt wurden, sowie Leistungen, die einem früheren Vorstandsmitglied, das seine Tätigkeit im Laufe des Geschäftsjahrs beendet hat, in diesem Zusammenhang zugesagt und im Laufe des Geschäftsjahrs gewährt wurden (§ 285 Nr. 9 lit. a Satz 6 HGB a.F.[611]). Ebenfalls anzuführen sind Leistungen, die einem Vorstandsmitglied von einem Dritten im Hinblick auf seine Tätigkeit als Vorstandsmitglied zugesagt oder im Geschäftsjahr gewährt wurden (§ 285 Nr. 9 lit. a Satz 7 HGB a.F.[612]). Unterbleiben konnten die genannten individuellen Angaben allerdings, wenn es die Hauptversammlung mit einer Mehrheit beschloss, die mindestens drei Viertel des bei der Beschlussfassung vertretenen Grundkapitals umfasste (§ 286 Abs. 5 HGB a.F.[613], sog. „Opt-out-Beschluss").

Anzugeben sind außerdem die im Geschäftsjahr gewährten Gesamtbezüge an frühere Vorstandsmitglieder beziehungsweise ihre Hinterbliebenen (§ 285 Nr. 9 lit. b Satz 1 HGB) sowie die Vorstandsmitgliedern gewährten Vorschüsse und Kredite unter Angabe der Zinssätze, der wesentlichen Bedingungen und der gegebenenfalls im Geschäftsjahr zurückgezahlten oder erlassenen Beträge sowie die zugunsten dieses Vorstandsmitglieds eingegangenen Haftungsverhältnisse (§ 285 Nr. 9 lit. c HGB). Ferner sah § 289a Abs. 2 Satz 1 HGB a.F.[614] ergänzend zu den dargestellten Vorgaben des § 285 Nr. 9 HGB vor, dass börsennotierte Aktiengesellschaften im Lagebericht auf die „Grundzüge des Vergütungssystems" eingehen mussten.

Schließlich spricht der DCGK in Ziffer 4.2.5 Empfehlungen für die Offenlegung von Vorstandsvergütungen aus. Danach soll die Darstellung in allgemein verständlicher Form erfolgen. Ferner sollen die für das Berichtsjahr gewährten Zuwendungen einschließlich der Nebenleistungen, bei variablen Vergütungsbestandteilen ergänzt um die erreichbare Maximal- und Minimalvergütung, angegeben werden. Überdies soll der Zufluss für das Berichtsjahr aus Fixvergütung, kurzfristig variabler Vergütung und langfristig variabler Vergütung mit Differenzierung nach den einzelnen Bezugsjahren dargestellt werden. Außerdem ist

610 Nunmehr in § 161 Abs. 2 AktG geregelt.
611 Nunmehr in § 161 Abs. 2 AktG geregelt.
612 Nunmehr in § 161 Abs. 2 AktG geregelt.
613 Vorschrift wurde durch die Einführung des ARUG II ersatzlos gestrichen, vgl. unten, 3. Teil, sub § 11, III. 3.
614 Vorschrift wurde durch die Einführung des ARUG II ersatzlos gestrichen, vgl. unten, 3. Teil, sub § 11, III. 3.

der Versorgungsaufwand bei der Altersversorgung und sonstigen Versorgungsleistungen im beziehungsweise für das Berichtsjahr anzugeben.

2. Besondere Publizitätspflichten

Die zusätzlich für Institute geltenden besonderen Publizitätsvorschriften sind im Gegensatz zu den allgemeinen Vorgaben strenger ausgestaltet. Entsprechend ihren Strukturvorgaben liegt der InstitutsVergV auch hier ein komplexes System zugrunde, das hinsichtlich seiner Anforderung je nach Bedeutung und Größe der Institute abstuft. Die schärfsten Anforderungen gelten für CRR-Institute (§ 1 Abs. 3d Satz 3 KWG), die nach der InstitutsVergV als bedeutend anzusehen sind (§ 25n KWG).[615] Diese müssen sowohl die in den Mitgliedstaaten unmittelbar anwendbaren unionsrechtlichen Offenlegungspflichten nach Art. 450 CRR[616] als auch die Vorgaben gemäß § 16 Abs. 1 InstitutsVergV beachten. § 16 Abs. 2 InstitutsVergV zielt dagegen auf nicht bedeutende CRR-Institute ab, deren Bilanzsumme zu den jeweiligen Stichtagen in den letzten drei abgeschlossenen Geschäftsjahren durchschnittlich drei Milliarden Euro beträgt. Handelt es sich dagegen um ein Institut, das weder CRR-Institut noch bedeutend ist, sind Art. 450 CRR und § 16 InstitutsVergV (§ 1 Abs. 2 InstitutsVergV) nicht anwendbar. Unklar bleibt hingegen, ob § 16 Abs. 1 InstitutsVergV auch auf bedeutende Institute anwendbar ist, die keine CRR-Institute sind.[617] Der personelle Anwendungsbereich von Art. 450 CRR beschränkt sich wiederum auf die Vergütungspolitik und -praxis für Mitarbeiterkategorien, deren Tätigkeit sich wesentlich auf das Risikoprofil des Instituts auswirkt. Das dürfte bei Vorstandsmitgliedern aufgrund ihrer Leitungsfunktion regelmäßig zu bejahen sein.

Inhaltlich sieht Art. 450 CRR umfassende Publizitätspflichten vor. Beispielsweise müssen CRR-Institute Angaben zum Entscheidungsprozess, der zur Festlegung der Vergütungspolitik führt, sowie zur Zahl der Sitzungen des für die Vergütungsaufsicht verantwortlichen Hauptgremiums während des Geschäftsjahrs machen (Art. 450 Abs. 1 lit. a CRR). Ferner haben CRR-Institute anzugeben, inwiefern Vergütung und Erfolg bei von Vorstandsmitgliedern miteinander verknüpft sind (Art. 450 Abs. 1 lit. b CRR). Darüber hinaus müssen CRR-Institute

615 Vgl. zur Einstufung als bedeutendes Institut auch oben, 1. Teil, sub § 3, II. 1.

616 Verordnung (EU) Nr. 575/2013 Des Europäischen Parlaments und des Rates vom 26. Juni 2013 über Aufsichtsanforderungen an Kreditinstitute und Wertpapierfirmen und zur Änderung der Verordnung (EU) Nr. 646/2012 (Capital Requirements Regulation – CRR), ABl. 2013 L 176, 1.

617 Vgl. *Glasow* in Binder/Glos/Riepe (Hrsg.), Hdb. Bankenaufsichtsrecht, § 12 Rn. 147.

darlegen, welche Erfolgskriterien über Ansprüche auf Aktien, Optionen oder variable Vergütungskomponenten entscheiden (Art. 450 Abs. 1 lit. e CRR) und umfangreiche quantitative Angaben zu den Vergütungen machen (Art. 450 Abs. 1 lit. g, h CRR).[618]

§ 16 Abs. 1 InstitutsVergV sieht für bedeutende CRR-Institute unbeschadet der Anforderungen nach Art. 450 CRR ergänzend vor, dass diese ihre Vergütungssysteme darstellen und erläutern müssen, wie sie die qualitativen und quantitativen Anforderungen der InstitutsVergV erfüllen.[619] Im Fall wesentlicher Veränderungen in der Vergütungsstrategie sind diese Änderungen einschließlich ihrer Auswirkungen auf die jeweilige Zusammensetzung der variablen und fixen Vergütung anzugeben. Handelt es sich um ein nicht bedeutendes CRR-Institut, reduziert § 16 Abs. 2 InstitutsVergV die Transparenzanforderungen dahingehend, dass es ausreicht, wenn das Institut die von Art. 450 CRR geforderten Informationen aufgeschlüsselt nach Geschäftsbereichen offenlegt. Die Art und Weise der Offenlegung ist in § 16 Abs. 3 und 4 InstitutsVergV geregelt. Danach hängt der Detaillierungsgrad der zu veröffentlichenden Informationen von der Größe und Vergütungsstruktur des Instituts sowie von Art, Umfang, Risikogehalt und der Internationalität seiner Geschäftsaktivitäten ab.[620] Zudem sind die von § 16 Abs. 1 und 2 InstitutsVergV geforderten Informationen zusammen mit den Angaben gemäß Art. 450 CRR in deutscher Sprache sowie in verständlicher und transparenter Form offenzulegen.

Für Versicherungsunternehmen bleiben die besonderen Publizitätsvorgaben dagegen überschaubar. Diese sind abstrakt ausgestaltet und beschränken sich für die meisten Versicherungsunternehmen darauf, dass die Vergütungspolitik sämtlichen Personalangehörigen des Versicherungsunternehmens offenzulegen ist (Art. 275 lit. g Solvency II-VO[621]). Sollten Versicherungsunternehmen ausnahmsweise nicht in den Anwendungsbereich der Solvency II-VO fallen, haben sie in geeigneter Form einen jährlichen Vergütungsbericht zu veröffentlichen,

---

618 Vgl. zu den Anforderungen gemäß Art. 450 CRR auch EBA, Leitlinien für eine solide Vergütungspolitik gemäß Art. 74 Abs. 3 und Art. 75 Abs. 2 der Richtlinie 2013/36/EU und Angaben gemäß Artikel 450 der Verordnung (EU) Nr. 575/2013 vom 27.6.2016 (EBA/GL/2015/22), Rn. 286 ff.; *Wolfgarten* in BFS-KWG, § 16 InstitutsVergV Rn. 7 ff.

619 BaFin, Auslegungshilfe zur InstitutsVergV, § 16 Abs. 1.

620 BaFin, Auslegungshilfe zur InstitutsVergV, § 16 Abs. 1.

621 Delegierte Verordnung (EU) 2015/35 der Kommission vom 10.10.2014 zur Ergänzung der Richtlinie 2009/138/EG des Europäischen Parlaments und des Rates betreffend die Aufnahme und Ausübung der Versicherungs- und Rückversicherungstätigkeit (Solvabilität II), ABl. 2015 L 12, 1.

der insbesondere Angaben zur Vergütungspolitik und zu den Vergütungsstrukturen einschließlich des Anteils der variablen Vergütung enthalten muss (§ 4 Abs. 8 VersVergV[622]).

3. Änderungen der Publizitätsvorschriften infolge der Umsetzung der Aktionärsrechterichtlinie durch das ARUG II

Die Umsetzung der Aktionärsrechterichtlinie durch das ARUG II führte zu Änderungen bei den allgemein geltenden Publizitätsvorschriften. Denn nach den Vorgaben des ARUG II[623] müssen börsennotierte Gesellschaften Vergütungspolitik und Vergütungsbericht nicht nur festlegen beziehungsweise erstellen und der Hauptversammlung zur Abstimmung vorlegen, sondern zugleich kostenfrei auf ihrer Website veröffentlichen (Art. 9a Abs. 7, 9b Abs. 5 Satz 1 Aktionärsrechterichtlinie beziehungsweise §§ 120a Abs. 2, 162 Abs. 4 AktG).

Die Vorgaben der Aktionärsrechterichtlinie über die Angaben zur Vergütungspolitik von Vorstandsmitgliedern (Art. 9a Abs. 6 Aktionärsrechterichtlinie) sind nunmehr in § 87a Abs. 1 Satz 2 AktG geregelt.[624] Danach müssen die Maximalvergütung der Vorstandsmitglieder festgelegt sowie der Beitrag der Vergütung zur Förderung der Geschäftsstrategie und zur langfristigen Entwicklung der Gesellschaft beschrieben werden. Ferner sind alle festen und variablen Vergütungsbestandteile sowie der jeweils relative Anteil der Vergütungsbestandteile an der Vergütung auszuweisen. Außerdem müssen alle finanziellen und nichtfinanziellen Leistungskriterien für die Gewährung variabler Vergütungsbestandteile dargestellt werden. In diesem Zusammenhang muss auch erläutert werden, wie die Leistungskriterien zur Förderung der Geschäftsstrategie und einer langfristigen Entwicklung der Gesellschaft beitragen, und es müssen Methoden dargestellt werden, wie das Erreichen der Leistungskriterien festgestellt wird. Im Fall einer aktienbasierten Vergütung sind Wartefristen für deren Zuteilung und Bedingungen für das Halten von Aktien nach deren Erwerb anzugeben. Zudem

---

622 Verordnung über die aufsichtsrechtlichen Anforderungen an Vergütungssysteme im Versicherungsbereich (Versicherungs-Vergütungsverordnung – VersVergV) vom 18.4.2016, BGBl. I S. 763.

623 Gesetz zur Umsetzung der zweiten Aktionärsrechterichtlinie (ARUG II) vom 12.12.2019, BGBl. I S. 2637; Entwurf eines Gesetzes zur Umsetzung der zweiten Aktionärsrechterichtlinie (ARUG II) des Bundesministeriums der Justiz und für Verbraucherschutz vom 11.10.2018; vgl. dazu auch *Anzinger*, ZGR 2019, 39, 69 ff.

624 Entwurf eines Gesetzes zur Umsetzung der zweiten Aktionärsrechterichtlinie (ARUG II) des Bundesministeriums der Justiz und für Verbraucherschutz vom 11.10.2018, S. 7 f.

müssen vergütungsbezogene Rechtsgeschäfte angeführt werden, die im Zusammenhang mit der Beendigung der Vorstandstätigkeit stehen. Ferner ist zu erläutern, wie die Vergütungs- und Beschäftigungsbedingungen der Arbeitnehmer bei der Festsetzung der Vergütungspolitik berücksichtigt wurden. Schließlich muss das Verfahren zur Fest- und Umsetzung sowie Überprüfung der Vergütungspolitik dargestellt werden.

Die Vorgaben der Aktionärsrechterichtlinie über die Darstellung des Vergütungsberichts (Art. 9b Abs. 1 Aktionärsrechterichtlinie) sind in § 162 AktG normiert.[625] § 162 Abs. 1 Satz 1 AktG bestimmt zunächst allgemein, dass der Vergütungsbericht die einem jeden Vorstandsmitglied gewährte oder geschuldete Vergütung ausweisen muss. § 162 Abs. 1 Satz 2 AktG geht ins Detail und macht konkrete Vorgaben über einzelne Vergütungsbestandteile und Vergütungsvereinbarungen, die jeweils unter Namensnennung der Vorstandsmitglieder in den Vergütungsbericht aufgenommen werden müssen. Erfasst werden alle festen und variablen Vergütungsbestandteile sowie deren jeweiliger relativer Anteil an der Vergütung. Zudem ist zu erläutern, wie die Vergütungsbestandteile der Vergütungspolitik entsprechen, wie die Vergütung die langfristige Leistungsentwicklung der Gesellschaft fördert und wie die Leistungskriterien angewendet wurden. Außerdem muss der Vergütungsbericht eine vergleichende Darstellung über die jährliche Veränderung der Vergütung, die Ertragsentwicklung der Gesellschaft sowie die durchschnittliche Vergütung von Vollzeitarbeitnehmern der letzten fünf Jahre enthalten. Ferner sind die Anzahl der gewährten oder angebotenen Aktien und Aktienoptionen einschließlich der wichtigsten Bedingungen für die Ausübung der damit verbundenen Rechte im Vergütungsbericht anzugeben. Überdies müssen Angaben darüber gemacht werden, ob und wie variable Vergütungsbestandteile zurückgefordert wurden und ob ausnahmsweise von der Vergütungspolitik abgewichen wurde. Des Weiteren ist zu erläutern, wie dem Beschluss der Hauptversammlung über den Vergütungsbericht des Vorjahres Rechnung getragen und wie die festgelegte Maximalvergütung der Vorstandsmitglieder eingehalten wurde. Nicht zuletzt müssen Leistungen, die Vorstandsmitgliedern von Dritten im Hinblick auf ihre Vorstandstätigkeit sowie Leistungen, die diesen im Zusammenhang mit einer Beendigung der Vorstandstätigkeit zugesagt oder gewährt wurden, für jedes Vorstandsmitglied individualisiert angeben werden (§ 162 Abs. 2 AktG).

---

625 Entwurf eines Gesetzes zur Umsetzung der zweiten Aktionärsrechterichtlinie (ARUG II) des Bundesministeriums der Justiz und für Verbraucherschutz vom 11.10.2018, S. 17 f.; vgl. dazu auch vgl. dazu auch *Anzinger*, ZGR 2019, 39, 84 ff.

Zu beachten ist, dass sowohl die Vorgaben des ARUG II über die Vergütungspolitik als auch den Vergütungsbericht rein deskriptiv zu verstehen sind. Dementsprechend stellen sie keine Anforderungen an die materielle Ausgestaltung der Vorstandsvergütung. Vielmehr richtet sich die Festsetzung der Vorstandsvergütung weiterhin nach § 87 AktG.[626]

Aufgehoben wurden im Zuge der Einführung des ARUG II die im Handelsgesetzbuch vorgesehenen Vorgaben über eine Offenlegung individualisierter Vorstandsvergütungen (§ 285 Nr. 9 lit. a Satz 5 bis 8 HGB a.F.), die Vorschrift über den Opt-out-Beschluss (§ 286 Abs. 5 HGB a.F.) und die Vorgabe über die Darstellung der „Grundzüge des Vergütungssystems" (§ 289a Abs. 2 HGB a.F.).

IV. Gesetzgeberischer Handlungsbedarf bei den bislang geltenden Publizitätsvorschriften und teilweise Aufwertung durch das ARUG II

1. Allgemeine Publizitätsvorschriften

Führt man sich die bislang geltenden Publizitätsvorschriften vor Augen, stellt sich die Frage, inwieweit diese darauf hinwirkten, dass Vorstandsvergütungen umfassend und möglichst transparent offengelegt werden mussten. Bei den allgemeinen Vorschriften kann die mit dem VorstOG eingeführte Pflicht zur Offenlegung individualisierter Vorstandsvergütungen als solche befürwortet werden.[627] Denn dadurch mussten börsennotierte Unternehmen Vorstandsvergütungen fortan detaillierter offenlegen.

Gleichwohl ließen sich die allgemeinen Publizitätsvorschriften kritisieren und wiesen gesetzgeberischen Handlungsbedarf auf. Die Vorschriften waren an diversen Stellen zu abstrakt gehalten, was wohl nicht gerade dazu führte, dass Vorstandsvergütungen in einer klar und verständlichen Art und Weise offengelegt werden mussten.[628] Vor allem dürften börsennotierte Unternehmen kaum dazu angehalten werden können, Vorstandsvergütungen klar und verständlich offenzulegen, wenn ihnen selbst unklar ist, wie Publizitätsvorschriften zu

626 Entwurf eines Gesetzes zur Umsetzung der zweiten Aktionärsrechterichtlinie (ARUG II) des Bundesministeriums der Justiz und für Verbraucherschutz vom 11.10.2018, S. 67, 99; vgl. dazu auch *Bungert/Berger*, DB 2018, 2801, 2802.

627 So auch *Lutter*, ZIP 2003, 733, 741; wohl ebenfalls zustimmend *Bebchuk/Fried*, Pay without Performance, S. 192 ff.; *Ferrarini/Moloney*, ECFR 2004, 251, 300 f.; kritisch *Thüsing*, ZIP 2005, 1389, 1390 f.

628 Siehe dazu auch *Thüsing*, ZIP 2005, 1389, 1391 f.

verstehen sind. Nebulös war bei den Publizitätsvorschriften insbesondere die bereits bei der Frage der Festsetzungskompetenz kritisierte Vorgabe,[629] dass börsennotierte Aktiengesellschaften im Lagebericht auf die „Grundzüge des Vergütungssystems" eingehen müssen (§ 289a Abs. 2 HGB a.F.). An dieser Stelle wäre es sachdienlich gewesen, wenn der deutsche Gesetzgeber den Begriff „Grundzüge" konkretisiert hätte.[630] Auch hinsichtlich der regelmäßig schwer verständlichen aktienkursbasierten Vergütungsbestandteile machen die allgemeinen Publizitätsvorschriften vage Angaben (§ 285 Nr. 9 lit. a Satz 4 HGB). Für eine höhere Transparenz wäre es hier angebracht, auch anderweitige Wertveränderungen einzuschließen, wie beispielsweise solche durch *windfall profits*.[631] Des Weiteren mag die grobmaschige Unterteilung in erfolgsunabhängige und erfolgsbezogene Komponenten sowie Komponenten mit langfristiger Anreizwirkung (§ 285 Nr. 9 lit. a Satz 5 HGB a.F.) für Unternehmen wohl eine praktikable Lösung gewesen sein.[632] Allerdings dürfte auch das nicht zu transparenten Vorstandsvergütungen beigetragen haben.

2. Besondere Publizitätsvorschriften

Die für Institute geltenden strenger ausgestalteten Publizitätsvorschriften dürften im Gegensatz zu den allgemeinen Vorgaben eher dazu beitragen, dass Vorstandsvergütungen transparent offengelegt werden müssen. Allerdings weisen auch diese gesetzgeberischen Handlungsbedarf auf. Allem voran sollte der Anwendungsbereich der InstitutsVergV klar gefasst werden. Denn der abgestufte und unübersichtliche Anwendungsbereich dürfte dem Rechtsanwender nicht nur dann Probleme bereiten, wenn es sich um ein bedeutendes Institut handelt, das kein CRR-Institut ist. Darüber hinaus lassen sich auch die Publizitätsvorschriften der InstitutsVergV inhaltlich beanstanden. Namentlich die Regelung, dass es beim Detaillierungsgrad der zu veröffentlichenden Informationen auf die individuellen Verhältnisse eines Instituts ankommt (§ 16 Abs. 3 InstitutsVergV), eröffnet Instituten einen weiten Ausgestaltungsspielraum. Denn es ist eine Sache der Auslegung und damit kaum überprüfbar, wann Vorstandsvergütungen derart detailliert veröffentlicht sind, dass sie den individuellen Verhältnissen eines

---

629 Siehe oben, 3. Teil, sub § 10, II. 2. b).

630 *Thüsing* in Fleischer (Hrsg.), Hdb. Vorstandsrecht, § 6 Rn. 119; *Thüsing*, ZIP 2005, 1389, 1393.

631 *Thüsing* in Fleischer (Hrsg.), Hdb. Vorstandsrecht, § 6 Rn. 111; *Thüsing*, ZIP 2005, 1389, 1392.

632 Vgl. *Thüsing*, ZIP 2005, 1389, 1392.

Instituts gerecht werden. Dementsprechend kann eine solche Regelung weder einen einheitlichen Standard gewährleisten noch sicherstellen, dass Institute Vorstandsvergütungen durchweg transparent offenlegen.

Keinen Mehrwert gegenüber den allgemeinen Vorgaben lassen hingegen die speziell für Versicherungsunternehmen geltenden Publizitätsvorgaben erkennen. Denn diese sind zu knapp und abstrakt gehalten, um auf eine transparente Offenlegung von Vorstandsvergütungen hinwirken zu können.

3. Verbesserung der allgemeinen Publizitätsvorschriften infolge der Umsetzung der Aktionärsrechterichtlinie durch das ARUG II

Die Umsetzung der Aktionärsrechterichtlinie durch das ARUG II hat zumindest die allgemein geltenden Publizitätsvorschriften aufgewertet. Denn gegenüber den bislang allgemein geltenden Publizitätsvorgaben sind die Vorgaben über die Darstellung der Vorstandsvergütungen in Vergütungspolitik und Vergütungsbericht umfassender und präziser ausgestaltet. Zu begrüßen ist auch, dass die Vorschrift des § 286 Abs. 5 HGB a.F. ersatzlos gestrichen wurde. Dadurch können sich börsennotierte Gesellschaften künftig nicht mehr im Wege eines Opt-Out-Beschlusses der Pflicht zur Offenlegung individualisierter Vorstandsvergütungen entziehen. In diesem Zusammenhang darf die Aufhebung der in § 285 Nr. 9 lit. a Satz 5 bis 8 HGB geregelten Pflicht zur Offenlegung individualisierter Vorstandsvergütungen nicht dahin verstanden werden, dass Vorstandsvergütungen nicht mehr individualisiert veröffentlicht werden müssen. Denn diese Vorschriften wurden im Zuge der Einführung des ARUG II nahezu inhaltsgleich in § 162 Abs. 2 AktG übernommen.[633] Zu befürworten ist ferner die Streichung des § 289a Abs. 2 HGB. Dadurch ist für börsennotierte Gesellschaften die unklare Vorgabe entfallen, im Lagebericht auf die „Grundzüge des Vergütungssystems“ einzugehen. Mit der Vergütungspolitik und dem Vergütungsbericht wird der Gegenstand der Offenlegung von Vorstandsvergütungen künftig aller Voraussicht nach eindeutig benannt und im Gegensatz zu den „Grundzügen des Vergütungssystems“ auch präzisiert.

633 Vgl. Entwurf eines Gesetzes zur Umsetzung der zweiten Aktionärsrechterichtlinie (ARUG II) des Bundesministeriums der Justiz und für Verbraucherschutz vom 11.10.2018, S. 102 f.

V. Zusammenfassung

Festzuhalten ist, dass Publizitätsvorschriften nicht lediglich der Durchführung eines Say on Pay-Beschlusses dienen. Vielmehr können diese auch auf materieller Ebene dazu beitragen, dass Aufsichtsräte Vorstandsmitglieder leistungs- und erfolgsabhängig vergüten und über Vergütungsanreize nicht ausschließlich dazu anhalten, kurzfristige Erfolgsziele zu verfolgen. Damit Publizitätsvorschriften allerdings eine materielle Wirkung entfalten können, müssen diese börsennotierte Unternehmen dazu verpflichten, Vorstandsvergütungen für Aktionäre und die Öffentlichkeit in einer möglichst transparenten Art und Weise offenzulegen. Werden Vorstandsvergütungen intransparent veröffentlicht, geht das nicht nur zu Lasten einer materiellen Wirkung, sondern beeinträchtigt außerdem die Effektivität und Aussagekraft des Say on Pay-Beschlusses.

Bei der inhaltlichen Ausgestaltung von Publizitätsvorschriften sollte mit Abstufungen in der Regelungsdichte und -tiefe je nach Größe, Bedeutung und Geschäftstätigkeit eines Unternehmens vorsichtig umgegangen werden. Es sollte möglichst ausgeschlossen sein, dass Publizitätsvorschriften börsennotierten Unternehmen bei der Umsetzung Probleme bereiten. Ansonsten dürften Publizitätsvorschriften kaum dazu beitragen können, dass börsennotierte Unternehmen Vorstandsvergütungen transparent und einheitlich offenlegen. Sicherlich gilt es auch bei der Frage einer Ausgestaltung von Publizitätsvorschriften zu beachten, dass im Finanzsektor aufgrund des schutzwürdigen Interesses an einem stabilen und funktionsfähigen Finanzsystem besonderer Regulierungsbedarf besteht. Allerdings sollte das bereits auf der Ebene des Umfangs einer Offenlegung geklärt werden. Entscheidet sich der Gesetzgeber – wie er es sinnvollerweise tat – dafür, dass sämtliche börsennotierte Aktiengesellschaften die Bezüge ihrer Vorstandsmitglieder individualisiert offenlegen müssen, sollte auch an dieser Stelle auf eine möglichst transparente Offenlegung hingewirkt werden. Neben einer präzisen Ausgestaltung von Publizitätsvorschriften dürfte es für transparente Vorstandsvergütungen vor allem vorteilhaft sein, wenn Unternehmen die Vergütungen ihrer Vorstandsmitglieder nicht nur offenlegen, sondern zugleich erläutern müssen.

4. Teil Eingriffsbefugnisse und Sanktionen als Regulierungsmittel

§ 12 Nachträgliche Herabsetzung der Vorstandsvergütung durch die Gesellschaft

I. Einführung

Die bereits diskutierten Gestaltungsmöglichkeiten bei einer Vergütungsregulierung haben im Wesentlichen gemein, dass sie darauf abzielen, Aufsichtsräte bereits bei der Festsetzung von Vorstandsvergütungen zu beeinflussen. Nunmehr gilt es jedoch, den Blick auf vergütungsregulierende Maßnahmen zu richten, anhand derer in Vorstandsvergütungen einseitig und nachträglich eingegriffen werden kann. Ein solches Eingriffsmittel ist § 87 Abs. 2 AktG. Diese Vorschrift ermöglicht es Aufsichtsräten, die Vergütungen von Vorstandsmitgliedern nachträglich auf ein angemessenes Maß herabzusetzen, wenn sich die Gesellschaftslage derart verschlechtert, dass die Weitergewährung der Vorstandsbezüge nach § 87 Abs. 1 AktG unbillig wäre.

Mit Blick auf die mit einer Vergütungsregulierung verfolgten Regelungsziele stellt sich auch hier die Frage, ob und inwieweit sich die Herabsetzungsvorschrift dazu eignet, leistungs- und erfolgsunabhängige Vorstandsvergütungen sowie vorwiegend auf kurzfristigen Erfolg ausgerichtete Vergütungsstrukturen von Vorstandsmitgliedern zu verhindern. Bei der Antwort auf diese Frage sollte angesichts der Entstehungsgeschichte von § 87 Abs. 2 AktG nicht vorschnell der Schluss gezogen werden, dass die Herabsetzungsvorschrift für die mit einer Vergütungsregulierung verfolgten Regelungsziele bedeutungslos ist. Sicherlich ist die Aufnahme der Herabsetzungsvorschrift ins Aktiengesetz von 1937 mit der Weltwirtschaftskrise von 1929 bis 1931 und der nationalsozialistischen Ideologie wirtschaftlichen und politischen Umständen geschuldet.[634] Allerdings spricht die Neufassung der Vorschrift im Zuge der Einführung des VorstAG dafür,[635] dass die Herabsetzungsvorschrift auch heute noch ihre Daseinsberechtigung hat und dazu beitragen kann, auf die mit einer Vergütungsregulierung verfolgten Regelungsziele hinzuwirken.

634 Siehe dazu oben, 1. Teil, sub § 2, I. 1.

635 Siehe dazu oben 1. Teil, sub § 2, IV.

II. Zweckmäßigkeit von § 87 Abs. 2 AktG

Um einen etwaigen Nutzen der aktienrechtlichen Herabsetzungsvorschrift aufzeigen zu können, ist es zunächst sinnvoll, sich nochmals deren Sinn und Zweck vor Augen zu halten. Ursprünglich war die aktienrechtliche Herabsetzungsvorschrift als absolute Ausnahmeregelung konzipiert. Diese sollte verhindern, dass Vorstandsmitglieder hohe Vergütungszahlungen selbst dann erhielten, wenn sich die von ihnen geleitete Gesellschaft in einer akuten wirtschaftlichen Notlage befand. Um den Ausnahmecharakter der Vorschrift zu erkennen, war es nicht nötig, sich mit ihrer Entstehungsgeschichte auseinanderzusetzen. Denn der Wortlaut gab das mit den beiden Voraussetzungen der „wesentlichen Verschlechterung in den Verhältnissen der Gesellschaft" und der „schweren Unbilligkeit für die Gesellschaft" bereits klar zu erkennen. Doch auch wenn die beiden konkretisierenden Adjektive „wesentlich" und „schwer" mit der Einführung des VorstAG gestrichen wurden, sollte sich am Ausnahmecharakter der Herabsetzungsvorschrift nichts ändern. Denn mit der Neufassung zielte der deutsche Gesetzgeber darauf ab, die Voraussetzungen der Vorschrift klarer und schärfer zu fassen, um dadurch Aufsichtsräten den Umgang mit der Herabsetzungsvorschrift zu erleichtern.[636] Daher ist auch heute noch eine krisenartige Zuspitzung der wirtschaftlichen Lage einer Gesellschaft vonnöten, damit Aufsichtsräte die Bezüge von Vorstandsmitgliedern gemäß § 87 Abs. 2 AktG herabsetzen können.[637]

Durch diese Einschränkung ist der Nutzen der Herabsetzungsvorschrift hinsichtlich der mit einer Vergütungsregulierung verbundenen Regelungsziele überschaubar. Denn in der Praxis ist der Regelfall keineswegs der, dass Unternehmen durch leistungs- und erfolgsunabhängige Vorstandsvergütungen oder gar die Höhe von Vorstandsvergütungen in ihrer Existenz bedroht werden. Vielmehr sind insbesondere die im DAX30 gelisteten Unternehmen in ihrem Bestand regelmäßig derart gefestigt, dass selbst grobe Fehltritte von Vorstandsmitgliedern allenfalls unwesentliche Zweifel am wirtschaftlichen Fortbestehen eines solchen Unternehmens aufkommen lassen. Darüber hinaus sollte der Einfluss der Leistung eines einzelnen Vorstandsmitglieds auf die wirtschaftliche

---

636 Entwurf eines Gesetzes zur Angemessenheit der Vorstandsvergütung (VorstAG) der Fraktionen CDU/CSU und SPD vom 17.3.2009, BT-Drs. 16/12278, S. 6; *Fleischer,* NZG 2009, 801, 803 f.; *Klöhn,* ZGR 2012, 1, 4; *Wagner/Wittgens,* BB 2009, 906, 910.

637 Vgl. *Bauer/Arnold,* AG 2009, 717, 725; *Dauner-Lieb,* Der Konzern 2009, 583, 589; DIHK, NZG 2009, 538, 539; *Diller,* NZG 2009, 1006 f.; *Fleischer,* NZG 2009, 801, 804; *Gaul/Janz,* NZA 2009, 809, 812 („äußerster Notbehelf"); *Koch,* WM 2010, 49, 52.

Lage eines Unternehmens nicht überbewertet werden. Schließlich handelt es sich bei Vorständen börsennotierter Unternehmen heutzutage regelmäßig um ein mehrköpfiges Gremium. Daher ist es durchaus möglich, dass ein Unternehmen prosperiert, obwohl ein einzelnes Vorstandsmitglied mit seinen Leistungen hinter den Erwartungen zurückbleibt. In all diesen Fällen ist das Postulat der wirtschaftlichen Notlage nicht erfüllt. Das bedeutet, es ist Aufsichtsräten verwehrt, leistungs- und erfolgsunabhängige Vorstandsvergütungen gemäß § 87 Abs. 2 AktG herabzusetzen. Mithin eignet sich die Herabsetzungsvorschrift aufgrund ihres eingeschränkten Anwendungsbereichs nur bedingt dazu, leistungs- und erfolgsunabhängige Vorstandsvergütungen nachträglich zu verhindern.

Überdies dürfte sich die durch Krisenzeiten einer Gesellschaft bedingte nachträgliche Herabsetzungsmöglichkeit nicht auf Vergütungsanreize in Vorstandsverträgen auswirken. Schließlich werden die mit variablen Vergütungsbestandteilen verbundenen Erfolgsziele bereits bei der Vergütungsverhandlung mit einem Vorstandsmitglied festgelegt. Eine nachträgliche Herabsetzung von Vorstandsvergütungen in Krisenzeiten einer Gesellschaft hat auf die für Vorstandsmitglieder von diesen Erfolgszielen ausgehende Anreizwirkung keinen Einfluss. Nicht überzeugend ist dabei auch das Argument, dass bereits die Möglichkeit einer nachträglichen Bezugskürzung Vorstandsmitglieder trotz auf kurzfristigen Erfolg ausgerichteten Vergütungsanreizen davon absehen lässt, riskante Geschäfte einzugehen. Denn wenn Vorstandsmitglieder versuchen, kurzfristig ausgerichtete Erfolgsziele durch riskante Geschäftsstrategien zu erreichen, dürften sie in aller Regel nicht davon ausgehen, dass sich die damit verbundene erhöhte Insolvenzgefahr realisiert.

III. Aufweichung der Voraussetzungen des § 87 Abs. 2 AktG und rechtliche Grenzen

Nachdem festgestellt wurde, dass es § 87 Abs. 2 AktG Aufsichtsräten aufgrund seiner strengen Anforderungen nur ausnahmsweise ermöglicht, Vorstandsvergütungen nachträglich herabzusetzen, könnte es zielführend sein, die Voraussetzungen für eine Herabsetzung neu zu fassen. Vor allem leuchtet es in Bezug auf leistungs- und erfolgsabhängige Vorstandsvergütungen auf den ersten Blick ein, Aufsichtsräten ein einfacheres Mittel an die Hand zu geben, durch das sie Vorstandsvergütungen nachträglich herabsetzen können. Denn dadurch könnten sie verhindern, dass Vorstandsmitglieder, beispielsweise aufgrund von *windfall profits* oder unzureichenden Vergütungsgestaltungen, Vergütungen in einer Höhe erhalten, die in keinem Verhältnis zu ihren Aufgaben und Leistungen sowie der Gesellschaftslage stehen.

Bei einer genaueren Betrachtung ist es bedenklich, die Voraussetzungen von § 87 Abs. 2 AktG aufzuweichen. Denn eine nachträgliche Herabsetzung von Vorstandsvergütungen unterliegt nicht ohne Grund strengen Anforderungen. Ermöglicht man Aufsichtsräten, einseitig in mit Vorstandsmitgliedern bereits geschlossene Vergütungsvereinbarungen einzugreifen, läuft das dem Grundsatz der Vertragstreue zuwider.[638] Um die Rechtssicherheit nicht zu gefährden, sind an einen Eingriff in diesen Grundsatz hohe Anforderungen zu stellen.[639] Nach gefestigter höchstrichterlicher Rechtsprechung darf vom Grundsatz der Vertragstreue nur dann abgewichen werden, wenn eine derartig grundlegende und einschneidende Änderung der maßgeblichen Umstände vorliegt, dass ein weiteres Festhalten an der ursprünglichen Vertragsregelung zu einem untragbaren, mit Recht und Gerechtigkeit schlechthin nicht mehr zu vereinbarenden Ergebnis führen würde.[640] Sicherlich macht das Gesetz auch an anderer Stelle eine Ausnahme vom Grundsatz der Vertragstreue. Namentlich § 313 Abs. 1 BGB ermöglicht es einer Vertragspartei, einseitig die Anpassung eines bereits geschlossenen Vertrags zu verlangen.[641] Allerdings unterliegt auch dieser Eingriff mit dem Postulat einer gestörten Geschäftsgrundlage strengen Anforderungen.[642] Denn von einer gestörten Geschäftsgrundlage kann erst dann gesprochen werden, wenn sich Umstände, die zur Grundlage des Vertrags wurden, nach Vertragsschluss schwerwiegend verändert haben und die Parteien den Vertrag nicht oder mit anderem Inhalt geschlossen hätten.

Von den rechtlichen Einwänden einmal abgesehen, dürfte es auch aus praktischer Sicht abzulehnen sein, die Voraussetzungen der Herabsetzungsvorschrift aufzuweichen. Gäbe man Aufsichtsräten die Möglichkeit, Vorstandsvergütungen nachträglich ohne Weiteres zu kürzen, könnte das dazu führen, dass sie der

---

638 OLG Stuttgart NZG 2015, 194, 196 Rn. 35; *Bauer/Arnold,* AG 2009, 717, 725; *Dauner-Lieb,* Der Konzern 2009, 583, 589; DIHK, NZG 2009, 538, 539; *Diller,* NZG 2009, 1006, 1007; *Hohenstatt,* ZIP 2009, 1349, 1352 („Vertrauensschutz"); *Klöhn,* ZGR 2012, 1; *Koch,* WM 2010, 49, 51 f.; *Rieble* in Rieble/Junker/Giesen (Hrsg.), Finanzkriseninduzierte Vergütungsregulierung und arbeitsrechtliche Entgeltsysteme, 107, 120; *Weber* in Hölters, AktG, § 87 Rn. 48.

639 Vgl. *Dauner-Lieb* Der Konzern 2009, 583, 589; DAV, NZG 2009, 612, 613; DIHK, NZG 2009, 538, 539; *Gaul/Janz,* NZA 2009, 809, 811; *Koch,* WM 2010, 49, 51 f.; *Schlegelberger/Quassowski,* AktG, § 78 Rn. 12; *Waldenberger/Kaufmann,* BB 2010, 2257, 2258.

640 BGH NJW 1959, 2203 f.; BGH NJW 1958, 1172; vgl. ferner RGZ 112, 329, 333.

641 Weitere Ausnahmen vom Grundsatz der Vertragstreue sind etwa § 275 Abs. 2 und Abs. 3 BGB sowie die Möglichkeit des Verbraucherwiderrufs.

642 Vgl. *Finkenauer* in MüKoBGB, § 313 Rn. 58, 76; *Schulze* in Schulze, BGB, § 313 Rn. 15; *Stadler* in Jauernig, BGB, § 313 Rn. 23.

Festsetzung von Vorstandsvergütungen weniger Bedeutung zumäßen. Denn ein nachträgliches Eingriffsmittel könnte Aufsichtsräten suggerieren, dass es auf die Art und Weise der Gestaltung von Vorstandsvergütungen nicht mehr ankäme. Das liefe jedoch der mit einer Vergütungsregulierung verbundenen Zielsetzung zuwider, für leistungs- und erfolgsabhängige Vorstandsvergütungen zu sorgen und auf kurzfristigen Erfolg ausgerichtete Vergütungssysteme von Vorstandsmitgliedern zu unterbinden.

Ferner hätten Vorstandsmitglieder während ihrer Tätigkeit keinerlei Gewissheit über die Höhe ihrer Entlohnung. Das würde nicht nur die Überzeugungskraft selbst hoher Vergütungsofferten im Keim ersticken und es deutschen Aktiengesellschaften gegenüber der ausländischen Konkurrenz erschweren, geeignete Vorstandsmitglieder zu finden. Vielmehr könnte eine solche umfassende Eingriffsmöglichkeit auch die Anreizwirkung von Vergütungsvereinbarungen beeinträchtigen. Denn wenn variable Vergütungsbestandteile ihrer Höhe nach ansteigen würden, bestünde für Vorstandsmitglieder stets die latente Gefahr, dass diese nachträglich durch den Aufsichtsrat wieder gekürzt würden. Nicht zuletzt trüge eine Ermessensentscheidung des Aufsichtsrats über die Vergütungshöhe von Vorstandsmitgliedern wohl stets den Charakter der Willkür in sich. Das dürfte Friktionen zwischen Vorstand und Aufsichtsrat beziehungsweise der Gesellschaft heraufbeschwören und wäre für eine Zusammenarbeit nicht gerade förderlich.

IV. Daseinsberechtigung des § 87 Abs. 2 AktG und gesetzgeberischer Handlungsbedarf

Auch wenn davon abzusehen ist, die Voraussetzungen des § 87 Abs. 2 AktG aufzuweichen und der Vorschrift aufgrund ihres Ausnahmecharakters ein stark eingeschränkter Anwendungsbereich verbleibt, dürfte die Herabsetzungsvorschrift dennoch ihre Daseinsberechtigung haben. Schließlich kann eine nachträgliche Herabsetzung von Vorstandsvergütungen ein effektives Mittel sein, Liquidität in der Gesellschaft zu behalten, wenn sich die wirtschaftliche Lage der Gesellschaft krisenartig zuspitzt und Vorstandsmitglieder ohne Rücksicht auf den Eintritt einer drohenden Insolvenz der Gesellschaft an ihren Vergütungsvereinbarungen mit der Gesellschaft festhalten. Ferner wäre es kaum nachvollziehbar, wenn Arbeitnehmer Lohnkürzungen oder gar Entlassungen hinnehmen müssten, um die Insolvenz einer Gesellschaft abzuwenden, der Vorstand als Leitungsorgan aber nicht dazu verpflichtet wäre, von der Höhe seiner Vergütung abzurücken.[643]

---

643 Vgl. *Thüsing*, Stellungnahme zum Entwurf eines Gesetzes zur Angemessenheit der Vorstandsvergütung (VorstAG – BT-Drs. 16/12278), S. 10 f.

Sicherlich lässt sich auch hier einwenden, dass ein einseitiger, nachträglicher Eingriff in Vorstandsvergütungen dem Grundsatz der Vertragstreue zuwiderläuft. Allerdings handelt es sich innerhalb des restriktiven Anwendungsbereichs von § 87 Abs. 2 AktG um einen Ausnahmefall zur Abwendung einer schweren wirtschaftlichen Notlage einer Gesellschaft, der es rechtfertigt, von diesem Grundsatz abzuweichen.[644] Ferner gilt es zu beachten, dass auch Lohnkürzungen von Arbeitnehmern einen nachträglichen Eingriff in deren Arbeitsverträge bedeuten. Mit anderen Worten, es ist nicht ersichtlich, weshalb eine Abweichung vom Grundsatz der Vertragstreue in Bezug auf Vorstandsvergütungen im Gegensatz zu Arbeitnehmerlöhnen unzulässig sein sollte.

Setzt man sich näher mit den inhaltlichen Voraussetzungen des § 87 Abs. 2 AktG auseinander, ist vor allem die in der rechtswissenschaftlichen Literatur vielfach erwähnte praktische Bedeutungslosigkeit der Vorschrift zu berücksichtigen.[645] Es dürfte nicht nur dem Ausnahmecharakter der Vorschrift geschuldet sein, dass Aufsichtsräte in der Praxis weitgehend davon absehen, Vorstandsbezüge nachträglich herabzusetzen.[646] Vielmehr hat wohl auch die inhaltliche Ausgestaltung von § 87 Abs. 2 AktG ihren Teil dazu beigetragen, dass die Vorschrift in der Praxis nahezu unberücksichtigt blieb. Auch wenn sich der deutsche Gesetzgeber bei der Einführung des VorstAG zum Ziel setzte, die Voraussetzungen der Herabsetzungsvorschrift klarer und schärfer zu fassen,[647] ist ihm das nicht gelungen. Kritisieren lässt sich vor allem, dass die Voraussetzungen der „Verschlechterung der Gesellschaftslage“ und der „Unbilligkeit für die Gesellschaft“ ihrer vorausgehenden Merkmale „wesentlich“ und „schwer“ entledigt wurden. Denn es leuchtet ein, dass die Voraussetzungen einer Vorschrift wohl kaum klarer und schärfer werden, wenn man konkretisierende Adjektive streicht.[648]

644 Vgl. *Bauer/Arnold,* AG 2009, 717, 725; *Dauner-Lieb,* Der Konzern 2009, 583, 589; DIHK, NZG 2009, 538, 539; *Diller,* NZG 2009, 1006, 1007; *Hohenstatt,* ZIP 2009, 1349, 1352; *Koch,* WM 2010, 49, 51 f.; *Schlegelberger/Quassowski,* AktG, § 78 Rn. 12.

645 *Bauer/Arnold,* AG 2009, 717, 725 („Schattendasein“); *Martens,* ZHR 169 (2005), 124, 130 („papiernes Recht“); *Schüller,* Vorstandsvergütung, S. 206; *Seibert,* WM 2009, 1489, 1490; *van Kann/Keiluweit,* DStR 2009, 1587, 1590; *Wagner/Wittgens,* BB 2009, 906, 909 f.; *Waldenberger/Kaufmann,* BB 2010, 2257 f.

646 Vgl. zu den wenigen Fällen BGH NJW 2016, 1236; OLG Stuttgart, NZG 2015, 194; OLG Düsseldorf AG 2004, 321; LG Essen, NZG 2006, 356.

647 Entwurf eines Gesetzes zur Angemessenheit der Vorstandsvergütung (VorstAG) der Fraktionen CDU/CSU und SPD vom 17.3.2009, BT-Drs. 16/12278, S. 6.

648 Vgl. dazu *Bauer/Arnold,* AG 2009, 717, 725; *Dauner-Lieb,* Der Konzern 2009, 583, 589 f.; DAV, NZG 2009, 612, 613; DIHK, NZG 2009, 538, 539; *Diller,* NZG 2009,

Obendrein handelt es sich sowohl beim Kriterium der Verschlechterung als auch der Unbilligkeit um unbestimmte Rechtsbegriffe, bei denen es, insbesondere aufgrund der restriktiven Auslegung von § 87 Abs. 2 AktG, unklar ist, wann diese erfüllt sind. Dabei helfen auch die in der Gesetzesbegründung des VorstAG genannten Beispiele nur bedingt weiter.[649] Denn Lohnkürzungen und Entlassungen müssen nicht unbedingt darauf zurückzuführen sein, dass sich eine Gesellschaft in einer wirtschaftlichen Schieflage befindet. Vielmehr können diese auch Umstrukturierungen oder einer mangelnden Rentabilität einzelner Geschäftsbereiche geschuldet sein.[650]

Doch selbst wenn man die Tatbestandsvoraussetzungen als erfüllt ansieht, stellt sich auf der Rechtsfolgenseite das nächste Problem. Gemäß § 87 Abs. 2 AktG ist der Aufsichtsrat verpflichtet, die Bezüge auf die „angemessene Höhe" herabzusetzen. Gemeint ist die „angemessene Höhe" nach § 87 Abs. 1 AktG.[651] Wenn sich jedoch bereits nicht ermitteln lässt, wann Vorstandsvergütungen angemessen im Sinne des § 87 Abs. 1 AktG sind,[652] dürfte es bei Aufsichtsräten erst recht zu offenen Fragen führen, wenn sie Vorstandsbezüge auf dieses Maß herabsetzen müssen.

Darüber hinaus dürfte im Einzelfall auch das durch eine Herabsetzung entstehende Sonderkündigungsrecht eines Vorstandsmitglieds gemäß § 87 Abs. 2 Satz 4 AktG Aufsichtsräte davon absehen lassen, Vorstandsbezüge nachträglich zu kürzen. Schließlich dürfte es für die Sanierung einer insolvenzbedrohten Gesellschaft kaum förderlich sein, wenn die Gesellschaft eine langjährige Führungskraft verliert, die mit den internen und externen Angelegenheiten der Gesellschaft bestens vertraut ist. Zugleich kann sich die Suche nach einem neuen Vorstandsmitglied, das geeignet ist, die Gesellschaft umgehend zu sanieren,

---

1006 f.; *Gaul/Janz,* NZA 2009, 809, 812; *Koch,* WM 2010, 49, 50 ff.; *Wagner/Wittgens,* BB 2009, 906, 910; *Waldenberger/Kaufmann,* BB 2010, 2257, 2258.

649 Entwurf eines Gesetzes zur Angemessenheit der Vorstandsvergütung (VorstAG) der Fraktionen CDU/CSU und SPD vom 17.3.2009, BT-Drs. 16/12278, S. 6.

650 Vgl. *Bauer/Arnold,* AG 2009, 717, 725; *Dauner-Lieb,* Der Konzern 2009, 583, 590; *Diller,* NZG 2009, 1006; *Hohenstatt,* ZIP 2009, 1349, 1352; *Koch,* WM 2010, 51, 53 f.; *Thüsing,* AG 2009, 517, 522; *Wagner/Wittgens,* BB 2009, 906, 910; *Waldenberger/Kaufmann,* BB 2010, 2257, 2258; *Weber* in Hölters, AktG, § 87 Rn. 48.

651 Entwurf eines Gesetzes zur Angemessenheit der Vorstandsvergütung (VorstAG) der Fraktionen CDU/CSU und SPD vom 17.3.2009, BT-Drs. 16/12278, S. 6; vgl. ferner *Bauer/Arnold,* AG 2009, 717, 727; *Diller,* NZG 2009, 1006, 1007; *Koch,* WM 2010, 49, 57; *Seibert,* WM 2009, 1489, 1491.

652 Siehe oben, 3. Teil, sub § 9, III. 1. a).

aufgrund der Knappheit von Top-Managern am Markt als äußerst schwierig gestalten. Ferner lässt sich nicht ausschließen, dass Manager, die in der Vergangenheit bereits gezeigt haben, eine Gesellschaft vor einer Insolvenz bewahren zu können, dieselbe oder gar eine höhere Vergütung als das bisherige Vorstandsmitglied verlangen.

Insgesamt dürften die konturlosen Voraussetzungen für eine Herabsetzung von Vorstandsvergütungen gepaart mit etwaigen personellen und persönlichen Verflechtungen zwischen Aufsichtsrats- und Vorstandsmitgliedern Aufsichtsräte selbst in Krisenzeiten nicht dazu anhalten, Vorstandsbezüge herabzusetzen. Mithin weist die Herabsetzungsvorschrift gesetzgeberischen Handlungsbedarf auf. Für künftige Reformüberlegungen kann empfohlen werden, stets den Ausnahmecharakter der Herabsetzungsvorschrift im Blick zu behalten. Optimalerweise sollte sich dieser nach einer Neufassung der Vorschrift aus deren Wortlaut erschließen lassen. Überdies sollte von unklaren unbestimmten Rechtsbegriffen möglichst abgesehen und versucht werden, Aufsichtsräten ein für Krisenzeiten der Gesellschaft effektives, nachträgliches Eingriffsmittel an die Hand zu geben. Dabei bieten sich beispielsweise auf die wirtschaftliche Situation einer Gesellschaft bezogene konkrete Richtwerte an, ab denen Vorstandsbezüge herabgesetzt werden können. Dass es nicht aussichtslos ist, solche Kriterien aufzustellen, zeigt etwa die Insolvenzordnung. Diese gibt mit der Zahlungsunfähigkeit (§ 17 InsO) und der Überschuldung (§ 19 InsO) hinreichend konkrete Schwellenwerte vor, ab denen ein Insolvenzantrag gestellt werden muss. Macht die Herabsetzungsvorschrift klare Vorgaben, ab wann die wirtschaftliche Lage einer Gesellschaft als krisenartig zugespitzt anzusehen ist und Vorstandsvergütungen herabgesetzt werden können, dürfte es angesichts möglicher Interessenkonflikte von Aufsichtsratsmitgliedern und des Interesses von wohl allen Stakeholdern am Fortbestehen der Gesellschaft auch Sinn ergeben, wenn Aufsichtsräte dazu verpflichtet sind, Vorstandsbezüge nachträglich herabzusetzen.

V. Zusammenfassung

Festgehalten werden kann, dass der Nutzen der Herabsetzungsvorschrift im Hinblick auf leistungs- und erfolgsabhängige Vorstandsvergütungen begrenzt ist. Die Voraussetzungen für eine Herabsetzung sind nicht nur unklar, sondern aufgrund des Ausnahmecharakters der Vorschrift auch restriktiv auszulegen. Nichtsdestotrotz sollte davon abgesehen werden, die Voraussetzungen für die Vornahme einer Herabsetzung von Vorstandsvergütungen aufzuweichen und damit dafür zu sorgen, dass Aufsichtsratsmitglieder leistungs- und erfolgsunabhängige Vorstandsvergütungen ohne Weiteres nachträglich verhindern können. Das verstieße nicht nur gegen den Grundsatz der Vertragstreue, sondern wäre auch aus praktischer Sicht nicht zielführend.

Auch wenn der Nutzen hinsichtlich leistungs- und erfolgsabhängiger Vorstandsvergütungen dadurch begrenzt bleibt, ist es empfehlenswert, die Voraussetzungen von § 87 Abs. 2 AktG neu zu fassen. Um etwaige Unsicherheiten im Umgang mit der Herabsetzungsvorschrift auszuräumen, könnten beispielsweise konkrete, auf die Gesellschaftslage bezogene Richtwerte vorgegeben werden, ab denen Aufsichtsräte dazu verpflichtet sind, Vorstandsvergütungen nachträglich herabzusetzen. Dabei sollte darauf geachtet werden, dass die Herabsetzungsvoraussetzungen klarstellen, dass in Vorstandsvergütungen erst eingegriffen werden darf und dann auch soll, wenn dies notwendig ist, um die drohende Insolvenz einer Gesellschaft abzuwenden.

Auf Vergütungsanreize dürfte die nachträgliche Herabsetzungsvorschrift keinen Einfluss haben. Schließlich wirken Vergütungsanreize bereits zu Beginn der Vorstandstätigkeit. Auch müssen Vorstandsmitglieder aufgrund der Herabsetzungsmöglichkeit nicht befürchten, dass ihnen Boni gestrichen werden. Denn sofern Vorstandsmitglieder in den Genuss von Bonuszahlungen gelangen, haben sie die im Voraus vereinbarten Erfolgsziele erreicht und dadurch normalerweise zu einer positiven wirtschaftlichen Entwicklung der Gesellschaft beigetragen.

§ 13 Anordnungen durch die Aufsichtsbehörden

I. Einführung

Ein weiteres Eingriffsmittel sind die speziell für Vergütungssysteme von Unternehmen des Finanzsektors vorgesehenen Anordnungsbefugnisse der Aufsichtsbehörden. Wie die Einhaltung aufsichtsrechtlicher Vorgaben allgemein unterliegen auch die Vergütungssysteme im Finanzsektor der Prüfung durch die Aufsichtsbehörden. Genauer gesagt sind diese seit der Finanzkrise von 2008 Gegenstand eines kontinuierlichen Kontroll- und Bewertungsverfahrens.[653] Dieses Verfahren zielt darauf ab, sicherzustellen, dass Vergütungssysteme sowohl in Instituten als auch in Versicherungsunternehmen keine Anreize setzen, die die verantwortlichen Akteure dieser Unternehmen, und damit vor allem Vorstandsmitglieder, zu einer übermäßigen Risikobereitschaft verleiten. Außerdem soll das Kontroll- und Bewertungsverfahren verhindern, dass die Finanzkraft von Instituten beziehungsweise Versicherungsunternehmen durch eine unangemessene Vergütungspolitik bedrohlich geschwächt wird.[654] In diesem Zusammenhang ist beispielsweise die im Jahr 2013 erfolgte Prüfung durch die BaFin zu nennen. Diese machte flächendeckend die Vergütungssysteme von insgesamt vierzehn Instituten zum Gegenstand einer Sonderprüfung[655] und stellte bei allen Instituten Qualitätsmängel fest.[656]

Weisen Vergütungssysteme von Instituten oder Versicherungsunternehmen Mängel auf, kann die zuständige Aufsichtsbehörde[657] gegenüber dem jeweiligen

---

653 Vgl. EBA, Leitlinien zu gemeinsamen Verfahren und Methoden für den aufsichtlichen Überprüfungs- und Bewertungsprozess (SREP) vom 19.12.2014 (EBA/GL/2014/13), Rn. 90; *Glasow* in Binder/Glos/Riepe (Hrsg.), Hdb. Bankenaufsichtsrecht, § 12 Rn. 152; *Glos* in Binder/Glos/Riepe (Hrsg.), Hdb. Bankenaufsichtsrecht, § 13 Rn. 81; *Weber-Rey*, ZGR 2010, 543, 547 ff.

654 Vgl. Bundesregierung, Entwurf eines Gesetzes über die aufsichtsrechtlichen Anforderungen an die Vergütungssysteme von Instituten und Versicherungsunternehmen vom 31.3.2010, BT-Drs. 17/1291, S. 10; *Lindemann* in BFS-KWG, § 45 Rn. 96.

655 Siehe dazu § 44 Abs. 1 KWG.

656 *Botterweck/Jaeger/Steinbrecher*, BaFin Journal, Februar 2014, S. 8 f.

657 Die Anordnungsbefugnisse bezüglich der Vergütungssysteme von Unternehmen des Finanzsektors stehen im Wesentlichen der BaFin zu, weshalb sich die Untersuchung darauf konzentriert. Auf anderweitige Zuständigkeiten wird an gegebener Stelle hingewiesen.

Unternehmen anordnen, diese Mängel zu beheben. Ferner kann die zuständige Aufsichtsbehörde Anordnungen treffen, die im Zusammenhang mit der Auszahlung von Vorstandsvergütungen stehen, wenn die Finanzkraft eines solchen Unternehmens bedrohlich geschwächt ist. Abhängig davon, um welche Art von Anordnung es sich handelt und ob die Anordnung gegenüber einem Institut oder einem Versicherungsunternehmen ergeht, ist diese auf unterschiedliche Ermächtigungsgrundlagen gestützt.

Vor diesem Hintergrund stellt sich mit Blick auf die mit einer Vergütungsregulierung verfolgten Ziele zunächst die grundsätzliche Frage, inwieweit Anordnungsbefugnisse zweckmäßig sind. Von Bedeutung für die Antwort auf diese Frage dürfte vor allem sein, inwieweit Anordnungsbefugnisse überhaupt zulässig sind. Denn sind Anordnungsbefugnisse nur eingeschränkt zulässig, kann sich die Frage einer Zweckmäßigkeit von Anordnungsbefugnissen nur in diesem Rahmen stellen. Unterschiede könnten sich hierbei insbesondere zwischen dem Bereich der Finanzwirtschaft und der Realwirtschaft ergeben. Sind Anordnungsbefugnisse zweckmäßig, können anschließend die bestehenden Anordnungsbefugnisse darauf untersucht werden, inwieweit diese auf die mit einer Vergütungsregulierung verfolgten Ziele hinwirken und ob diese gesetzgeberischen Handlungsbedarf aufweisen.

II. Zweckmäßigkeit von Anordnungsbefugnissen

Anordnungsbefugnisse ermöglichen es Aufsichtsbehörden, unmittelbar in die Vergütungssysteme börsennotierter Unternehmen einzugreifen.[658] Ob und mit welchem Inhalt eine Anordnung gegenüber einem Unternehmen ergehen kann, richtet sich danach, ob die jeweilige hoheitliche Maßnahme von einer Ermächtigungsgrundlage gedeckt ist. Mithin ist denkbar, Ermächtigungsgrundlagen aufzustellen, die weitreichende Eingriffsbefugnisse in die Vergütungssysteme von Vorstandsmitgliedern börsennotierter Unternehmen vorsehen. Stellen Aufsichtsbehörden anschließend Defizite in den Vergütungssystemen von Vorstandsmitgliedern eines börsennotierten Unternehmens fest, könnten sie gegenüber diesem Unternehmen anordnen, dass es diese Defizite beseitigen muss. Konkret wären sie imstande, Vergütungssysteme zu unterbinden, die Vorstandsmitglieder leistungs- und erfolgsunabhängig vergüten oder durch

658 Vgl. *Laars/Both* in Nomos-BR, VAG, § 25 Rn. 5; *Lindemann* in BFS-KWG, § 45 Rn. 96; *Schlierenkämper* in Brand/Baroch Castellvi, VAG, § 25 Rn. 23.

auf kurzfristigen Erfolg ausgerichtete Vergütungsanreize zu einer risikoreichen Geschäftspolitik verleiten.

Angesichts der damit beschriebenen Effektivität von Anordnungsbefugnissen darf jedoch nicht verkannt werden, dass es sich bei Anordnungsbefugnissen von Aufsichtsbehörden gegenüber börsennotierten Unternehmen um ein einschneidendes Eingriffsmittel handelt.[659] Anordnungen, die die Gestaltung und Auszahlung von Vorstandsvergütungen betreffen, greifen nicht nur schwerwiegend in die Vertragsfreiheit von börsennotierten Unternehmen und ihren Vorstandsmitgliedern ein, sondern sind auch mit den Grundsätzen einer freien Marktwirtschaft kaum vereinbar. Daher können Anordnungsbefugnisse von Aufsichtsbehörden nur zum Tragen kommen, wenn sie zwingend notwendig sind. Mit anderen Worten, behördliche Eingriffsermächtigungen müssen besonders legitimiert sein, wie es etwa bei der Verfolgung übergeordneter Gemeinwohlinteressen der Fall ist.

Mit Blick auf die Vergütungssysteme von Vorstandsmitgliedern lassen sich behördliche Eingriffsermächtigungen mit dem Gemeinwohlinteresse an einem stabilen und funktionsfähigen Finanzsystem rechtfertigen.[660] Mithin sind Anordnungsbefugnisse zulässig, wenn sie dazu beitragen, ein stabiles und funktionsfähiges Finanzsystem zu gewährleisten. Außerhalb des Finanzsektors ist das von vornherein ausgeschlossen. Denn führt man sich in diesem Zusammenhang nochmals vor Augen, dass die Insolvenz eines Unternehmens der Realwirtschaft die Stabilität und Funktionsfähigkeit des Finanzsystems nicht beeinträchtigen kann,[661] folgt daraus, dass sich die Zulässigkeit von Anordnungsbefugnissen auf den Finanzsektor beschränkt.

Darüber hinaus ist aufgrund der Eingriffsintensität von Anordnungsbefugnissen zu beachten, dass hoheitliche Eingriffsermächtigungen auch hinsichtlich ihres Inhalts restriktiv ausgestaltet werden müssen. Genauer gesagt sollten Aufsichtsbehörden gegenüber Unternehmen des Finanzsektors erst dann Anordnungen treffen können, wenn diese notwendig sind, um die Stabilität und Funktionsfähigkeit des Finanzsystems nicht zu gefährden.

Aus dem damit vorgegebenen engen Rahmen darf aber nicht der Schluss gezogen werden, dass Anordnungsbefugnisse als Instrument für eine

659 *Schlierenkämper* in Brand/Baroch Castellvi, VAG, § 25 Rn. 23; vgl. ferner *Laars/Both* in Nomos-BR, VAG, § 25 Rn. 5.

660 *Dreher* in Prölss/Dreher, VAG, § 25 Rn. 174; vgl. *Schlierenkämper* in Brand/Baroch Castellvi, VAG, § 25 Rn. 24.

661 *Günther*, WM 2010, 825, 828; vgl. ferner *Adolff/Eschwey*, ZHR 177 (2013), 902, 908 ff.

Vergütungsregulierung nicht zweckmäßig sind. Denn Anordnungsbefugnisse können als letztes Mittel effektiv dazu beitragen, im Interesse eines stabilen und funktionsfähigen Finanzsystems die Insolvenz eines Unternehmens des Finanzsektors abzuwenden. Konkret können Aufsichtsbehörden dazu ermächtigt werden, finanziell geschwächten Unternehmen die Auszahlung von Vorstandsgehältern zu untersagen, um einen weiteren Mittelabfluss zu verhindern. Außerdem ist denkbar, Aufsichtsbehörden für solche Fälle Anordnungsbefugnisse einzuräumen, in denen Unternehmen offensichtlich oder wiederholt gegen gesetzliche Vergütungsvorschriften verstoßen.

III. Zweckmäßigkeit der bestehenden Anordnungsbefugnisse und gesetzgeberischer Handlungsbedarf

1. Anordnungsbefugnisse der BaFin gegenüber Instituten

Nachdem herausgearbeitet wurde, dass Anordnungsbefugnisse im Finanzsektor zweckmäßig sein können, ist der Blick nunmehr auf die bestehenden Anordnungsbefugnisse von Aufsichtsbehörden zu richten. Das Kreditwesengesetz (KWG) ermächtigt die BaFin in verschiedenen Fällen, Anordnungen gegenüber Instituten bezüglich ihrer Vergütungssysteme zu treffen.[662] Dabei lassen die unterschiedlichen Eingriffsnormen die beiden mit dem kontinuierlichen Kontroll- und Überwachungsverfahren verfolgten Zielsetzungen erkennen.

§ 45 Abs. 2 Satz 1 Nr. 5a und Nr. 6 KWG sollen verhindern, dass die Finanzkraft eines Instituts aufgrund variabler Vergütungsbestandteile übermäßig beeinträchtigt wird.[663] Denn nach diesen Vorschriften kann die BaFin Anordnungen gegenüber solchen Instituten treffen, die die gesetzlichen Vorgaben über die Eigenmittelausstattung oder Liquidität gemäß § 45 Abs. 2 Satz 1 KWG nicht einhalten.[664] Entsprechen die Eigenmittel eines Instituts nicht diesen Anforderungen, kann die BaFin den Jahresgesamtbetrag, den ein Institut für variable

662 Fällt ein Institut aufgrund einer systemgefährdenden Bestandsgefahr in den Anwendungsbereich des Sanierungs- und Abwicklungsgesetzes, können auch der Abwicklungsbehörde Eingriffsbefugnisse bezüglich der Vergütungssysteme von Instituten zustehen, vgl. § 85 SAG. Diese sind allerdings mit Eingriffsbefugnissen des KWG vergleichbar und werden daher nicht gesondert angeführt.

663 *Lindemann* in BFS-KWG, § 45 Rn. 96; *Schwennicke* in Schwennicke/Auerbach, KWG, § 45 Rn. 37.

664 Beachte dabei das Fristsetzungserfordernis gemäß § 45 Abs. 5 S. 1 KWG; siehe zu den Eigenmittel- und Liquiditätsanforderungen auch *Schwennicke* in Schwennicke/Auerbach, KWG, § 45 Rn. 16 ff.

Vergütungen von Geschäftsleitern und Mitarbeitern vorsieht, auf einen bestimmten Anteil des Jahresergebnisses beschränken oder vollständig streichen (Nr. 5a). Darüber hinaus kann die BaFin Instituten die Auszahlung variabler Vergütungsbestandteile untersagen oder auf einen bestimmten Anteil des Jahresergebnisses beschränken (Nr. 6). Der Begriff „Auszahlung" ist weit zu verstehen und erfasst nicht nur Geldleistungen, sondern auch die Ausgabe von Aktienoptionen oder ähnlichen Vergütungsbestandteilen.[665] Im Verhältnis zwischen diesen beiden Eingriffsbefugnissen ist § 45 Abs. 2 Satz 1 Nr. 5a KWG gegenüber § 45 Abs. 2 Satz 1 Nr. 6 KWG das mildere Eingriffsmittel. Denn wenn bereits der für variable Vergütungen vorgesehene Jahresgesamtbetrag beschränkt oder gestrichen wird, handelt es sich, anders als wenn erst die Auszahlung beschränkt oder untersagt wird, um einen Eingriff in noch nicht entstandene Ansprüche von Vorstandsmitgliedern.[666] Neben einer Anordnung gemäß § 45 Abs. 2 Satz 1 Nr. 5a KWG kommt eine Anordnung gemäß § 45 Abs. 2 Satz 1 Nr. 6 KWG daher nur in Betracht, wenn weitere Eingriffe in die variable Vergütung erforderlich sind, um die Eigenkapital- oder Liquiditätssituation eines Instituts zu verbessern.

Wird einem Institut die Auszahlung variabler Vergütungsbestandteile untersagt, kann die BaFin zudem gemäß § 45 Abs. 5 Satz 5 KWG anordnen, dass die nun gesperrten Ansprüche auf Gewährung variabler Vergütungsbestandteile ganz oder teilweise erlöschen, wenn eine der in § 45 Abs. 5 Satz 5 oder Satz 6 KWG genannten Voraussetzungen erfüllt ist. Das ist etwa der Fall, wenn das Institut in einem Zeitraum von zwei Jahren nach der Untersagung eine außerordentliche staatliche Unterstützung in Anspruch nimmt oder die Untersagung innerhalb eines Zeitraums von zwei Jahren im Zusammenhang mit einer weiteren Anordnung im Sinne des § 45 Abs. 2 Satz 1 Nr. 1 bis Nr. 7 KWG steht. Ungeachtet derer Voraussetzungen kann die BaFin die oben angeführten Anordnungen außerdem treffen, wenn ein Institut bereits außerordentliche staatliche Unterstützung in Anspruch nimmt und die Anordnung zur Erhaltung einer soliden Eigenkapital- oder Liquiditätsausstattung sowie einer frühzeitigen Beendigung der staatlichen Unterstützung geboten ist (§ 45 Abs. 5 Satz 7 KWG).

Zur effektiven Durchsetzung dieser Anordnungsbefugnisse sind Institute dazu verpflichtet, den genannten Regelungen und Anordnungsbefugnissen in den vertraglichen Vereinbarungen mit Vorstandsmitgliedern entsprechend Rechnung zu tragen (§ 45 Abs. 5 Satz 11 KWG). Kommt ein Institut dieser Pflicht

665 *Lindemann* in BFS-KWG, § 45 Rn. 11.

666 *Lindemann* in BFS-KWG, § 45 Rn. 108; *Schwennicke* in Schwennicke/Auerbach, KWG, § 45 Rn. 36a.

nicht nach, können im Fall einer Anordnung aus entgegenstehenden vertraglichen Vereinbarungen zwischen Institut und Vorstandsmitglied keine Rechte hergeleitet werden (§ 45 Abs. 5 Satz 12 KWG).[667]

§ 25a Abs. 2 Satz 2 KWG zielt dagegen darauf ab, Vergütungsanreize zu verhindern, die Geschäftsleiter und Mitarbeiter in Instituten zu einer überhöhten Risikobereitschaft verleiten.[668] Das lässt sich daran erkennen, dass die BaFin nach dieser Vorschrift einzelfallabhängig gegenüber Instituten Anordnungen treffen kann, die geeignet und erforderlich sind, eine ordnungsgemäße Geschäftsorganisation sicherzustellen. Eine ordnungsgemäße Geschäftsorganisation liegt hinsichtlich der Vergütungssysteme von Instituten vor, wenn die Vergütungssysteme eines Instituts auf eine angemessene, transparente und nachhaltige Unternehmensentwicklung ausgerichtet sind (§ 25a Abs. 1 Satz 3 Nr. 6 KWG). Besonders zu berücksichtigen ist dabei § 25a Abs. 5 KWG, der Anforderungen an das Verhältnis zwischen variabler und fixer Vergütung aufstellt und insbesondere das bereits kritisierte Bonus-Cap enthält.[669]

2. Anordnungsbefugnisse der BaFin gegenüber Versicherungsunternehmen

Auch gegenüber Versicherungsunternehmen ist die BaFin berechtigt, Anordnungen hinsichtlich deren Vergütungssysteme zu treffen. Die diesbezügliche Eingriffsermächtigung findet sich in § 25 Abs. 4 VAG und ist im Wesentlichen an die oben dargestellten Anordnungsbefugnisse gemäß § 45 Abs. 2 Satz 1 Nr. 5a und Nr. 6 KWG angelehnt.[670] Dementsprechend zielt auch § 25 Abs. 4 VAG darauf ab, zu verhindern, dass die Finanzkraft eines Versicherungsunternehmens aufgrund variabler Vergütungsbestandteile übermäßig geschwächt wird.[671] Anordnungen nach § 25 Abs. 4 VAG gegenüber Versicherungsunternehmen dürfen nur ergehen, wenn die Voraussetzungen des § 134 Abs. 1 VAG erfüllt sind. Das ist der Fall, wenn bei einem Versicherungsunternehmen entweder die

---

667 Vgl. dazu auch *Binder* in Rieble/Junker/Giesen (Hrsg.), Finanzkriseninduzierte Vergütungsregulierung und arbeitsrechtliche Entgeltsysteme, 63, 95 („mit zivilrechtlicher Wirkung verbunden").

668 *Lindemann* in BFS-KWG, § 45 Rn. 96; *Reppenthien* in Beck/Samm/Kokemoor, KWG, § 25a Rn. 264.

669 Siehe zum Bonus-Cap oben, 3. Teil, sub § 9, III. 2. a) cc).

670 *De Raet/Dörfler*, CCZ 2017, 253, 260; *Laars/Both* in Nomos-BR, VAG, § 25 Rn. 5 (beide bezugnehmend auf § 45 Abs. 2 S. 1 Nr. 5a KWG).

671 *Dreher* in Prölss/Dreher, VAG, § 25 Rn. 173; *Laars/Both* in Nomos-BR, VAG, § 25 Rn. 5; *Schlierenkämper* in Brand/Baroch Castellvi, VAG, § 25 Rn. 24.

Solvabilitätskapitalanforderung nicht mehr bedeckt ist oder dieser Fall in den nächsten drei Monaten einzutreten droht.

Bei der Unterschreitung der Solvabilitätskapitalanforderung handelt es sich um eine Tatsache, die sich rechtssicher ermitteln lässt, wenn die jeweiligen Richtwerte feststehen.[672] Schwieriger verhält es sich dagegen bei dem Erfordernis, dass eine Unterschreitung innerhalb der nächsten drei Monate einzutreten droht. Denn dafür ist eine nicht einfach zu treffende Prognoseentscheidung notwendig.[673] Der Gesetzgeber sieht dieses Kriterium als erfüllt an, wenn innerhalb der nächsten drei Monate mit einer Unterdeckung zu rechnen ist.[674] Die BaFin stellt hingegen darauf ab, dass eine Unterdeckung innerhalb der nächsten drei Monate wahrscheinlicher ist als die Einhaltung der Solvabilitätskapitalanforderung.[675] Eine etwas präzisere Lösung dürfte sein, wenn man die von der Rechtsprechung entwickelte Formel zu § 81b Abs. 1 Satz 1 VAG a.F. bezüglich einer drohenden Unterschreitung der Solvabilität heranzieht, die sich wohl auch auf § 134 Abs. 1 VAG übertragen lässt.[676] Danach drohte die Solvabilität unterschritten zu werden, wenn „dieses Unterschreiten bei ungehindertem Ablauf des objektiv zu erwartenden Geschehens mit hinreichender Wahrscheinlichkeit erfolgt".[677] Welcher Auffassung man sich letztlich auch anschließt, der BaFin verbleibt bei der Entscheidung Beurteilungsspielraum. Denn es dürfte sich wohl nur in offensichtlichen Fällen eine eindeutige Aussage darüber treffen lassen, ob die Solvabilitätskapitalanforderung innerhalb der nächsten drei Monate droht unterschritten zu werden. Gleichwohl wird man aus Gründen der Verhältnismäßigkeit ein Mindestmaß an Konkretheit darüber verlangen müssen, dass die Solvabilitätskapitalanforderung in den nächsten drei Monaten unterschritten

672 *Baroch Castellvi* in Brand/Baroch Castellvi, VAG, § 134 Rn. 3; siehe zur Ermittlung und Berechnung der Solvabilitätskapitalanforderung §§ 96 ff. VAG.

673 *Baroch Castellvi* in Brand/Baroch Castellvi, VAG, § 134 Rn. 4; *Schaaf* in Prölss/Dreher, VAG, § 134 Rn. 6.

674 Bundesregierung, Entwurf eines Gesetzes zur Modernisierung der Finanzaufsicht über Versicherungen vom 22.10.2014, BT-Drs. 18/2956, S. 269.

675 BaFin, Auslegungsentscheidung zur Unterdeckung der Solvabilitätskapitalanforderung vom 27.7.2016, S. 1 Rn. 1.

676 *Baroch Castellvi* in Brand/Baroch Castellvi, VAG, § 134 Rn. 4; *Schaaf* in Prölss/Dreher, VAG, § 134 Rn. 6 f.; in diese Richtung auch *Sehrbrock*, VersR 2016, 1017, 1021 („§ 134 VAG […] tritt systematisch an die Stelle des alten § 81b Abs. 1 VAG a.F.").

677 VG Frankfurt a.M. VersR 2007, 189 mit Anmerkungen *Bürkle*.

wird.[678] Schließlich werden die Eingriffsbefugnisse der BaFin durch dieses Kriterium zeitlich vorverlagert.

Liegen die Voraussetzungen des § 134 Abs. 1 VAG vor, soll die BaFin nach § 25 Abs. 4 Satz 1 VAG anordnen, dass ein Versicherungsunternehmen den Jahresgesamtbetrag, den es für die variable Vergütung aller Geschäftsleiter und Mitarbeiter vorsieht, auf einen bestimmten Anteil des Jahresergebnisses beschränkt oder vollständig streicht. Ferner soll die BaFin nach § 25 Abs. 4 Satz 2 VAG die Auszahlung variabler Vergütungsbestandteile untersagen oder auf einen bestimmten Anteil des Jahresergebnisses beschränken. Bei letzterer Anordnung handelt es sich um ein reines Auszahlungsverbot, das als dilatorische Einrede zu verstehen ist und den Auszahlungsanspruch als solchen unberührt lässt.[679] Eine Ermächtigung entsprechend § 45 Abs. 5 Satz 5 bis Satz 8 KWG, wodurch die BaFin Auszahlungsansprüche zum Erlöschen bringen kann, sieht das VAG nicht vor.[680]

Da sich die Anordnungen auch hier an die Unternehmen richten, entfalten diese auf privatrechtlicher Ebene zwischen Versicherungsunternehmen und Vorstandsmitgliedern keine unmittelbare Gestaltungswirkung.[681] Daher sieht § 25 Abs. 4 Satz 3 und Satz 4 VAG in Parallele zu § 45 Abs. 5 Satz 11 und Satz 12 KWG vergleichbare Regelungen vor, nach der Versicherungsunternehmen die Anordnungsbefugnisse der BaFin bei Gestaltung von Vorstandsverträgen berücksichtigen müssen. Stehen vertragliche Vereinbarungen über die Gewährung einer variablen Vergütung einer Anordnung, Untersagung oder Beschränkung entgegen, können daraus insoweit keine Rechte hergeleitet werden.[682]

3. Bewertung und gesetzgeberischer Handlungsbedarf

Die bestehenden Anordnungsbefugnisse der BaFin bewegen sich innerhalb des für Anordnungsbefugnisse zulässigen Rahmens und lassen sich weitgehend befürworten. Diese wirken darauf hin, ein stabiles und funktionsfähiges

---

678 *Baroch Castellvi* in Brand/Baroch Castellvi, VAG, § 134 Rn. 4; vgl. ferner *Schaaf* in Prölss/Dreher, VAG, § 134 Rn. 7.

679 *Dreher* in Prölss/Dreher, VAG, § 25 Rn. 176; *Schlierenkämper* in Brand/Baroch Castellvi, VAG, § 25 Rn. 25; so auch bereits nach alter Rechtslage (§ 81b Abs. 1a VAG a.F.), vgl. *Armbrüster*, VersR 2011, 1, 5.

680 Vgl. dazu auch *Binder* in Rieble/Junker/Giesen (Hrsg.), Finanzkriseninduzierte Vergütungsregulierung und arbeitsrechtliche Entgeltsysteme, 63, 96 („kann die BaFin bei Kreditinstituten sogar das Erlöschen bestehender Ansprüche anordnen").

681 *Schlierenkämper* in Brand/Baroch Castellvi, VAG, § 25 Rn. 26.

682 *Dreher* in Prölss/Dreher, VAG, § 25 Rn. 176 („privatrechtsgestaltende Wirkung").

Finanzsystem sicherzustellen.[683] Als sinnvoll erachtet werden kann insbesondere die im KWG angelegte differenzierte Herangehensweise. Einerseits kann die BaFin bereits dann Anordnungen treffen, wenn die gesetzlich vorgeschriebenen Anforderungen an die Vergütungssysteme nicht eingehalten werden. Dadurch kann sie grundlegend Vergütungssysteme verhindern, die Vorstandsmitglieder zu einer überhöhten Risikobereitschaft anhalten. Andererseits ist es der BaFin möglich, bei unzureichender Eigenkapitalausstattung eines Instituts unmittelbar Liquiditätsabflüsse zu unterbinden, die mit der Auszahlung variabler Vergütungen an Vorstandsmitglieder verbunden wären. Das kann dazu beitragen, die drohende Insolvenz eines Instituts abzuwenden. Nicht überzeugen kann an dieser Stelle die in der rechtswissenschaftlichen Literatur geäußerte Kritik, dass es für Unternehmen durch eine solche Anordnung unmöglich werde, Vorstandsmitgliedern weiterhin Leistungsanreize zu setzen und neue, geeignete Führungskräfte an die Gesellschaft zu binden, die das Unternehmen aus der Krise führen.[684] Denn amtierende Vorstandsmitglieder dürften bei einer Auszahlungssperre daran interessiert sein, eine Unternehmenskrise abzuwenden. Nur auf die Weise können sie die ihnen durch eine Anordnung verwehrten Bonuszahlungen doch noch erhalten. Ferner können neuen Vorstandskandidaten insoweit vergütungsbezogene Leistungsanreize gesetzt werden, als mit ihnen Bonusziele vereinbart werden, die darauf gerichtet sind, dass sie die Unternehmenskrise abwenden.

Den Anordnungsbefugnissen im Versicherungswesen fehlt es dagegen an einer Differenzierung entsprechend den eben dargestellten Vorgaben des KWG. In diesem Bereich beschränken sich diese auf eine Unterschreitung der Solvabilitätskapitalanforderung und damit darauf, in Krisenzeiten eines Versicherungsunternehmens einen Liquiditätsabfluss aufgrund einer Auszahlung variabler Vergütungen zu verhindern. Dieser Unterschied zu den Vorschriften des KWG dürfte jedoch dadurch gerechtfertigt sein, dass die von der Insolvenz eines Versicherungsunternehmens ausgehende Gefahr für die Stabilität des Finanzsystems im Verhältnis zur Insolvenz eines Instituts wohl geringer ausfällt.[685]

---

683 Bundesregierung, Entwurf eines Gesetzes über die aufsichtsrechtlichen Anforderungen an die Vergütungssysteme von Instituten und Versicherungsunternehmen vom 31.3.2010, BT-Drs. 17/1291, S. 9; *Braun* in BFS-KWG, § 25a Rn. 729; *Dreher* in Prölss/Dreher, VAG, § 25 Rn. 173; *Lindemann* in BFS-KWG, § 45 Rn. 95; *Reppenthien* in Beck/Samm/Kokemoor, KWG, § 25a Rn. 265; *Schwennicke* in Schwennicke/Auerbach, KWG, § 45 Rn. 37 f.

684 *Wolf*, VW 2010, 587, 588; vgl. ferner *Armbrüster*, VersR 2011, 1, 4.

685 Vgl. *Weber-Rey*, ZGR 2010, 543, 550; *Wolf*, VW 2010, 587.

Was die einzelnen Voraussetzungen für eine Anordnung der BaFin betrifft, lässt sich vor allem die Anknüpfung an die Liquiditäts- und Eigenmittelausstattung als Eingriffsschwelle befürworten. Denn dieser Schwellenwert lässt sich sowohl für Institute als auch für Versicherungsunternehmen präzise und rechtssicher bestimmen.[686] Dadurch lässt sich wiederum einheitlich beantworten, wann diese Schwelle unterschritten ist und eine Anordnung durch die BaFin zulässig ist. Berücksichtigt man dies, dürften die Unsicherheiten mit dem im Versicherungswesen zusätzlich bestehenden Kriterium der drohenden Unterschreitung der Solvabilitätskapitalanforderung weniger ins Gewicht fallen. Schließlich dürfte dieses seinen Zweck zumindest insoweit erfüllen können, als es die Eingriffsrechte der BaFin zumindest in offensichtlichen Fällen einer drohenden Unterschreitung der Solvabilitätskapitalanforderung zeitlich vorverlagert.[687]

Kritisieren lassen sich die Anforderungen an eine ordnungsgemäße Geschäftsorganisation (§ 25a Abs. 1 Satz 3 Nr. 6 KWG). Denn hier werden mit den Voraussetzungen „angemessen", „transparent" und „nachhaltig" Rechtsbegriffe verwendet, die nicht bestimmbar sind.[688] Dementsprechend liegt es an dieser Stelle weitgehend im Beurteilungsspielraum der BaFin, wann sie eine ordnungsgemäße Geschäftsorganisation in einem Institut für nicht mehr gegeben hält. Allerdings dürfte es aufgrund der erforderlichen Anknüpfung an die notwendigerweise abstrakt ausgestalteten Vergütungsvorschriften[689] nicht möglich sein, die Anordnungsbefugnisse der BaFin an dieser Stelle präziser zu fassen. Für eine zumindest bedingte Einschränkung des Beurteilungsspielraums der BaFin sorgt immerhin der Verweis auf § 25a Abs. 5 KWG, der bei der Frage, ob die Vergütungssysteme mit einer ordnungsgemäßen Geschäftsorganisation vereinbar sind, berücksichtigt werden muss.

Abgesehen davon lässt sich nicht erklären, weshalb der Wortlaut des § 25 Abs. 4 VAG sowohl in Satz 1 als auch in Satz 2 von „sollen" spricht. Denn das

---

686 Vgl. für das Versicherungswesen *Baroch Castellvi* in Brand/Baroch Castellvi, VAG, § 134 Rn. 3.

687 Vgl. *Baroch Castellvi* in Brand/Baroch Castellvi, VAG, § 134 Rn. 4; *Laars/Both* in Nomos-BR, VAG, § 134 Rn. 2; *Schaaf* in Prölss/Dreher, VAG, § 134 Rn. 4.

688 Siehe dazu *de Raet/Dörfler*, CCZ 2017, 253, 259 („Die Vorschrift greift damit Begriffe auf, die teilweise so auch in § 87 Abs. 1 AktG verwendet werden."); vgl. auch *Binder* in Rieble/Junker/Giesen (Hrsg.), Finanzkriseninduzierte Vergütungsregulierung und arbeitsrechtliche Entgeltsysteme, 63, 75 („Konkrete Maßstäbe werden in den gesetzlichen Regelungen allerdings nur sehr knapp vorgegeben").

689 Vgl. zu gesetzlichen Vorschriften über die Vergütungsstruktur oben, 3. Teil, § 9.

legt nahe, dass die BaFin gegenüber einem Versicherungsunternehmen sowohl eine Anordnung nach Satz 1 als auch nach Satz 2 zu erlassen hat, wenn dieses die Solvabilitätskapitalanforderung unterschreitet. Da die Vorschrift des § 25 Abs. 4 VAG jedoch an § 45 Abs. 2 Satz 1 Nr. 5a und Nr. 6 KWG angelehnt ist,[690] dürften die beiden Anordnungen ebenfalls in einem Stufenverhältnis zueinander stehen, wobei zunächst auf das mildere Eingriffsmittel des § 25 Abs. 4 Satz 1 VAG zurückzugreifen ist.

IV. Zusammenfassung

Anordnungsbefugnisse sind aufgrund ihrer hohen Eingriffsintensität restriktiv zu handhaben und nur insoweit zulässig, als sie dem Gemeinwohlinteresse dienen, ein stabiles und funktionsfähiges Finanzsystem zu gewährleisten. Da die Insolvenz eines Unternehmens der Realwirtschaft die Stabilität und Funktionsfähigkeit des Finanzsystems nicht beeinträchtigen kann, bedeutet das, dass Anordnungsbefugnisse nur im Finanzsektor in Betracht kommen.

Innerhalb des Finanzsektors sind Anordnungsbefugnisse allerdings ein effektives Mittel, durch das Aufsichtsbehörden unmittelbar in die Vergütungssysteme von Vorstandsmitgliedern eingreifen und der Entstehung einer weiteren Finanzkrise vorbeugen können. Indem Aufsichtsbehörden dazu ermächtigt werden, einem finanziell bereits geschwächten Institut oder Versicherungsunternehmen die Auszahlung variabler Vergütungen an Vorstandsmitglieder teilweise oder vollständig zu untersagen, können sie verhindern, dass die Finanzkraft dieses Unternehmens weiter geschwächt wird. Ferner können Aufsichtsbehörden durch Anordnungen Vergütungssysteme von Vorstandsmitgliedern unterbinden, die einem soliden Risikomanagement zuwiderlaufen und die Stabilität und Funktionsfähigkeit des Finanzsystems bedrohen.

Was die konkrete Ausgestaltung von Anordnungsbefugnissen betrifft, können die bestehenden Anordnungsbefugnisse der BaFin weitgehend befürwortet werden. Sinnvoll ist insbesondere, dass es sich bei einer Anordnung im Zusammenhang mit der Auszahlung variabler Vergütungen im Regelfall um eine Auszahlungssperre handelt. Lediglich in den im Gesetz aufgezählten besonderen Fällen kann die BaFin gegenüber Instituten das Erlöschen bestehender Ansprüche anordnen. Die angesprochenen Defizite bei den bestehenden Anordnungsbefugnissen sollten berücksichtigt beziehungsweise beseitigt werden.

---

690 *De Raet/Dörfler*, CCZ 2017, 253, 260; *Laars/Both* in Nomos-BR, VAG, § 25 Rn. 5 (beide bezugnehmend auf § 45 Abs. 2 S. 1 Nr. 5a KWG).

§ 14 Haftung des Aufsichtsrats

I. Einführung

Neben hoheitlichen Eingriffsbefugnissen könnten sich auch Haftungsvorschriften dazu eignen, gesetzliche Vergütungsvorschriften durchzusetzen. Es ist mittlerweile im Grundsatz anerkannt, dass Haftungsvorschriften nicht allein der Kompensation eingetretener Schäden dienen, sondern zugleich eine verhaltenssteuernde Wirkung entfalten:[691] Muss der Aufsichtsrat fürchten, bei einer pflichtwidrig festgesetzten Vorstandsvergütung auf Schadensersatz in Anspruch genommen zu werden, wird er in der Regel darum bemüht sein, gesetzliche Vergütungsvorschriften einzuhalten und Vorstandsvergütungen pflichtkonform festzusetzen.

Einzelne, auch branchenspezifische Regelungen, die eine Haftungsverantwortlichkeit des Aufsichtsrats für pflichtwidrige Vergütungsentscheidungen im Außenverhältnis statuieren, existieren nicht. Das ist jedoch nachvollziehbar, da die Entscheidung des Aufsichtsrats über die Vergütung von Vorstandsmitgliedern das Innenverhältnis der Aktiengesellschaft betrifft. In Betracht kommt daher eine allgemeine Binnenhaftung des Aufsichtsrats gegenüber der Aktiengesellschaft. Mit ihrer Hilfe könnte, eine effektive Durchsetzbarkeit der Haftung vorausgesetzt, Aufsichtsräten branchenübergreifend ein verhaltenssteuernder Anreiz gesetzt werden, gesetzliche Vergütungsvorschriften einzuhalten. Fehlt es Haftungsvorschriften jedoch an einer effektiven Durchsetzbarkeit, werden diese Aufsichtsräte kaum dazu anhalten können, Vergütungsvorschriften einzuhalten. Denn in diesem Fall haben Aufsichtsräte bei Verstößen gegen Vergütungsvorschriften keinerlei Sanktionen zu befürchten.

Nach geltendem Aktienrecht machen sich Aufsichtsratsmitglieder gegenüber der Aktiengesellschaft schadensersatzpflichtig, wenn sie Vorstandsmitgliedern überhöhte Vergütungen gewähren und dadurch gegen gesetzliche Vergütungsvorschriften verstoßen. Tatsächlich werden derartige Schadensersatzansprüche gegen Aufsichtsratsmitglieder in der Regel jedoch nicht verfolgt.[692] Stattdessen

---

691 Grundlegend *Thüsing*, Wertende Schadensberechnung, S. 16 ff., S. 358 ff.; ausführlich zur Organhaftung im Interesse der Verhaltenssteuerung *Wagner*, ZHR 178 (2014), 227 ff.

692 Einer der wenigen Fälle ist das Mannesmann/Vodafone-Verfahren, bei dem es allerdings um die strafrechtliche Verantwortlichkeit der Aufsichtsratsmitglieder wegen Untreue ging, BGHSt 50, 331 = NJW 2006, 522; vorinstanzlich LG Düsseldorf NJW 2004, 3275; vgl. dazu auch *Hoffmann-Becking*, NZG 2006, 127 ff.; *Körner*, NJW 2004, 2697 ff.; zur aktienrechtlichen Beurteilung des Falls *Brauer*, NZG 2004, 502 ff.

handelt es sich bei der Haftung von Aufsichtsratsmitgliedern für pflichtwidrige Vergütungsentscheidungen im Wesentlichen um ein theoretisches Szenario.[693] Demnach dürften die bestehenden Haftungsvorschriften Aufsichtsratsmitglieder nicht besonders dazu anhalten, sich bei der Festsetzung von Vorstandsvergütungen gesetzeskonform zu verhalten. Dabei ist es vor allem aufgrund der konfliktträchtigen Interessenlage von Aufsichtsratsmitgliedern bei der Vergütungsentscheidung erstrebenswert, Aufsichtsratsmitglieder durch Haftungsvorschriften dazu anzuhalten, die gesetzlichen Vergütungsvorgaben zu befolgen. Allerdings könnte es problematisch sein, dieses Ziel zu erreichen. Denn einerseits könnten es die in den gesetzlichen Vergütungsvorschriften verwendeten unbestimmten Rechtsbegriffe und der den Aufsichtsratsmitgliedern dadurch zukommende Beurteilungsspielraum erschweren, präzise und wirksame Haftungsvorschriften aufzustellen. Andererseits könnte eine effektive Aufsichtsratshaftung für pflichtwidrige Vergütungsentscheidungen auch daran scheitern, dass Schadensersatzansprüche gegen Aufsichtsratsmitglieder nicht geltend gemacht werden, selbst wenn die Haftungsvoraussetzungen unzweifelhaft erfüllt sind.

II. Schadensersatzpflicht gemäß §§ 116 Satz 1, 93 Abs. 2 Satz 1 AktG

Aufsichtsratsmitglieder machen sich gegenüber der Gesellschaft gemäß §§ 116 S. 1, 93 Abs. 2 Satz 1 AktG schadensersatzpflichtig, wenn sie gegen ihre Sorgfaltspflichten verstoßen. Speziell die Pflicht zum Schadensersatz bei pflichtwidriger Vergütungsfestsetzung wurde mit der Einführung des VorstAG in § 116 Satz 3 AktG ausdrücklich hervorgehoben. Danach sind Aufsichtsratsmitglieder namentlich zum Ersatz verpflichtet, wenn sie eine unangemessene Vergütung festsetzen (§ 87 Abs. 1 AktG). Aus dem Wortlaut des § 116 Satz 3 AktG darf allerdings nicht der fehlerhafte Schluss gezogen werden, dass Aufsichtsratsmitglieder in Bezug auf die Vergütungen von Vorstandsmitgliedern nur dann haften, wenn sie gegen § 87 Abs. 1 AktG verstoßen.[694] Denn § 116 Satz 3 AktG hat ausschließlich klarstellende Funktion.[695] Der Gesetzgeber wollte mit der

693 *Verse,* NZG 2013, 921, 927; vgl. *Wagner,* ZHR 178 (2014), 227, 230.

694 *Annuß/Theusinger,* BB 2009, 2434, 2440; *Bauer/Arnold,* AG 2009, 717, 730 f.; DIHK, NZG 2009, 538, 539; *Diller,* NZG 2009, 1006, 1009; *Habersack* in MüKoAktG, § 116 Rn. 45; *Koch* in Hüffer/Koch, AktG, § 116 Rn. 18; *Spindler* in Spindler/Stilz, AktG, § 116 Rn. 56; *Spindler,* NJOZ, 2009, 3282, 3289; *van Kann/Keiluweit,* DStR 2009, 1587, 1591.

695 DIHK, NZG 2009, 538, 539; *Diller,* NZG 2009, 1006, 1009; *Drygala* in K. Schmidt/Lutter, AktG, § 116 Rn. 61; *Fleischer,* NZG 2009, 801, 804; *Fleischer,* RIW 2010, 497,

Vorschrift verdeutlichen, dass die Festsetzung von Vorstandsvergütungen zu den wichtigsten Aufgaben des Aufsichtsrats gehört und er für Pflichtverstöße persönlich haftet.[696]

Richtigerweise haften Aufsichtsratsmitglieder gemäß §§ 116 Satz 1, 93 Abs. 2 Satz 1 AktG selbst bei Verstößen gegen Vergütungsvorschriften, die außerhalb des Aktiengesetzes liegen. Denn anerkanntermaßen trifft nicht nur Vorstandsmitglieder, sondern auch Aufsichtsratsmitglieder die Legalitätspflicht.[697] Daher müssen sich Aufsichtsratsmitglieder gesetzeskonform verhalten und sämtliche gesetzlichen Vergütungsvorschriften befolgen. Andernfalls können sie von der Aktiengesellschaft gemäß §§ 116 Satz 1, 93 Abs. 2 Satz 1 AktG auf Schadensersatz in Anspruch genommen werden. Der Schadensumfang bemisst sich dabei nach der Differenz zwischen der tatsächlich gewährten und der nach § 87 Abs. 1 AktG angemessenen Vergütung.[698] Verjährt ist der Schadensersatzanspruch bei börsennotierten Aktiengesellschaften nach zehn Jahren (§§ 116 Satz 1, 93 Abs. 6 AktG).

III. Anwendbarkeit der Business Judgment Rule, § 93 Abs. 1 Satz 2 AktG

Möchte man die Möglichkeit einer effektiven Aufsichtsratshaftung für pflichtwidrige Entscheidungen über die Bezüge von Vorstandsmitgliedern untersuchen, ist an erster Stelle zu klären, ob und inwieweit solche Vergütungsentscheidungen gerichtlich nachprüfbar sind. Denn sofern Vergütungsentscheidungen des

---

502; *Habersack* in MüKoAktG, § 116 Rn. 45; *Hohenstatt,* ZIP 2009, 1349, 1354; *Koch* in Hüffer/Koch, AktG, § 116 Rn. 18; *Seibert,* WM 2009, 1489, 1491; *Spindler* in Spindler/Stilz, AktG, § 116 Rn. 56; *Spindler,* NJOZ, 2009, 3282, 3289; *van Kann/Keiluweit,* DStR 2009, 1587, 1591.

696 Entwurf eines Gesetzes zur Angemessenheit der Vorstandsvergütung (VorstAG) der Fraktionen CDU/CSU und SPD vom 17.3.2009, BT-Drs. 16/12278, S. 6.

697 *Casper,* ZHR 176 (2012), 617, 630 f.; *Holle,* ZHR 182 (2018), 569, 576; *Klöhn,* ZGR 2012, 1, 32; *Paefgen,* Unternehmerische Entscheidungen und Rechtsbindung der Organe in der AG, S. 17; *Unmuth,* Vergleich und Verzicht im aktienrechtlichen Organhaftungsrecht aus der Perspektive des Aufsichtsrats, S. 150.

698 Entwurf eines Gesetzes zur Angemessenheit der Vorstandsvergütung (VorstAG) der Fraktionen CDU/CSU und SPD vom 17.3.2009, BT-Drs. 16/12278, S. 6; *Cahn,* FS Hopt, 431, 449 f.; *Drygala* in K. Schmidt/Lutter, AktG, § 116 Rn. 62; *Eichner/Delahaye,* ZIP 2010, 2082, 2085; *Henssler* in Henssler/Strohn, AktG, § 116 Rn. 18; *Keiser,* RdA 2010, 280, 285; *Koch* in Hüffer/Koch, AktG, § 116 Rn. 19; *Kort* in Großkomm AktG, § 87 Rn. 348; *Spindler,* AG 2011, 725, 727.

Aufsichtsrats einer nur eingeschränkten gerichtlichen Kontrolle unterliegen, steht das einer effektiven Aufsichtsratshaftung für pflichtwidrige Vergütungsentscheidungen bereits im Weg.

Eingeschränkt sein könnte die gerichtliche Kontrolle durch die in § 93 Abs. 1 Satz 2 AktG verankerte Business Judgment Rule, die auch auf Aufsichtsratsmitglieder anwendbar ist (§ 116 Satz 1 AktG). Bei entsprechender Lesart des § 93 Abs. 1 Satz 2 AktG ist eine Pflichtverletzung ausgeschlossen, wenn der Aufsichtsrat „bei einer unternehmerischen Entscheidung vernünftigerweise annehmen durfte, auf Grundlage angemessener Information zum Wohle der Gesellschaft zu handeln". Das bedeutet, unternehmerische Entscheidungen des Aufsichtsrats unterliegen einer nur eingeschränkten gerichtlichen Kontrolle,[699] beschränkt eben gerade darauf, ob der Aufsichtsrat vernünftigerweise annehmen durfte, auf Grundlage angemessener Information zum Wohl der Gesellschaft zu handeln. Aufsichtsratsmitglieder müssen bei unternehmerischen Entscheidungen daher nicht wie nach dem allgemeinen Sorgfaltsmaßstab gemäß § 93 Abs. 1 Satz 1 AktG für jede Nachlässigkeit einstehen.[700] Vielmehr lässt sich aus dem Merkmal „vernünftigerweise annehmen durfte" darauf schließen, dass Aufsichtsratsmitglieder bei unternehmerischen Entscheidungen nur für grobe Fehler haften.[701]

Entscheidend dafür, ob Aufsichtsratsmitglieder bei der Entscheidung über die Vergütung von Vorstandsmitgliedern nur für grobe Fehler haften, mit anderen Worten, ob die Business Judgment Rule auf die Vergütungsentscheidung des Aufsichtsrats Anwendung findet, ist damit, ob die Vergütungsentscheidung des

---

699 *Bachmann,* WM 2015, 105, 106; *Baur/Holle,* AG 2017, 597, 600, 605; *Fleischer* in Spindler/Stilz, AktG, § 93 Rn. 60; *Grigoleit/Tomasic* in Grigoleit, AktG, § 93 Rn. 25 f.; *Hopt/Roth* in Großkomm AktG, § 93 Rn. 102; *Koch* in Hüffer/Koch, AktG, § 93 Rn. 9; *Koch,* ZGR 2006, 769, 782 f.; *Lutter,* FS Canaris, 245, 247; *Paefgen,* NZG 2009, 891, 892; *Redeke,* ZIP 2011, 59, 60; *Schäfer,* ZIP 2005, 1253 f.; *Spindler,* AG 2006, 677, 680; *Spindler* in MüKoAktG, § 93 Rn. 43.

700 *Bachmann,* WM 2015, 105, 106, 111; siehe zum allgemeinen Sorgfaltsmaßstab nach § 93 Abs. 1 S. 1 AktG *Dauner-Lieb* in Henssler/Strohn, AktG, § 93 Rn. 4 ff.; *Fleischer* in Spindler/Stilz, AktG, § 93 Rn. 10 ff.; *Hölters* in Hölters, AktG, § 93 Rn. 41 ff.; *Koch* in Hüffer/Koch, AktG, § 93 Rn. 6 ff.; *Spindler* in MüKoAktG, § 93 Rn. 25 ff.

701 *Bachmann,* FS Stilz, 25, 28 ff.; *Bachmann,* WM 2015, 105, 106 f., 112; vgl. ferner *Bosch/Lange,* JZ 2009, 225, 231; *Freitag/Korch,* ZIP 2012, 2281, 2282 ff.; *Hopt/Roth* in Großkomm AktG, § 93 Rn. 102 f.; *Lange,* D&O-Versicherung und Managerhaftung, § 2 Rn. 75 („grobes Informationsdefizit"); *Peters,* AG 2010, 811, 813; *Spindler,* NZG 2005, 865, 871 f.; *Spindler,* AG 2006, 677, 681; *Winnen,* Die Innenhaftung des Vorstandes nach dem UMAG, S. 217 ff.; ausführlich zur Haftung innerhalb der Business Judgment Rule nur für grobe Fehler *Baur/Holle,* AG 2017, 597 ff.

Aufsichtsrats unternehmerische Entscheidung im Sinne des § 93 Abs. 1 Satz 2 AktG ist. Die unternehmerische Entscheidung steht nach der Definition des Gesetzgebers im Gegensatz zur rechtlich gebundenen Entscheidung.[702] Unternehmerische Entscheidungen seien anders als rechtlich gebundene Entscheidungen nicht bereits juristisch determiniert. Vielmehr liege eine unternehmerische Entscheidung vor, wenn es sich um eine zukunftsbezogene Entscheidung handele, die durch entsprechende Prognosen und nicht justiziable Einschätzungen geprägt sei.[703]

Ob die Vergütungsentscheidung des Aufsichtsrats unternehmerische Entscheidung im Sinne des § 93 Abs. 1 Satz 2 AktG ist, lässt sich nicht zweifelsfrei beantworten. Problematisch ist, dass der Aufsichtsrat zwar rechtlich dazu verpflichtet ist, die Entscheidung über die Vorstandsvergütung zu treffen, ihm aber bei der konkreten Entscheidung Beurteilungsspielraum[704] belassen wird.[705] In der rechtswissenschaftlichen Literatur ist umstritten, ob auch im Rahmen gesetzlicher Bindungen von einer unternehmerischen Entscheidung im Sinne des § 93 Abs. 1 Satz 2 AktG gesprochen werden kann, wenn dem Aufsichtsrat Beurteilungsspielraum zusteht. Teilweise wird das speziell für die Vergütungsentscheidung abgelehnt, da der Aufsichtsrat keinerlei Prognose treffen müsse

702 Entwurf eines Gesetzes zur Unternehmensintegrität und Modernisierung des Anfechtungsrechts (UMAG) der Bundesregierung vom 14.3.2005, BT-Drs. 15/5092, S. 11.

703 Entwurf eines Gesetzes zur Unternehmensintegrität und Modernisierung des Anfechtungsrechts (UMAG) der Bundesregierung vom 14.3.2005, BT-Drs. 15/5092, S. 11.

704 In der nachfolgend angeführten Literatur werden auch Begriffe wie Ermessensspielraum oder Bemessungsgrundlage als Synonym verwendet. Eine begriffliche Unterscheidung wie im öffentlichen Recht wird im Kapitalgesellschaftsrecht nicht vorgenommen, siehe dazu auch *Holle,* AG 2011, 778, 779; *Hopt/Roth* in Großkomm AktG, § 93 Rn. 119 a.E.

705 BGHSt 50, 331, 336 = NJW 2006, 522 („weiter Beurteilungs- und Ermessensspielraum"); LG Düsseldorf NJW 2004, 3275, 3276; *Bachmann,* WM 2015, 105, 109; *Baums,* FS Huber, 657, 663 f.; *Bayer/Meier-Wehrsdorfer,* AG 2013, 477, 480; *Dauner-Lieb* in Henssler/Strohn, AktG, § 87 Rn. 9; *Drygala* in K. Schmidt/Lutter, AktG, § 116 Rn. 62; *Harnos,* Geschäftsleiterhaftung bei unklarer Rechtslage, S. 146; *Hoffmann-Becking,* ZHR 169 (2005), 155, 157 f.; *Holle,* AG 2016, 270, 277; *Holle,* AG 2011, 778, 779; *Kaulich,* Die Haftung von Vorstandsmitgliedern für Rechtsanwendungsfehler, S. 177; *Keiser,* RdA 2010, 280, 285; *Koch* in Hüffer/Koch, AktG, § 87, Rn. 23, § 116 Rn. 18; *Koch,* NZG 2014, 934, 939; *Kort,* DStR 2007, 1127, 1132; *Kort* in Großkomm AktG, § 87 Rn. 330; *Lindemann/Heim,* JuS 2018, 1121, 1122; *Lutter,* ZIP 2007, 841, 847; *Mertens/Cahn* in KK-AktG, § 87 Rn. 4; *Spindler,* AG 2011, 725, 726; *Spindler* in MüKoAktG, § 87 Rn. 40.

und bereits deshalb eine unternehmerische Entscheidung nicht vorliege.[706] Die überwiegende Auffassung bejaht dagegen eine unternehmerische Entscheidung bei rechtlich gebundenen Entscheidungen mit Beurteilungsspielraum.[707] Zwar bestehe im Rahmen gesetzlicher Bindungen mit Beurteilungsspielraum kein Handlungsspielraum bei der Frage, „ob" Maßnahmen ergriffen werden, jedoch rechtfertige es der Beurteilungsspielraum hinsichtlich der Art und Weise, „wie" Maßnahmen ergriffen werden, eine unternehmerische Entscheidung anzunehmen.[708] Außerdem zeichne sich eine unternehmerische Entscheidung gerade durch ihren Prognosecharakter aus, der bei der Vergütungsentscheidung besonders bei der Festsetzung von in die Zukunft gerichteten variablen Vergütungsanreizen zum Ausdruck komme.[709]

Die überzeugendere Auffassung lehnt es dagegen ab, im Rahmen gesetzlicher Bindungen mit Beurteilungsspielraum eine unternehmerische Entscheidung

706 *Schäfer*, ZIP 2005, 1253, 1258.

707 *Brömmelmeyer*, WM 2005, 2065, 2066; *Hauschka*, GmbHR 2007, 11, 12 f.; *Kocher*, CCZ 2009, 215, 217; *B. Schmidt*, Compliance in Kapitalgesellschaften, S. 94 f.; *Th. Schneider*, Möglichkeiten und Grenzen der Umsetzung der gesellschaftsrechtlichen und bankenaufsichtsrechtlichen Anforderungen an Risikomanagement auf Gruppenebene, S. 29 ff.; *Schnieders*, Haftungsfreiräume für unternehmerische Entscheidungen in Deutschland und Italien, S. 302 f.; *Sieg/Zeidler* in Hauschka/Moosmayer/Lösler (Hrsg.), Corporate Compliance, § 3 Rn. 39; *Spindler*, FS Hüffer, 985, 993 f.; *Spindler* in MüKoAktG, § 93 Rn. 88; *Thole*, ZHR 173 (2009), 504, 523; *Winnen*, Die Innenhaftung des Vorstandes nach dem UMAG, S. 179 ff.; speziell zur Vergütungsentscheidung: BGHSt 50, 331 Rn. 15 = NJW 2006, 522; LG Düsseldorf NJW 2004, 3275; *Annuß/Theusinger*, BB 2009, 2434, 2440; *Baums*, FS Huber, 657, 663 f.; *Bosch/Lange*, JZ 2009, 225, 230; *Diller*, NZG 2009, 1006, 1009; *Fleischer* in Spindler/Stilz, AktG, § 87 Rn. 39; *Gaul/Janz*, NZA 2009, 809, 814; *Hambloch-Gesinn/Gesinn* in Hölters, AktG, § 116 Rn. 47; *Hoffmann-Becking*, NZG 2006, 127, 128; *Hohenstatt*, ZIP 2009, 1349, 1354; *Lutter*, ZIP 2007, 841, 847; *Mertens/Cahn* in KK-AktG, § 87 Rn. 4; *Schüppen*, ZIP 2010, 905, 908 f.; *Seibt* in K. Schmidt/Lutter, AktG, § 87 Rn. 16; *Spindler* in MüKoAktG, § 87 Rn. 40, 133 f.; *Spindler*, AG 2011, 725, 726; *Spindler* in *Spindler/Stilz*, AktG, § 116 Rn. 57.

708 Vgl. BGHSt 50, 331, 336 = NJW 2006, 522; *Baums*, FS Huber, 657, 663 f.; *Bosch/Lange*, JZ 2009, 225, 230; *Fleischer*, DB 2006, 542, 543; *Fleischer* in Spindler/Stilz, AktG, § 87 Rn. 39; *Hoffmann-Becking*, ZHR 169 (2005), 155, 157 f.; *Mertens/Cahn* in KK-AktG, § 87 Rn. 4; *Seibt* in K. Schmidt/Lutter, AktG, § 87 Rn. 16; *Spindler* in MüKoAktG, § 87 Rn. 40; *Spindler* in Spindler/Stilz, AktG, § 116 Rn. 43.

709 BGHSt 50, 331, 336 = NJW 2006, 522; *Baums*, FS Huber, 657, 663 f.; *Gaul/Janz*, NZA 2009, 809, 814; *Spindler*, AG 2011, 725, 726; *Spindler* in MüKoAktG, § 87 Rn. 40, 134; *Spindler* in Spindler/Stilz, AktG, § 116 Rn. 57.

anzunehmen.[710] Auch wenn das Gesetz dem Aufsichtsrat einen Beurteilungsspielraum belasse, bleibe er dennoch den gesetzlichen Zielvorgaben verhaftet.[711] Allein ein ordnungsmäßiges Verfahren bei der Entscheidungsfindung über die Vorstandsvergütung könne nicht sicherstellen, dass der Aufsichtsrat eine pflichtgemäße Vergütungsentscheidung treffe.[712] Vielmehr müsse auch bei rechtlich gebundenen Entscheidungen mit Beurteilungsspielraum eine inhaltliche Kontrolle des Entscheidungsergebnisses dahingehend möglich sein, ob die getroffene Entscheidung noch im Rahmen der gesetzgeberischen Zielvorstellung liege.[713]

Qualifiziert man die Vergütungsentscheidung des Aufsichtsrats entsprechend der zuletzt angeführten Auffassung nicht als unternehmerische Entscheidung im Sinne des § 93 Abs. 1 Satz 2 AktG, folgt daraus, dass die Business Judgment Rule auf die Vergütungsentscheidung des Aufsichtsrats nicht anwendbar ist. Dadurch ist die gerichtliche Kontrolle der Vergütungsentscheidung des Aufsichtsrats nicht darauf beschränkt, ob der Aufsichtsrat bei der Vergütungsentscheidung vernünftigerweise annehmen durfte, auf der Grundlage angemessener Information zum Wohle der Gesellschaft zu handeln. Dies ist mit Blick auf eine effektive Aufsichtsratshaftung für pflichtwidrige Vergütungsentscheidungen zu befürworten.

IV. Haftung nur bei unvertretbarer Vergütungsentscheidung

Wenngleich § 93 Abs. 1 Satz 2 AktG auf die Vergütungsentscheidung nicht anwendbar ist, bedeutet das nicht, dass es außerhalb der Business Judgment Rule keine haftungsfreien Spielräume gibt.[714] Diese können auch dann in Betracht

---

710 *Bayer/Meier-Wehrsdorfer,* AG 2013, 477, 480; *Harnos,* Geschäftsleiterhaftung bei unklarer Rechtslage, S. 142 ff.; *Holle,* AG 2011, 778 ff.; *Hopt/Roth* in Großkomm AktG, § 93 Rn. 120 f.; *Kaulich,* Die Haftung von Vorstandsmitgliedern für Rechtsanwendungsfehler, S. 175 ff., 187 f.; *Keiser,* RdA 2010, 280, 285; *Koch,* NZG 2014, 934, 939 ff.; *Koch* in Hüffer/Koch, AktG, § 87 Rn. 23; *Kort,* DStR 2007, 1127, 1132; *Kort* in Großkomm AktG, § 87 Rn. 348; *Schwark,* FS Raiser, 377, 391 f.

711 *Harnos,* Geschäftsleiterhaftung bei unklarer Rechtslage, S. 142 f.; *Holle,* AG 2011, 778, 784; *Hopt/Roth* in Großkomm AktG, § 93 Rn. 121; *Koch* in Hüffer/Koch, AktG, § 93 Rn. 11; *Schwark,* FS Raiser, 377, 392.

712 *Holle,* AG 2011, 778, 784.

713 *Bayer/Meier-Wehrsdorfer,* AG 2013, 477, 480; *Harnos,* Geschäftsleiterhaftung bei unklarer Rechtslage, S. 142 f., 146 f.; *Holle,* AG 2011, 778, 784; *Hopt/Roth* in Großkomm AktG, § 93 Rn. 121; *Koch,* NZG 2014, 934, 939.

714 *Bachmann,* WM 2015, 105, 107, 112; *Bayer/Meier-Wehrsdorfer,* AG 2013, 477, 480; *Hopt/Roth* in Großkomm AktG, § 93 Rn. 123; *Katsas,* Die Inhaltskontrolle unternehmerischer Entscheidungen von Verbandsorganen im Spannungsfeld zwischen

kommen, wenn der Aufsichtsrat unter Unsicherheit zu entscheiden hat, wie es bei der Vergütungsentscheidung aufgrund der im Gesetz verwendeten unbestimmten Rechtsbegriffe der Fall ist.[715] Es leuchtet ein, dass es nicht sinnvoll sein kann, den Bestand einer Vergütungsentscheidung des Aufsichtsrats infrage zu stellen, weil die vom Aufsichtsrat getroffene Vergütungsentscheidung mit dem vom Gericht angenommenen Betrag nicht auf den Cent genau übereinstimmt.[716] Mithin ist die gerichtliche Kontrolle der Vergütungsentscheidung zwar nicht wie im Rahmen der Business Judgment Rule auf grobe Fehler beschränkt,[717] aber eine pflichtwidrige Vergütungsentscheidung kann aufgrund des weiten Beurteilungsspielraums des Aufsichtsrats nur dann bejaht werden, wenn die Vergütungsentscheidung des Aufsichtsrats bei Berücksichtigung der gesetzlichen Vorgaben nicht mehr vertretbar ist.[718]

Diese auf eine Vertretbarkeitskontrolle beschränkte gerichtliche Nachprüfung der Vergütungsentscheidung dürfte Aufsichtsratsmitglieder jedoch nicht in besonderem Maße dazu anhalten können, die gesetzlichen Vergütungsvorgaben zu befolgen. Denn aufgrund des damit verbundenen Haftungsfreiraums haben Aufsichtsratsmitglieder kaum zu befürchten, dass sie für getroffene Vergütungsentscheidungen tatsächlich belangt werden. Daran kann letztlich auch

---

Ermessensfreiheit und Gesetzesbindung, S. 125 f.; *Koch,* NZG 2014, 934, 939; *Koch* in Hüffer/Koch, AktG, § 93 Rn. 11; *Holle,* AG 2011, 778, 785.

715 *Bachmann,* WM 2015, 105, 107, 109; *Bayer/Meier-Wehrsdorfer,* AG 2013, 477, 480; *Hopt/Roth* in Großkomm AktG, § 93 Rn. 126; *Koch,* NZG 2014, 934, 939; *Koch* in Hüffer/Koch, AktG, § 93 Rn. 11; *Holle,* AG 2011, 778, 779 f., 785.

716 *Koch,* NZG 2014, 934, 939; zustimmend *Holle,* AG 2016, 270, 277.

717 *Bachmann,* FS Stilz, 25, 28 ff.; *Bachmann,* WM 2015, 105, 106 f., 112; vgl. ferner *Bosch/Lange,* JZ 2009, 225, 231; *Freitag/Korch,* ZIP 2012, 2281, 2282 ff.; *Hopt/Roth* in Großkomm AktG, § 93 Rn. 102 f.; *Lange,* D&O-Versicherung und Managerhaftung, § 2 Rn. 75 („grobes Informationsdefizit“); *Peters,* AG 2010, 811, 813; *Spindler,* NZG 2005, 865, 871 f.; *Spindler,* AG 2006, 677, 681; *Winnen,* Die Innenhaftung des Vorstandes nach dem UMAG S. 217 ff.; ausführlich zur Haftung innerhalb der Business Judgment Rule nur für grobe Fehler *Baur/Holle,* AG 2017, 597 ff.

718 *Bachmann,* WM 2015, 105, 109; *Drygala* in K. Schmidt/Lutter, AktG, § 116 Rn. 62; *Gaul/Janz,* NZA 2009, 809, 814; *Harnos,* Geschäftsleiterhaftung bei unklarer Rechtslage, S. 142 f.; *Hohenstatt,* ZIP 2009, 1349, 1354 („Evidenzprüfung“); *Holle,* AG 2016, 270, 277; *Holle,* AG 2011, 778, 785; *Hopt/Roth* in Großkomm AktG, § 93 Rn. 121, 126; *Katsas,* Die Inhaltskontrolle unternehmerischer Entscheidungen von Verbandsorganen im Spannungsfeld zwischen Ermessensfreiheit und Gesetzesbindung, S. 161 f.; *Lindemann/Heim,* JuS 2018, 1121, 1124; *Roth,* Unternehmerisches Ermessen und Haftung des Vorstands, S. 105 f.; *van Kann/Keiluweit,* DStR 2009, 1587, 1591 („Ermessensspielräume deutlich überschritten wurden“).

die auf die Aufsichtsratshaftung hinweisende Vorschrift des § 116 Satz 3 AktG nichts ändern.[719] Zu aussagekräftig ist der Mangel an Haftungsfällen in der Praxis.[720] Zudem ist die Vergütungsentscheidung von Aufsichtsratsmitgliedern in der Regel bereits aufgrund der Inanspruchnahme von Vergütungsberatern hinreichend dokumentiert. Dass daran die meisten gerichtlichen Vertretbarkeitskontrollen bereits scheitern werden, dürfte auch für Aufsichtsratsmitglieder kein Geheimnis sein.

V. Defizite bei der Haftungsdurchsetzung

Neben den nur schwer zu bejahenden Haftungsvoraussetzungen dürften einer effektiven Aufsichtsratshaftung für pflichtwidrige Vergütungsentscheidungen auch Defizite bei der Haftungsdurchsetzung entgegenstehen. Hierbei sollte man sich an erster Stelle nochmals vergegenwärtigen, dass es sich bei der Aufsichtsratshaftung für pflichtwidrige Vergütungsentscheidungen um eine Innenhaftung gegenüber der Gesellschaft handelt. Etwaige Schadensersatzansprüche gegen Aufsichtsratsmitglieder sind daher grundsätzlich vom Vorstand geltend zu machen (§ 78 Abs. 1 Satz 1 AktG).

Es liegt auf der Hand, dass Vorstandsmitglieder nicht daran interessiert sind, gegen pflichtwidrige Vergütungsentscheidungen des Aufsichtsrats vorzugehen. Schließlich würden Vorstandsmitglieder in der Sache gegen ihre eigenen überhöhten Vergütungen vorgehen und sich aufgrund ihrer Treuepflicht gegenüber der Gesellschaft zugleich der latenten Gefahr aussetzen, sich selbst zu belasten.[721] Darüber hinaus werden Vorstandsmitglieder aufgrund ihrer herausgehobenen Stellung in der Gesellschaft und ihrer zeitlich umfangreichen Tätigkeit wohl kaum zu der Einschätzung gelangen, dass ihre eigene Vergütung zu hoch ist.[722] Abgesehen davon dürften auch personelle und persönliche Verflechtungen zwischen Vorstands- und Aufsichtsratsmitgliedern dazu beitragen, dass der

---

719 Vgl. *Cannivé/Seebach,* Der Konzern 2009, 593, 595; *Hanau,* NJW 2009, 1652, 1653; *Hupka,* RIW 2012, 758, 763; eine faktische Erhöhung des Haftungsrisikos durch § 116 S. 3 sieht dagegen *Schüppen,* ZIP 2010, 905, 908.

720 *Hupka,* RIW 2012, 758, 763; vgl. *Cannivé/Seebach,* Der Konzern 2009, 593, 595.

721 *Bork* in Hommelhoff/Hopt/v. Werder (Hrsg.), Hdb. Corporate Governance, 743, 759; *Koch* in Hüffer/Koch, AktG, § 147 Rn. 1; *Linnerz,* NZG 2004, 307, 308; *Lutter,* NJW 1995, 1133, 1134; *Peltzer,* WM 1981, 346, 348; *Rieckers/Vetter* in KK-AktG, § 147 Rn. 16; *Thümmel,* DB 1997, 261, 263; *Trescher,* DB 1995, 661; *Zieglmeier,* ZGR 2007, 144, 148.

722 *Raapke,* Regulierung der Vergütung, S. 201.

Vorstand in der Praxis regelmäßig von einer Anspruchsverfolgung gegen Aufsichtsratsmitglieder absieht.[723] Insgesamt müssen Aufsichtsratsmitglieder daher kaum befürchten, dass sie vom Vorstand aufgrund einer pflichtwidrigen Vergütungsentscheidung in Anspruch genommen werden.

Nicht weniger defizitär ist die Anspruchsverfolgung gegen Aufsichtsratsmitglieder wegen pflichtwidriger Vergütungsentscheidungen durch die Aktionäre einer Aktiengesellschaft. Das Aktienrecht eröffnet Aktionären verschiedene Möglichkeiten, Schadensersatzansprüche gegen Aufsichtsratsmitglieder durchzusetzen. Aktionäre können durch einen mit einfacher Mehrheit abgefassten Hauptversammlungsbeschluss erzwingen, dass Schadensersatzansprüche gegen Aufsichtsratsmitglieder geltend gemacht werden (§ 147 Abs. 1 Satz 1 AktG). Darüber hinaus können Aktionäre, die zusammen entweder 1 % des Grundkapitals oder einen anteiligen Betrag in Höhe von 100.000 Euro erreichen, Zulassung beantragen, Schadensersatzansprüche der Gesellschaft gegen Aufsichtsratsmitglieder in eigenem Namen geltend zu machen (§ 148 Abs. 1 Satz 1 AktG).

Dass Aktionäre diese Möglichkeiten nicht gebrauchen,[724] um Schadensersatzansprüche gegen Aufsichtsratsmitglieder wegen pflichtwidriger Vergütungsentscheidungen zu verfolgen, dürfte auf verschiedene Gründe zurückzuführen sein. Zum einen handelt es sich um einen Anspruch der Gesellschaft gegen den Aufsichtsrat, weshalb bei erfolgreicher Schadensersatzklage unmittelbar der Vermögensverlust der Gesellschaft kompensiert wird. Aktionäre dagegen profitieren davon lediglich mittelbar und nur zu einem nach ihrem Gesellschaftsanteil bemessenen, in der Regel geringen Bruchteil.[725] Daher dürfte bereits eine Gegenüberstellung von Aufwand und Ertrag einzelnen Aktionären keinen Anreiz

723 *Bork* in Hommelhoff/Hopt/v. Werder (Hrsg.), Hdb. Corporate Governance, 743, 759; *Hanau,* NJW 2009, 1652, 1653; *Koch* in Hüffer/Koch, AktG, § 147 Rn. 1; *Koch,* ZGR 2006, 769, 770 f.; *Linnerz,* NZG 2004, 307, 308; *Peltzer,* WM 1981, 346, 348 f.; *Rieckers/Vetter* in KK-AktG, § 147 Rn. 16; *Trescher,* DB 1995, 661; *Ziegelmeier,* ZGR 2007, 144, 145.

724 Siehe dazu *Habersack,* ZHR 177 (2013), 782, 790 („das Versagen des § 148 AktG"); *Hanau,* NJW 2009, 1652, 1653 („schwer zu handhabendes Surrogat"); *Koch* in Hüffer/Koch, AktG, § 148 Rn. 3 („wirkungslos"); *Mock* in Spindler/Stilz, AktG, § 147 Rn. 12; *Peltzer,* FS Uwe H. Schneider, 2011, 953 ff.; *Vetter,* FS Hoffmann-Becking, 1317, 1319 f.; *Wagner,* ZHR 178 (2014), 227, 241 f. („Leerlauf der Aktionärsklage"); ausführlich zur Bedeutungslosigkeit der Aktionärsklage *Schmolke,* ZGR 2011, 398 ff.

725 Vgl. *Baums,* ZIP 1995, 11; *Dauner-Lieb,* WM 2007, 9, 11; *Fleischer/Strothotte,* AG 2011, 221, 224 f.; *Habersack,* ZHR 177 (2013), 782, 791; *Mock* in Spindler/Stilz, AktG, § 148 Rn. 12; *Roth,* ZIP 2003, 369, 376; *Schmolke,* ZGR 2011, 398, 406 f.; *Wagner,* ZHR 178 (2014), 227, 240 f.

bieten, Schadensersatzansprüche gegen Aufsichtsratsmitglieder wegen pflichtwidriger Vergütungsentscheidungen zu verfolgen.[726]

Zum anderen besteht für Aktionäre beim Klagezulassungsverfahren (§ 148 Abs. 1 AktG) aufgrund des Beurteilungsspielraums des Aufsichtsrats bei der Vergütungsfestsetzung stets ein erhöhtes Risiko, dass ihr Zulassungsantrag abgewiesen wird und sie die Kosten tragen müssen (§ 148 Abs. 6 Satz 1 AktG).[727] So wies beispielsweise das LG München I einen Zulassungsantrag bezogen auf einen Verstoß gegen § 87 Abs. 1 AktG wegen überhöhter Vorstandsvergütung ab, weil keine Tatsachen vorlagen, die den Verdacht rechtfertigten, dass der Gesellschaft durch Unredlichkeit oder grobe Verletzung des Gesetzes oder der Satzung ein Schaden entstanden war (§ 148 Abs. 1 Satz 2 Nr. 3 AktG).[728] Diesem Risiko werden sich Aktionäre angesichts der geringen eigenen wirtschaftlichen Vorteile bei erfolgreicher Anspruchsverfolgung kaum aussetzen wollen. Berücksichtigt man dabei auch das oftmals bestehende apathische Verhalten von Aktionären,[729] ist nachvollziehbar, weshalb Aktionäre Schadensersatzansprüche gegen Aufsichtsratsmitglieder in der Regel nicht verfolgen.

Damit lässt sich festhalten, dass es nicht nur aufgrund des Beurteilungsspielraums von Aufsichtsräten bei der Vergütungsfestsetzung problematisch ist, Aufsichtsratsmitglieder für pflichtwidrige Vergütungsentscheidungen auf Schadensersatz in Anspruch zu nehmen. Vielmehr kommt hinzu, dass Schadensersatzansprüche gegen Aufsichtsratsmitglieder in der Regel nicht verfolgt werden.

VI. Anderweitige Sanktionen

Von der Aufsichtsratshaftung für pflichtwidrige Vergütungsentscheidungen abgesehen, könnten Aufsichtsratsmitglieder über anderweitige Sanktionen dazu angehalten werden, zumindest solche Vergütungsvorschriften zu befolgen, die

726 Vgl. *Baums,* ZIP 1995, 11; *Dauner-Lieb,* WM 2007, 9, 11; *Fleischer/Strothotte,* AG 2011, 221, 224 f.; *Mock* in Spindler/Stilz, AktG, § 147 Rn. 12, § 148 Rn. 12; *Roth,* ZIP 2003, 369, 376; *Vetter,* FS Hoffmann-Becking, 1317, 1321; *Wagner,* ZHR 178 (2014), 227, 240 f.; mit konkreten Rechenbeispielen *Schmolke,* ZGR 2011, 398, 404 ff.

727 Vgl. zum Kostenrisiko nach § 148 Abs. 6 S. 1 AktG *Schmolke,* ZGR 2011, 398, 406 ff.

728 LG München I AG 2007, 458; vgl. dazu auch *Schmolke,* ZGR 2011, 398, 403.

729 Vgl. *Arnold,* Steuerung des Vorstandshandelns, S. 150; *Baums,* ZIP 1995, 11; *Dauner-Lieb,* WM 2007, 9, 11; *Ferrarini/Moloney,* ECFR 2004, 251, 256; *Fleischer/Strothotte,* AG 2011, 221, 224 f.; *Harbarth,* NZG 2011, 368, 371; *Roth,* ZIP 2003, 369, 376; *Seibert,* FS Hommelhoff, 1111, 1113.

nicht unmittelbar auf die Vergütungsentscheidung des Aufsichtsrats abzielen. Zu denken ist dabei vor allem an die für Vorstandsvergütungen geltenden Publizitätsvorschriften. In diese Richtung zielt wohl auch die Aktionärsrechterichtlinie, indem sie die Mitgliedstaaten durch Art. 9b Abs. 5 S. 4 Aktionärsrechterichtlinie verpflichtet sicherzustellen, dass Aufsichtsratsmitglieder nach den innerstaatlichen Rechts- und Verwaltungsvorschriften über die Haftung zumindest gegenüber der Gesellschaft haften, wenn sie gegen die von den Mitgliedstaaten noch umzusetzenden Vorschriften über die Erstellung und Offenlegung des Vergütungsberichts verstoßen (Art. 9b Aktionärsrechterichtlinie). Allerdings dürfte eine Haftung für Verstöße gegen Publizitätsvorschriften Aufsichtsräte ebenfalls nicht dazu anhalten können, Publizitätsvorschriften einzuhalten. Denn auch hier bestehen die soeben aufgezeigten Defizite in der Anspruchsdurchsetzung.[730] Außerdem ist unklar, ob und inwiefern der Gesellschaft ein bezifferbarer Schaden entsteht, wenn ein Vergütungsbericht nicht pflichtkonform erstellt und offengelegt wird.

Besser könnten sich Bußgeldvorschriften eignen, wenn man Aufsichtsratsmitglieder dazu anhalten möchte, die für Vorstandsvergütungen geltenden Publizitätspflicht zu befolgen. Schließlich greifen Bußgelder bei Verstößen gegen gesetzliche Publizitätspflichten schadensunabhängig. Ferner werden Bußgelder durch den Staat verhängt, wodurch sich Bußgelder effektiv durchsetzen lassen. Wirft man einen Blick ins Gesetz, sieht § 334 Abs. 1 Nr. 1 lit. d, Abs. 3 HGB eine Möglichkeit vor, gegen Aufsichtsratsmitglieder ein Bußgeld zu verhängen, wenn diese gegen die in § 285 Nr. 9 HGB für die Vorstandsvergütung geregelten Publizitätsvorschriften verstoßen.[731] Hierbei beschränkt sich § 334 Abs. 1 Nr. 1 lit. d HGB auf einen pauschalen Verweis auf sämtliche gemäß § 285 HGB in den Anhang des Jahresabschlusses aufzunehmenden Angaben. Um Aufsichtsräte stärker dazu anzuhalten, die gesetzlichen Publizitätsvorschriften über die Vorstandsvergütung zu befolgen, könnte es daher sinnvoll sein, die Möglichkeit eines Bußgeldes bei Verstößen gegen gesetzliche Publizitätsvorschriften über die Vorstandsvergütung im Gesetz ausdrücklich anzuführen. Zu begrüßen ist insoweit die Umsetzung der Aktionärsrechterichtlinie durch das ARUG II. Dieses sieht in § 405 Abs. 1 Nr. 5 und Nr. 6 AktG explizit vor, dass Verstöße gegen

730 Siehe oben, 4. Teil, sub § 14, V.

731 Vgl. zu den inhaltlichen Voraussetzungen von § 285 Nr. 9 HGB oben, 3. Teil, sub § 11, III. 1.

die Pflicht zur Veröffentlichung von Vergütungspolitik und Vergütungsbericht künftig mit einem Bußgeld geahndet werden können.[732]

VII. Zusammenfassung

Eine Haftung für pflichtwidrige Vergütungsentscheidungen dürfte Aufsichtsratsmitglieder nicht in besonderem Maße dazu anhalten können, die gesetzlichen Vergütungsvorschriften zu befolgen. Das gilt auch dann, wenn man der Ansicht ist, dass die in § 93 Abs. 1 Satz 2 AktG kodifizierte Business Judgment Rule auf die Vergütungsentscheidung des Aufsichtsrats nicht anwendbar ist. Zwar ist die gerichtliche Nachprüfung der Vergütungsentscheidung des Aufsichtsrats dann im Grundsatz weiter und nicht darauf begrenzt, ob der Aufsichtsrat bei der Vergütungsentscheidung vernünftigerweise annehmen durfte, auf Grundlage angemessener Information zum Wohle der Gesellschaft zu handeln, allerdings ist die gerichtliche Nachprüfung aufgrund des Aufsichtsräten bei der Vergütungsentscheidung zustehenden Beurteilungsspielraums auf eine Vertretbarkeitskontrolle beschränkt. Erst wenn die Vergütungsentscheidung des Aufsichtsrats unter Berücksichtigung der gesetzlichen Vergütungsvorschriften nicht mehr vertretbar ist, kann eine Haftung des Aufsichtsrats bejaht werden.

Zusätzlich bestehen Defizite bei der Haftungsdurchsetzung. Sowohl Vorstandsmitglieder als auch Aktionäre sind in der Regel nicht daran interessiert, Aufsichtsräte für pflichtwidrige Vergütungsentscheidungen zu belangen. Während Vorstandsmitglieder gegen ihre eigene Vergütung vorgehen würden, steht bei Aktionären der mit einer Anspruchsverfolgung verbundene Aufwand außer Verhältnis zu dem mit einer erfolgreichen Schadensersatzklage erzielbaren Ertrag. Insgesamt müssen Aufsichtsratsmitglieder daher kaum befürchten, für eine von ihnen getroffene Vergütungsentscheidung auf Schadensersatz in Anspruch genommen zu werden.

Empfehlenswert ist zumindest, Aufsichtsratsmitglieder über Bußgeldvorschriften anzuhalten, die Vorschriften über die Publizität von Vorstandsvergütungen und über die Vergütungsvota der Hauptversammlung einzuhalten.

732 Beschlussempfehlung und Bericht des Ausschusses für Recht und Verbraucherschutz zum Entwurf eines Gesetzes zur Umsetzung der 2. Aktionärsrechterichtlinie (ARUG II) vom 13.11.2019, BT-Drs. 19/15153, S. 64.

§ 15 Untersuchungsergebnisse

I. Wirtschafts- und Finanzkrise als Auslöser für eine Vergütungsregulierung

Auslöser für die Regulierung der Vorstandsvergütung waren die Umstände in den Unternehmen nach der Weltwirtschaftskrise von 1929 bis 1931. Zahlreiche Unternehmen waren mit den vor der Krise vereinbarten Dienstvergütungen finanziell überfordert. Zugleich machte der damalige Gesetzgeber Missstände in der Vergütungspraxis von Vorstandsmitgliedern aus. Basierend auf diesen Erkenntnissen stellte der damalige Gesetzgeber bei der Einführung des Aktiengesetzes von 1937 erstmals Grundsätze über die Bezüge von Vorstandsmitgliedern auf.

Weitere Missstände im Zusammenhang mit der Vorstandsvergütung offenbarten sich nach der Finanzkrise von 2008. Vorwiegend auf kurzfristigen Erfolg ausgerichtete Vergütungsstrukturen von Vorstandsmitgliedern wurden für die vor und während der Krise herrschende überhöhte Risikobereitschaft im Finanzsektor mitverantwortlich gemacht. Daraufhin rückte das Thema einer Vergütungsregulierung in den Fokus der Corporate Governance-Diskussion. Es kam auf internationaler und nationaler Ebene zu zahlreichen vergütungsregulierenden Maßnahmen. Hierdurch wurden nicht nur die allgemein geltenden aktienrechtlichen Vorschriften reformiert, sondern auch speziell für den Finanzsektor geltende Regelungen erlassen.

II. Interessenkonflikte und kurzfristig ausgerichtete Vergütungssysteme als Regulierungsgründe

Vorstandsvergütungen eignen sich dazu, dem in börsennotierten Aktiengesellschaften zwischen Aktionären und Vorstandsmitgliedern regelmäßig auftretenden Agenturproblem zu begegnen und daraus resultierende Steuerungsprobleme in Aktiengesellschaften zu verhindern. Voraussetzung dafür ist, dass Vorstandsmitglieder entsprechend ihren Aufgaben und Leistungen sowie entsprechend der Gesellschaftslage vergütet werden. Werden Vorstandsmitglieder erfolgs- und leistungsunabhängig vergütet, kann das Agenturproblem zwischen Aktionären und Vorstandsmitgliedern verstärkt werden.

Zuständig für die Festsetzung von Vorstandsvergütungen ist der Aufsichtsrat. In seiner Funktion als Überwachungsorgan ist er dazu verpflichtet, Vorstandsmitglieder leistungs- und erfolgsabhängig zu vergüten. Allerdings können Aufsichtsratsmitglieder Interessenkonflikten unterliegen, wenn sie die Vergütungen von Vorstandsmitgliedern festsetzen. Diese Interessenkonflikte können dazu führen, dass Aufsichtsräte Vorstandsvergütungen festsetzen, die nur unzureichend von den Aufgaben und Leistungen von Vorstandsmitgliedern sowie der Gesellschaftslage abhängen. Aktionären fehlt es hingegen an rechtlichen Mitteln und regelmäßig auch an Interesse, um gegen leistungs- und erfolgsunabhängige Vorstandsvergütungen vorzugehen. Um Steuerungsprobleme in Aktiengesellschaften zu verhindern, ist ein vergütungsregulierender Eingriff durch den Gesetzgeber erforderlich. Dieser sollte darauf abzielen, dass Vorstandsmitglieder leistungs- und erfolgsabhängig vergütet werden.

Zugleich sind vergütungsregulierende Maßnahmen notwendig, um zu verhindern, dass Vorstandsmitglieder über Vergütungsanreize dazu angehalten werden, ausschließlich auf kurzfristigen Erfolg abzielende und dementsprechend risikoreiche Geschäftsstrategien zu verfolgen. Dabei ist ein gesetzgeberischer Eingriff nicht nur im Finanzsektor aufgrund eines dem Gemeinwohl dienenden stabilen und funktionsfähigen Finanzsystems erforderlich. Denn im Bereich der Realwirtschaft gebietet es die interessenpluralistisch ausgerichtete Zielkonzeption der Aktiengesellschaft, dass der Vorstand bei seiner Tätigkeit zumindest auch eine langfristige und nachhaltige Unternehmensentwicklung berücksichtigt. Vergütungsregulierende Maßnahmen sollten daher darauf abzielen, Vergütungsstrukturen zu verhindern, die Vorstandsmitglieder zu einer den Bestand des Unternehmens gefährdenden Risikobereitschaft verleiten können.

Mit dem Argument des „sozialen Friedens" lassen sich vergütungsregulierende Maßnahmen dagegen nicht begründen. Zwar haben Vorstandsvergütungen aufgrund ihrer Höhe und der unverhältnismäßigen Entwicklung zum durchschnittlichen Arbeitnehmerlohn in der Vergangenheit regelmäßig für öffentliche Empörungen gesorgt, aber ein vermeintliches Ungerechtigkeitsempfinden oder Individualinteressen dürfen nicht dazu führen, dass anhand vergütungsregulierender Maßnahmen in eine funktionierende freie Marktwirtschaft eingegriffen wird.

Vergütungsregulierende Maßnahmen greifen in die Vertragsfreiheit börsennotierter Unternehmen und ihrer Vorstandsmitglieder ein. Deshalb muss bei der Vornahme einer vergütungsregulierenden Maßnahme stets berücksichtigt werden, ob diese verfassungsrechtlich gerechtfertigt ist. Entscheidend bei dieser Prüfung ist, dass die vergütungsregulierende Maßnahme der Verhältnismäßigkeitsprüfung standhält. Dies lässt sich aufgrund der mit einer Vergütungsregulierung verfolgten Zielsetzungen und des weiten gesetzgeberischen Gestaltungsspielraums bei der Regulierung eines Wirtschaftsbereichs in der Regel bejahen.

III. Eignung der verschiedenen Regulierungsinstrumente

Eine Vergütungshöchstgrenze ist nicht zweckmäßig, wenn es darum geht, auf die mit einer Vergütungsregulierung verfolgten Ziele hinzuwirken. Denn eine Vergütungshöchstgrenze beeinflusst nicht die Vergütungsstruktur von Vorstandsmitgliedern und würde daher nicht verhindern, dass Vorstandsmitglieder leistungs- und erfolgsunabhängig vergütet und über Vergütungsanreize vorwiegend zu risikoreichen Geschäftsstrategien angehalten werden. Darüber hinaus fehlt es an Maßstäben, um eine praxistaugliche Vergütungshöchstgrenze für Vorstandsmitglieder festlegen zu können.

Besser eignen sich dagegen Vorgaben, die unmittelbar die Vergütungsstruktur von Vorstandsmitgliedern betreffen, um auf die mit einer Vergütungsregulierung verfolgten Ziele hinzuwirken. Denn durch Strukturvorgaben können Aufsichtsräte grundsätzlich dazu angehalten werden, Vergütungssysteme von Vorstandsmitgliedern leistungs- und erfolgsabhängig festzusetzen und nicht ausschließlich auf kurzfristigen Erfolg auszurichten. Allerdings sollte der tatsächlich erzielbare Nutzen von Vorgaben über die Vergütungsstruktur von Vorstandsmitgliedern nicht überschätzt werden. Denn die unterschiedlichen Verhältnisse zwischen börsennotierten Unternehmen machen es nicht möglich, börsennotierten Unternehmen eine konkrete Vergütungsstruktur für ihre Vorstandsmitglieder vorzuschreiben. Vielmehr muss Aufsichtsräten stets Gestaltungsspielraum verbleiben, wenn sie Vorstandsvergütungen festsetzen. Dieser Prämisse versucht der Gesetzgeber mithilfe von unbestimmten Rechtsbegriffen in den Strukturvorgaben gerecht zu werden. Allerdings lassen sich die verwendeten unbestimmten Rechtsbegriffe nicht konkretisieren und dürften bei Aufsichtsräten zu offenen Fragen führen. Bei künftigen Reformüberlegungen sollte davon abgesehen werden, vergeblich zu versuchen, unbestimmte Rechtsbegriffe zu konkretisieren. Stattdessen kann erwogen werden, solche Vergütungsbestandteile strenger zu regulieren, die mit hoher Wahrscheinlichkeit dazu führen, dass Vorstandsmitglieder leistungs- und erfolgsunabhängig vergütet oder zu einer hohen Risikobereitschaft verleitet werden.

Zu befürworten ist außerdem, die Rechte von Aktionären im Zusammenhang mit der Festsetzung von Vorstandsvergütungen zu stärken. Allerdings sollte das nicht so weit gehen, dass die Hauptversammlung bei der konkreten Festsetzung von Vorstandsvergütungen mitentscheidet oder gar allein für die Festsetzung von Vorstandsvergütungen zuständig ist. Denn die Hauptversammlung ist, insbesondere aufgrund ihrer organisatorischen Schwerfälligkeit, nicht geeignet, die konkrete Entscheidung über die Vorstandsvergütungen zu treffen. Vielmehr sollte die Entscheidungskompetenz für die Festsetzung von

Vorstandsvergütungen weiterhin dem Aufsichtsrat zustehen. Dieser ist als Organ flexibler und sachverständiger, die konkrete Entscheidung über die Festsetzung von Vorstandsvergütungen zu treffen. Empfehlenswert ist, die Mitspracherechte von Aktionären bei der Festsetzung von Vorstandsvergütungen im Wege eines Say on Pay-Beschlusses zu stärken. Denn bei einem Say on Pay-Beschluss haben Aktionäre die Möglichkeit, ihre Meinung über die Vergütungen von Vorstandsmitgliedern zu äußern, während der Aufsichtsrat weiterhin die konkrete Vergütungsentscheidung trifft. Der tatsächliche Nutzen eines Say on Pay-Beschlusses hängt davon ab, auf welche Art und Weise dieser gesetzlich ausgestaltet ist. Zu begrüßen sind diesbezüglich die Vorgaben der Aktionärsrechterichtlinie und deren Umsetzung in nationales Recht durch das ARUG II, nach denen börsennotierte Unternehmen der Hauptversammlung künftig sowohl ein Vergütungssystem als auch einen Vergütungsbericht zur Billigung vorlegen müssen. Diese Änderungen dürften den bislang in § 120 Abs. 4 AktG a.F. verankerten Say on Pay-Beschluss aufwerten.

Nicht zuletzt eignen sich Publizitätsvorschriften dazu, um in börsennotierten Unternehmen auf leistungs- und erfolgsabhängige Vorstandsvergütungen hinzuwirken und vorwiegend auf kurzfristigen Erfolg ausgerichtete Vergütungssysteme zu verhindern. Publizitätsvorschriften sind nicht lediglich als Verfahrensbestimmungen anzusehen, sondern ihnen kann auch ein materieller Wirkungsgehalt zukommen. Genauer gesagt kann die Gefahr einer Reputationsschädigung infolge öffentlicher Empörung Aufsichtsräte dazu anhalten, Vorstandsmitglieder leistungs- und erfolgsabhängig zu vergüten und bei der Festsetzung von Vergütungsanreizen auch eine nachhaltige und langfristige Unternehmensentwicklung zu berücksichtigen. Bei der inhaltlichen Ausgestaltung von Publizitätsvorschriften ist darauf zu achten, dass Vorstandsvergütungen möglichst umfassend und transparent offengelegt werden müssen. Dadurch lässt sich am ehesten gewährleisten, dass leistungs- und erfolgsunabhängige Vorstandsvergütungen beziehungsweise lediglich auf kurzfristigen Erfolg ausgerichtete Vergütungsstrukturen von Vorstandsmitgliedern zu öffentlicher Empörung führen, was auf Aufsichtsräte wiederum die größte disziplinarische Wirkung haben dürfte. Auch diesbezüglich sind die Neuerungen der Aktionärsrechterichtlinie und deren Umsetzung durch das ARUG II zu begrüßen. Denn mit dem Vergütungssystem und dem Vergütungsbericht werden nunmehrzwei hinreichend präzisierte Gegenstände für eine Offenlegung von Vorstandsvergütungen vorgegeben.

IV. Eingeschränkter Nutzen nachträglicher Eingriffsmittel und Sanktionen

Nachträgliche Eingriffs- und Sanktionsmaßnahmen im Zusammenhang mit den Vergütungen von Vorstandsmitgliedern eignen sich nur bedingt dazu, um auf leistungs- und erfolgsabhängige Vorstandsvergütungen hinzuwirken beziehungsweise auf kurzfristigen Erfolg ausgerichtete Vergütungsstrukturen von Vorstandsmitgliedern zu verhindern.

Die Möglichkeit des Aufsichtsrats, Vorstandsvergütungen nachträglich herabzusetzen (§ 87 Abs. 2 AktG), ist aufgrund ihres Ausnahmecharakters restriktiv auszulegen, wodurch ihr Anwendungsbereich gering ist. Zugleich ist es, abgesehen von praktischen Bedenken, aufgrund des Grundsatzes der Vertragstreue nicht möglich, die Voraussetzungen für eine nachträgliche Herabsetzung von Vorstandsvergütungen aufzuweichen. Nichtsdestotrotz kann die Herabsetzungsvorschrift zumindest in Krisenzeiten einer Gesellschaft nützlich sein, einen überhöhten Mittelabfluss durch Vorstandsvergütungen zu verhindern. Allerdings sollte die Herabsetzungsvorschrift in diesem Zusammenhang reformiert werden. Insbesondere die mit dem VorstAG eingeführten Änderungen dürften bei Aufsichtsräten eher zu offenen Fragen führen, als bei diesen für Klarheit im Umgang mit der Vorschrift zu sorgen. Dabei bietet es sich an, konkrete Richtwerte festzulegen, ab denen sich eine Gesellschaft in einer Krise befindet und die Voraussetzungen für eine nachträgliche Herabsetzung von Vorstandsvergütungen erfüllt sind.

Mit Blick auf die Vorbeugung der Entstehung einer weiteren Finanzkrise als sinnvoll eingestuft werden können speziell für den Finanzsektor geltende Anordnungsbefugnisse von Aufsichtsbehörden. Durch Beschränkungen im Umgang mit variablen Vergütungszahlungen an Vorstandsmitglieder können Aufsichtsbehörden verhindern, dass die Liquidität eines insolvenzgefährdeten Instituts beziehungsweise Versicherungsunternehmens aufgrund von Vergütungszahlungen an Vorstandsmitglieder weiter geschwächt wird. Darüber hinaus lassen sich solche Anordnungsbefugnisse befürworten, die es Aufsichtsbehörden ermöglichen, in auf kurzfristigen Erfolg ausgerichtete Vergütungssysteme von Vorstandsmitgliedern einzugreifen. Denn dadurch können sie bereits frühzeitig unterbinden, dass Vorstandsmitglieder durch Vergütungsanreize zu einer hohen Risikobereitschaft verleitet werden.

Nicht zu empfehlen und auch nicht gerechtfertigt ist es, außerhalb des Finanzsektors staatliche Anordnungsbefugnisse einzuführen. Denn die Stabilität und Funktionsfähigkeit des Finanzsystems wird durch die Insolvenz eines

Unternehmens der Realwirtschaft nicht beeinträchtigt. Daher sollten hoheitliche Anordnungsbefugnisse ein Spezifikum des Finanzsektors bleiben.

Schließlich ist eine Haftung des Aufsichtsrats für pflichtwidrige Vergütungsentscheidungen nicht in der Lage, Aufsichtsräte dazu anzuhalten, Vorstandsmitglieder leistungs- und erfolgsabhängig zu vergüten und bei der Festsetzung der Vergütungsstruktur zumindest auch eine nachhaltige und langfristige Unternehmensentwicklung zu berücksichtigen. Denn Aufsichtsräte müssen kaum befürchten, für eine von ihnen getroffene Vergütungsentscheidung auf Schadensersatz zu haften. Zum einen ist die gerichtliche Nachprüfung der Vergütungsentscheidung des Aufsichtsrats aufgrund des ihm bei der Vergütungsentscheidung zustehenden Beurteilungsspielraums auf eine Vertretbarkeitskontrolle beschränkt. Daher wird eine pflichtwidrige Vergütungsentscheidung nur ausnahmsweise bejaht werden können. Zum anderen werden Schadensersatzansprüche gegen Aufsichtsratsmitglieder wegen überhöhter Vorstandsvergütungen regelmäßig nicht geltend gemacht. Insbesondere Vorstandsmitglieder sind wohl kaum daran interessiert, gegen ihre eigenen Vergütungen vorzugehen. Aber auch Aktionäre haben in der Regel kein Interesse, diesbezüglich Schadensersatzansprüche gegen Aufsichtsratsmitglieder durchzusetzen. Denn für Aktionäre steht der mit einer Anspruchsverfolgung verbundene Aufwand normalerweise außer Verhältnis zu dem mit einer erfolgreichen Schadensersatzklage verbundenen Ertrag. Es eignen sich aber zumindest Bußgeldvorschriften, Aufsichtsratsmitglieder dazu anzuhalten, Publizitätsvorschriften beziehungsweise Vorschriften im Zusammenhang mit einem Say on Pay-Beschluss einzuhalten.

Literaturverzeichnis

Adams, Michael: Aktienoptionspläne und Vorstandsvergütungen, ZIP 2002, 1325–1344.

Adolff, Johannes/*Eschwey*, Claudius: Lastenverteilung bei der Finanzmarktstabilisierung, ZHR 177 (2013), 902–978.

Annuß, Georg/*Früh*, Andreas/*Hasse*, Andreas (Hrsg.): Institutsvergütungsverordnung, Versicherungsvergütungsverordnung Kommentar, München 2016 (zitiert: *Bearbeiter* in Annuß/Früh/Hasse).

Annuß, Georg/*Sammet*, Sebastian: Anforderungen an Vergütungssysteme in Versicherungsunternehmen, BB 2011, 115–119.

Annuß, Georg/*Sappa*, Ingo: Die Institutsvergütungsverordnung 2017, BB 2017, 2612–2616.

Annuß, Georg/*Theusinger*, Ingo: Das VorstAG - Praktische Hinweise zum Umgang mit dem neuen Recht, BB 2009, 2434–2442.

Anzinger, Heribert: Vorstands- und Aufsichtsratsvergütung: Kompetenzverteilung und Offenlegung nach der zweiten Aktionärsrechterichtlinie, ZGR 2019, 39–96.

Armbrüster, Christian: Neue Vorgaben zur Managervergütung im Versicherungssektor, VersR 2011, 1–13.

Arner, Douglas W./*Taylor*, Michael W.: The Global Financial Crisis and the Financial Stability Board: Hardening the Soft Law of International Financial Regulation?, (2009) 33 UNSW L.J. 488–513.

Arnold, Arnd: Die Steuerung des Vorstandshandelns, München 2007 (zugl. Habil. Köln 2006).

Arrow, Kenneth J.: The Economics of Agency, in: Pratt, John W./Zeckhauser, Richard J. (Hrsg.), Principal and Agents: The Structure of Business, Boston (MA) 1985, S. 37–51.

Augsberg, Steffen: Verfassungsrechtliche Aspekte einer gesetzlichen Offenlegungspflicht für Vorstandsbezüge, ZRP 2005, 105–109.

Babbel, Michael/*Schäuble*, Jonas: Long Term Incentives für deutsche Vorstände, CF 2018, 320–324.

Bachmann, Gregor: Das „vernünftige" Vorstandsmitglied, in: Habersack, Mathias/Huber, Karl/Spindler, Gerald (Hrsg.), Festschrift für Eberhard Stilz zum 65. Geburtstag, München 2014, S. 25–44.

Bachmann, Gregor: Zehn Thesen zur deutschen Business Judgment Rule, WM 2015, 105–112.

Bachmann, Gregor/*Pauschinger*, Philipp: Die Neuregelung der Vorstands- und Aufsichtsratsvergütung durch das ARUG II, ZIP 2019, 1–10.

BaFin: Auslegungsentscheidung zur Unterdeckung der Solvabilitätskapitalanforderung vom 27.7.2016, abrufbar unter: https://www.bafin.de/SharedDocs/Veroeffentlichungen/DE/Auslegungsentscheidung/VA/ae_160727_unterdeckung_solvabilitaetskapitalanforderung_va.html (Stand: 5.2.2019).

BaFin: Auslegungshilfe zur Institutsvergütungsverordnung vom 15.2.2018, abrufbar unter: https://www.bafin.de/SharedDocs/Downloads/DE/Auslegungsentscheidung/dl_180216_ae_institutsv.pdf?__blob=publicationFile&v=2 (Stand: 5.2.2019).

Ballwieser, Wolfgang: Adolf Moxter und der Shareholder Value-Ansatz, in: Ballwieser, Wolfgang/Böcking, Hans-Joachim/Drukarcyk, Jochen/Schmidt, Reinhard H. (Hrsg.), Festschrift zum 65. Geburtstag von Adolf Moxter, Düsseldorf 1994, S. 1377–1405.

Ballwieser, Wolfgang: Shareholder Value als Element von Corporate Governance, ZfbF 61 (2009), 93–101.

Basedow, Jürgen: Wirtschaftsregulierung zwischen Beschränkung und Förderung des Wettbewerbs, in: Fuchs, Andreas/Schwintowski, Hans-Peter/Zimmer, Daniel (Hrsg.), Festschrift für Ulrich Immenga zum 70. Geburtstag, München 2004, S. 3–19.

Bauer, Jobst-Hubertus/*Arnold*, Christian: Festsetzung und Herabsetzung der Vorstandsvergütung nach dem VorstAG, AG 2009, 717–731.

Bauernfeind, Tobias: Aufsichts- und gesellschaftsrechtliche Grenzen der Vorstandsvergütung bei Finanzinstituten, GWR 2016, 89–92.

Baums, Theodor: Der Aufsichtsrat – Aufgaben und Reformfragen, ZIP 1995, 11–17.

Baums, Theodor: Aktienoptionen für Vorstandsmitglieder, in: Martens, Klaus-Peter/Westermann, Harm Peter/Zöllner, Wolfgang (Hrsg.), Festschrift für Carsten Peter Claussen zum 70. Geburtstag, Köln 1997, S. 3–48.

Baums, Theodor: Vorschlag eines Gesetzes zur Verbesserung der Transparenz von Vorstandsvergütungen, ZIP 2004, 1877–1884.

Baums, Theodor: Zur Offenlegung von Vorstandsvergütungen, ZHR 169 (2005), 299–309.

Baums, Theodor: Anerkennungsprämien für Vorstandsmitglieder, in: Baums, Theodor/Wertenbruck, Johannes/Lutter, Marcus u.a. (Hrsg.), Festschrift für Ulrich Huber zum siebzigsten Geburtstag, Tübingen 2006, S. 657–675.

Baur, Alexander/*Holle*, Philipp Maximilian: Ergänzungen und Anpassungen des Deutschen Corporate Governance Kodex 2017, NZG 2017, 170–174.

Baur, Alexander/*Holle*, Philipp Maximilian: Zur privilegierenden Wirkung der Business Judgment Rule bei Schaffung einer angemessenen Informationsgrundlage – Haften unbefangene Vorstandsmitglieder im Rahmen unternehmerischer Entscheidungen nur für grobe Fehler?, AG 2017, 597–606.

Bayer, Walter: Grundsatzfragen der Regulierung der aktienrechtlichen Corporate Governance, NZG 2013, 1–16.

Bayer, Walter: Die Vergütung von Vorstands- und Aufsichtsratsmitgliedern börsennotierter Gesellschaften nach dem RefE für das ARUG II, DB 2018, 3034–3042.

Bayer, Walter/*Habersack*, Mathias (Hrsg.): Aktienrecht im Wandel, Band I, Entwicklung des Aktienrechts, Tübingen 2007 (zitiert: *Bearbeiter* in Bayer/Habersack (Hrsg.), Aktienrecht im Wandel, Bd. I).

Bayer, Walter/*Habersack*, Mathias (Hrsg.): Aktienrecht im Wandel, Band II, Grundsatzfragen des Aktienrechts, Tübingen 2007 (zitiert: *Bearbeiter* in Bayer/Habersack (Hrsg.), Aktienrecht im Wandel, Bd. II).

Bayer, Walter/*Meier-Wehrsdorfer*, Annett: Abfindungsleistungen an Manager – Rechtstatsachen, Rechtsdogmatik und rechtspolitische Vorschläge für verbesserte Transparenz und angemessene Begrenzungen, AG 2013, 477–488.

Bebchuk, Lucian A./*Fried*, Jesse M.: Executive Compensation as an Agency Problem, 17 J. Econ. Persp. 71–92 (2003).

Bebchuk, Lucian A./*Fried*, Jesse M.: Pay without Performance, Cambridge (MA)/London 2004.

Bebchuk, Lucian A./*Fried*, Jesse M./*Walker*, David I.: Managerial Power and Rent Extraction in the Design of Executive Compensation, 69 UCLA L. Rev. 751–846 (2002).

Bebchuk, Lucian A./*Grinstein*, Yaniv: The Groth of Executive Pay, (2005) 21 Oxf. Rev. Econ. Pol. 283–303.

Beck, Heinz (Begr.)/*Samm*, Carl-Theodor/*Kokemoor*, Axel (Hrsg.): Kreditwesengesetz mit CRR, Heidelberg 2015 ff. (zitiert: *Bearbeiter* in Beck/Samm/Kokemoor, KWG).

Becker, Fred G.: Anreizsysteme für Führungskräfte – Möglichkeiten zur strategisch-orientierten Steuerung des Managements, Stuttgart 1990.

Begemann, Arndt/*Laue*, Bastian: Der neue § 120 Abs. 4 – Ein zahnloser Tiger?, BB 2009, 2442–2446.

Behme, Caspar: Die Vergütung der Mitglieder von Vorstand und Aufsichtsrat – gesellschaftsrechtliche Rahmenbedingungen und Haftungsrisiken, BB 2019, 451–457.

Beiner, Torsten/*Braun*, Eckhart: Der Vorstandsvertrag, 2. Auflage, Stuttgart 2014.

Bender, Ruth: Paying For Advice: The Role of the Remuneration Consultant in U.K. Listed Companies, 64 Vand. L. Rev. 361–396 (2011).

Bernhardt, Wolfgang/*Witt*, Peter: Stock Options und Shareholder Value, ZfB 67 (1997), 85–101.

Binder, Jens-Hinrich: Steuerung und Kontrolle von Vergütungssystemen durch die BaFin, in: Rieble, Volker/Junker, Abbo/Giesen Richard (Hrsg.), Finanzkriseninduzierte Vergütungsregulierung und arbeitsrechtliche Entgeltsysteme, München 2011, S. 63–97.

Binder, Jens-Hinrich: Regulierungsinstrumente und Regulierungsstrategien im Kapitalgesellschaftsrecht, Tübingen 2012 (zugl. Habil. Freiburg 2010).

Binder, Jens-Hinrich/*Glos*, Alexander/*Riepe*, Jan (Hrsg.): Handbuch Bankenaufsichtsrecht, Köln 2018 (zitiert: *Bearbeiter* in Binder/Glos/Riepe (Hrsg.), Hdb. Bankenaufsichtsrecht).

Binz, Mark/*Sorg*, Martin: Erfolgsabhängige Vergütungen von Vorstandsmitgliedern einer Aktiengesellschaft auf dem Prüfstand, BB 2002, 1273–1278.

Boos, Karl-Heinz/*Fischer*, Reinfrid/*Schulte-Mattler*, Hermann (Hrsg.): Kommentar zum Kreditwesengesetz, VO (EU) Nr. 575/2013 (CRR) und Ausführungsvorschriften, Band I, 5. Auflage, München 2016 (zitiert: *Bearbeiter* in BFS-KWG).

Bork, Reinhard: Sonderprüfung, Klageerzwingung, in: Hommelhoff, Peter/Hopt, Klaus J./Werder, Axel von (Hrsg.), Handbuch Corporate Governance, 2. Auflage, Stuttgart 2009, S. 743–766.

Bors, Maresa: Erfolgs- und leistungsorientierte Vorstandsvergütung, Aachen 2006 (zugl. Diss. Münster 2006).

Bosch, Nikolaus/*Lange*, Knut Werner: Unternehmerischer Handlungsspielraum des Vorstandes zwischen zivilrechtlicher Verantwortung und strafrechtlicher Sanktion, JZ 2009, 225–237.

Bosse, Christian: Das Gesetz zur Angemessenheit der Vorstandsvergütung (VorstAG) – Überblick und Handlungsbedarf, BB 2009, 1650–1654.

Botterweck, Birgit/*Jaeger*, Matthias/*Steinbrecher*, Ira: BaFin Journal, Februar 2014, abrufbar unter: https://www.bafin.de/SharedDocs/Downloads/DE/BaFinJournal/2014/bj_1402.pdf?__blob=publicationFile&v=2 (Stand: 5.2.2019).

Brand, Oliver/*Baroch Castellvi*, Manuel (Hrsg.): Versicherungsaufsichtsgesetz Handkommentar, Baden-Baden 2018 (zitiert: *Bearbeiter* in Brand/Baroch Castellvi, VAG).

Brandeis, Louis D.: Other People's Money and How the Bankers Use It, New York 1914.

Brauer, Markus: Die aktienrechtliche Beurteilung von „appreciation awards" zu Gunsten des Vorstands, NZG 2004, 502–509.

Brav, Alon/*Jiang*, Wei/*Hyunseob*, Kim: Hedge Fund Activism: A Review, 4 Foundations and Trends in Finance 185–246 (2009).

Brömmelmeyer, Christoph: Neue Regeln für die Binnenhaftung des Vorstands – Ein Beitrag zur Konkretisierung der Business Judgment Rule, WM 2005, 2065–2070.

Buchner, Herbert: Das Wirtschaftsrecht im Nationalsozialismus, in: *Rottleuthner*, Hubert (Hrsg.), Recht, Rechtsphilosophie und Nationalsozialismus, Wiesbaden 1983, S. 92–104.

Bühner, Rolf/*Tuschke*, Anja: Zur Kritik am Shareholder Value – eine ökonomische Analyse –, BFuP 49 (1997), 499–516.

Bundesministerium der Justiz und für Verbraucherschutz: Entwurf eines Gesetzes zur Umsetzung der zweiten Aktionärsrechterichtlinie (ARUG II) vom 11.10.2018, abrufbar unter: https://www.bmjv.de/SharedDocs/Gesetzgebungsverfahren/Dokumente/RefE_Aktionaersrechterichtlinie_II.pdf;jsessionid=6D33A4E84B0F5F6AA0843F8FC0A07F18.2_cid334?__blob=publicationFile&v=2 (Stand: 5.2.2019).

Bundesregierung: Maßnahmenkatalog zur Stärkung der Unternehmensintegrität und des Anlegerschutzes vom 23.2.2003, abrufbar unter: http://www.gesmat.bundesgerichtshof.de/gesetzesmaterialien/15_wp/allg_dateien/massnahmenkatalog.pdf (Stand: 5.2.2019).

Bungert, Hartwin/*Berger*, Lucina: Say on Pay und Related Party Transactions: Der RefE des Gesetzes zur Umsetzung der zweiten Aktionärsrechterichtlinie (Teil 1), DB 2018, 2801–2807.

Bungert, Hartwin/*Wansleben*, Till: Umsetzung der überarbeiteten Aktionärsrechterichtlinie in das deutsche Recht: Say on Pay und Related Party Transactions, DB 2017, 1190–1200.

Bunz, Thomas: Vorbereitungs- und Reaktionsmöglichkeiten börsennotierter Unternehmen auf Shareholder Activism, NZG 2014, 1049–1053.

Burns, Natasha/*Minnick*, Christina: Does Say-On-Pay Matter? Evidence from Say-On-Pay Proposals in the United States, 48 Fin. Rev. 233–258 (2013).

Buwert, Hans: Wandlung im Wirtschaftsrecht, DR 1935, 67–69.

Cahn, Andreas: Vorstandsvergütung als Gegenstand rechtlicher Regelung, in: Grundmann, Stefan/Haar, Brigitte/Merkt, Hanno u.a. (Hrsg.), Festschrift für Klaus J. Hopt zum 70. Geburtstag am 24. August 2010, Band I, Berlin/New York 2010, S. 431–455.

Cannivé, Klaus/*Seebach*, Daniel: Vorstandsvergütung als neue Haftungsfalle für Aufsichtsratsmitglieder?, Der Konzern 2009, 593–601.

Casper, Matthias: Hat die grundsätzliche Verfolgungspflicht des Aufsichtsrats im Sinne des ARAG/Garmenbeck-Urteils ausgedient?, ZHR 176 (2012), 617–652.

Colbe, Walther Busse von: Was ist und was bedeutet Shareholder Value aus betriebswirtschaftlicher Sicht, ZGR 1997, 271–290.

Conyon, Martin J.: Executive Compensation Consultants and CEO Pays, 64 Vand. L. Rev. 399–428 (2011).

Dauner-Lieb, Barbara: Aktuelle Vorschläge zur Präsenzsteigerung in der Hauptversammlung, WM 2007, 9–16.

Dauner-Lieb, Barbara: Die Verrechtlichung der Vorstandsvergütung durch das VorstAG als Herausforderung für den Aufsichtsrat, Der Konzern 2009, 583–593.

DAV-Handelsrechtsausschuss: Stellungnahme zum Entwurf eines Gesetzes zur Angemessenheit der Vorstandsvergütung, NZG 2009, 612–616.

DAV-Handelsrechtsausschuss: Stellungnahme zu den Änderungsvorschlägen der Regierungskommission Deutscher Corporate Governance Kodex vom 5. Februar 2013, NZG 2013, 419–421.

DAV-Handelsrechtsausschuss: Stellungnahme zum Referentenentwurf eines Gesetzes zur Umsetzung der zweiten Aktionärsrechterichtlinie (ARUG II), NZG 2019, 12–21.

De Raet, Tobias/*Dörfler*, Roman: Besonderheiten bei der Festlegung der Vergütung von Vorstands- und Aufsichtsratsmitgliedern von Versicherungsunternehmen, CCZ 2017, 253–265.

Degenhart, Christoph: Die allgemeine Handlungsfreiheit des Art. 2 I GG, JuS 1990, 161–169.

Deilmann, Barbara/*Otte*, Sabine: „Say on Pay" – erste Erfahrungen der Hauptversammlungspraxis, DB 2010, 545–547.

Deutsche Schutzvereinigung für Wertpapierbesitz e.V.: Studie zur Vorstandsvergütung 2004 für das Geschäftsjahr 2003, abrufbar unter: https://www.dsw-info.de/presse/archiv-pressekonferenzen/pressekonferenzen-2004/dsw-vorstandsverguetungsstudie-2004 (Stand: 5.2.2019).

Deutsche Schutzvereinigung für Wertpapierbesitz e.V.: Studie zur Vorstandsvergütung 2008 für das Geschäftsjahr 2007, abrufbar unter: https://www.dsw-info.de/presse/archiv-pressekonferenzen/pressekonferenzen-2008/dsw-vorstandsverguetungsstudie-2008 (Stand: 5.2.2019).

Deutsche Schutzvereinigung für Wertpapierbesitz e.V.: Studie zur Vorstandsvergütung 2017 für das Geschäftsjahr 2016, abrufbar unter: https://www.dsw-info.de/fileadmin/user_upload/Tabellen_PK_Vorstandsverguetung_2016.pdf (Stand: 5.2.2019).

Diekmann, Hans: „Say on Pay“ – Wesentliche Änderungen bei der Vergütung von Vorständen und Aufsichtsräten aufgrund der geänderten Aktionärsrechterichtlinie, WM 2018, 796–800.

Diekmann, Hans: Say on Pay – Umsetzung ins deutsche Recht nach dem ARUG II-Referentenentwurf, BB 2018, 3010–2013.

Diekmann, Hans/*Wurst*, Friederike: Die Organisation der Aufsichtsratsarbeit, NZG 2014, 121–127.

DIHK: Stellungnahme zum Entwurf eines Gesetzes zur Angemessenheit der Vorstandsvergütung (VorstAG), NZG 2009, 538–540.

Diller, Martin: Nachträgliche Herabsetzung von Vorstandsvergütungen und -ruhegeldern nach dem VorstAG, NZG 2009, 1006–1009.

Döll, Matthias: Das Votum zum Vergütungssystem nach § 120 Abs. 4 AktG, WM 2010, 103–112.

Drefahl, Christian: Say on Pay in Deutschland und im europäischen Vergleich, BOARD 2015, 43–47.

Drefahl, Christian/*Pelger*, Christoph: „Say on Pay“ – Einflussfaktoren auf Abstimmungsmöglichkeit und -ergebnisse über Vorstandsvergütungssysteme deutscher Unternehmen, BFuP 65 (2013), 444–466.

Dreher, Meinrad: Interessenkonflikte bei Aufsichtsratsmitgliedern von Aktiengesellschaften, JZ 1990, 896–904.

Dreher, Meinrad: Vergütung, Versorgung und Absicherung von Vorstandsmitgliedern in der Aktiengesellschaft, in: Henze, Hartwig/Hoffmann-Becking, Michael (Hrsg.), RWS-Forum 25, Gesellschaftsrecht 2003, Köln 2004, S. 203–246.

Drinhausen, Florian/*Eckstein*, Hans-Martin (Hrsg.): Beck’sches Handbuch der AG, 3. Auflage, München 2018 (zitiert: *Bearbeiter* in Drinhausen/Eckstein (Hrsg.), Beck’sches Hdb. AG).

Dzida, Boris/*Naber*, Sebastian: Risikosteuerung durch variable Vergütung, BB 2011, 2613–2617.

Easterbrook, Frank H./*Fischel*, Daniel R.: The Economic Structure of Corporate Law, Cambridge (MA) 1991.

Edmans, Alex/*Gabaix*, Xavier/*Jenter*, Dirk: Executive Compensation: A Survey of Theory and Evidence, in: Hermalin, Benjamin/Weisbach Michael (Hrsg.), The Handbook of the Economics of Corporate Governance, North Holland 2017, S. 383–539.

Eichner, Christian/*Delahaye*, Lukas: Sorgfaltspflichten und Gestaltungsmöglichkeiten des Aufsichtsrats bei Vorstandsverträgen nach dem VorstAG, ZIP 2010, 2082–2088.

Eidenmüller, Horst (Hrsg.): Ausländische Kapitalgesellschaften im deutschen Recht, München 2004.

Eisenschmidt, Karsten: Say on Pay-Votum in Deutschland, DB 2016, 2793–2798.

Elosge, Lukas: Vorstandsvergütung und Internationalisierung von Unternehmen, Wiesbaden 2017 (zugl. Diss. Stuttgart 2016).

Elschen, Rainer: Gegenstand und Anwendungsmöglichkeiten der Agency-Theorie, ZfbF 43 (1991), 1002–1012.

Eulerich, Marc/*Rapp*, Marc Steffen/*Wolff*, Michael: Ausgewählte Aspekte der Vorstandsvergütung: „Say-on-Pay"-Abstimmungen während der Hauptversammlung, ZCG 2012, 69–72.

Evers, Heinz: Vorstands- und Aufsichtsratsvergütung, in: Hommelhoff, Peter/-Hopt, Klaus J./Werder, Axel von (Hrsg.), Handbuch Corporate Governance, 2. Auflage, Stuttgart 2009, S. 349–387.

Fama, Eugene F./*Jensen* Michael C.: Separation of Ownership and Control, 26 J.L. & Econ. 301–325 (1983).

Feddersen, Dieter: Aktienoptionsprogramme für Führungskräfte aus kapitalmarktrechtlicher und steuerrechtlicher Sicht, ZHR 161 (1997), 269–299.

Fehling, Michael/*Ruffert*, Matthias (Hrsg.): Regulierungsrecht, Tübingen 2010.

Ferrarini, Guido/*Moloney*, Niamh: Executive Remuneration and Corporate Governance in the EU: Convergence, Divergence, and Reform Perspectives, ECFR 2004, 251–339.

Ferri, Fabrizio/*Maber*, David A.: Say on Pay Votes and CEO Compensation: Evidence from the UK, (2013) 17 Rev. Fin. 527–563.

Fetzer, Thomas: Staat und Wettbewerb in dynamischen Märkten, Tübingen 2013 (zugl. Habil. Mannheim 2009).

Feudner, Bernd W.: Regeln für Vorstandsbezüge – Iustitia est constans et perpetua voluntas ius suum cuique tribuendi, NZG 2007, 779–781.

Fleischer, Holger: Das Vorstandsvergütungs-Offenlegungsgesetz, DB 2005, 1611–1617.

Fleischer, Holger: Zur Angemessenheit der Vorstandsvergütung im Aktienrecht (Teil I), DStR 2005, 1279–1283.

Fleischer, Holger: Zur Angemessenheit der Vorstandsvergütung im Aktienrecht (Teil II), DStR 2005, 1318–1323.

Fleischer, Holger: Das Mannesmann-Urteil des Bundesgerichtshofs: Eine aktienrechtliche Nachlese, DB 2006, 542–545.

Fleischer, Holger (Hrsg.): Handbuch des Vorstandsrechts, München 2006.

Fleischer, Holger: Das Gesetz zur Angemessenheit der Vorstandsvergütung, NZG 2009, 801–806.

Fleischer, Holger: Shareholder vs. Stakeholders: Aktienrechtliche Fragen, in: Hommelhoff, Peter/Hopt, Klaus J./Werder Axel von (Hrsg.), Handbuch Corporate Governance, 2. Auflage, Stuttgart 2009, S. 185–218.

Fleischer, Holger: Aufsichtsratsverantwortlichkeit für die Vorstandsvergütung und Unabhängigkeit der Vergütungsberater, BB 2010, 67–74.

Fleischer, Holger: Regulierungsinstrumente der Managervergütung in rechtsvergleichender Perspektive, RIW 2010, 497–504.

Fleischer, Holger/*Bedowski*, Dorothea: „Say on Pay" im deutschen Aktienrecht: Das neue Vergütungsvotum der Hauptversammlung nach § 120 Abs. 4 AktG, AG 2009, 677–686.

Fleischer, Holger/*Strothotte*, Christian: Ein Stewardship Code für institutionelle Investoren: Wohlverhaltensregeln und Offenlegung der Abstimmungspolitik als Vorbild für Deutschland und Europa?, AG 2011, 221–233.

Forstmoser, Peter: Say-on-Pay: Die Volksinitiative gegen die Abzockerei und der Gegenvorschlag des Parlaments, SJZ 108 (2012), 337–350.

Frank, Florian/*Lange*, Ralph/*Lenk*, Sebastian-Veit: Say on Pay – bindendes Votum: Eine kritische Betrachtung, AR 2013, 128–130.

Freitag, Robert/*Korch*, Stefan: Die Angemessenheit der Information im Rahmen der Business Judgment Rule (§ 93 Abs. 1 Satz 2 AktG), ZIP 2012, 2281–2286.

Frey, Bruno S./*Osterloh*, Margit: Yes, Managers Should Be Paid Like Bureaucrats, 14 J. Manag. Inq. 96–111 (2005).

Friebel, Guido/*Langenbucher*, Katja: Die Institutsvergütungsverordnung: Ist Verantwortung für Misserfolge im Finanzsektor möglich?, GWR 2011, 103–106.

Friedrichsen, Sönke: Aktienoptionsprogramme für Führungskräfte, Köln 2000 (zugl. Diss. Hamburg 1999).

FSB: Principles for Sound Compensation Practices Implementation Standards vom 25.9.2009, abrufbar unter: http://www.fsb.org/wp-content/uploads/r_090925c.pdf (Stand: 5.2.2019).

FSF: Principles for Sound Compensation Practices vom 2.4.2009, abrufbar unter: http://www.fsb.org/wp-content/uploads/r_0904b.pdf (Stand: 5.2.2019).

Gaul, Felix: Das Vergütungsvotum der Hauptversammlung nach § 120 Abs. 4 AktG im Lichte der Aktionärsrechte-Richtlinie, AG 2017, 178–187.

Gaul, Björn/*Janz*, Alexandra: Wahlkampfgetöse im Aktienrecht: Gesetzliche Begrenzung der Vorstandsvergütung und Änderungen der Aufsichtsratstätigkeit, NZA 2009, 809–815.

Geßler, Ernst: Vorstand und Aufsichtsrat im neuen Aktiengesetz, JW 1937, 497–503.

Gibbons, Robert/*Murphy*, Kevin J.: Relative Performance Evaluation for Chief Executive Officers, 43 Indus. & Lab. Rel. Rev. 30–51 (1990).

Gneezy, Uri/*Rustichini*, Aldo: Pay Enough or Don't Pay at All, 115 Q. J. Econ. 791–810 (2000).

Goette, Wulf: Zur Orientierung der Vorstandsvergütung an der Lage der Muttergesellschaft, in: Grundmann, Stefan/Haar, Brigitte/Merkt, Hanno u.a. (Hrsg.), Festschrift für Klaus J. Hopt zum 70. Geburtstag am 24. August 2010, Band I, Berlin/New York 2010, S. 689–701.

Goj, Philip: Die Festlegung betragsmäßiger Höchstgrenzen der Vorstandsvergütung nach Ziff. 4.2.3 Abs. 2 S. 6 DCGK, AG 2015, 173–184.

Gordon, Jeffrey N.: Executive Compensation: If There's A Problem, What's the Remedy? The Case for "Compensation Discussion and Analysis", 30 J. Corp. L. 675–702 (2005).

Göx, Robert F./*Kunz*, Alexis H.: Say on Pay: Ein Überblick über Gestaltungsoptionen, ökonomische Konsequenzen und Erkenntnisse aus Empirie und Laborexperimenten, ZfB-Special Issue 82 (5/2012), 123–151.

Grattenthaler, Tino: Die Vergütung von Vorstandsmitgliedern in Aktiengesellschaften, Frankfurt a.M. 2007 (zugl. Diss. Göttingen 2006).

Grigoleit, Hans Christoph (Hrsg.): Aktiengesetz Kommentar, München 2013 (zitiert: *Bearbeiter* in Grigoleit, AktG).

Groeger, Axel: Begrenzung der Managervergütungen bei Banken durch staatliche Regulierung?, RdA 2010, 287–293.

Groh, Manfred: Shareholder Value und Aktienrecht, DB 2000, 2153–2158.

Großkommentar Aktiengesetz, hrsg. von *Hirte*, Heribert/*Mülbert*, Peter O./*Roth*, Markus, Band IV/1, §§ 76–91, 5. Auflage, Berlin 2015; Band IV/2, §§ 92–94, 5. Auflage, Berlin 2015 (zitiert: *Bearbeiter* in Großkomm AktG).

Group of German Experts on Corporate Law: Zur Entwicklung des Europäischen Gesellschaftsrechts: Stellungnahme der Arbeitsgruppe Europäisches Gesellschaftsrecht (Group of German Experts on Corporate Law) zum Report of the High Level Group of Company Law Experts on a modern Regulatory Framework for Company Law in Europe, ZIP 2003, 863–880.

Günther, Marcus: Systemrelevanz von Finanzinstituten, WM 2010, 825–831.

Gurman, Olga: Die Vorstandsvergütung nach der Finanzkrise, Berlin 2018 (zugl. Diss. Würzburg 2016).

Habersack, Mathias: Perspektiven der aktienrechtlichen Organhaftung, ZHR 177 (2013), 782–806.

Habersack, Mathias: Vorstands- und Aufsichtsratsvergütung – Grundsatz- und Anwendungsfragen im Lichte der Aktionärsrechterichtlinie, NZG 2018, 127–134.

Hall, Brian J./*Murphy*, Kevin J.: The Trouble with Stock Options, 17 J. Econ. Persp. 49–70 (2003).

Hanau, Peter: Der (sehr vorsichtige) Entwurf eines Gesetzes zur Angemessenheit der Vorstandsvergütung, NJW 2009, 1652–1653.

Hansmann, Henry/*Kraakman*, Reinier: The End of History for Corporate Law, 89 Geo. L.J. 439–468 (2001).

Harbarth, Jaspers: Verlängerung und Verjährung von Organhaftungsansprüchen durch das Restrukturierungsgesetz, NZG 2011, 368–376.

Harnos, Rafael: Geschäftsleiterhaftung bei unklarer Rechtslage, Berlin 2013 (zugl. Diss. Konstanz 2013).

Hauschka, Christoph E.: Ermessensentscheidungen bei der Unternehmensführung, GmbHR 2007, 11–16.

Hauschka, Christoph E./*Moosmayer*, Klaus/*Lösler*, Thomas (Hrsg.): Corporate Compliance, Handbuch der Haftungsvermeidung im Unternehmen, 3. Auflage, München 2016 (zitiert: *Bearbeiter* in Hauschka/Moosmayer/Lösler (Hrsg.), Corporate Compliance).

Hausmann, Yannick/*Bechthold-Orth*, Elisabeth: Changing Remuneration Systems in Europe and the United States – A Legal Analysis of Recent Developments in the Wake of the Financial Crisis, EBOR 11 (2010), 195–223.

Hellgardt, Alexander: Regulierung und Privatrecht, Tübingen 2016 (zugl. Habil. München 2015).

Henssler, Martin/*Strohn*, Lutz: Beck'sche Kurz-Kommentare, Gesellschaftsrecht, Aktiengesetz, 4. Auflage, München 2019 (zitiert: *Bearbeiter* in Henssler/Strohn, AktG).

Henze, Hartwig: Höchstrichterliche Rechtsprechung zum Aktienrecht, 5. Auflage, Köln 2002.

Herbig, Gustav/*Geßler*, Ernst/*Hefermehl*, Wolfgang: Das neue Aktiengesetz, DJ 1937, 184–197.

Herrmann, Arthur R./*Nitsch*, Arthur: Die Wirtschaft im Nationalsozialistischen Weltbild, 2. Auflage, Leipzig 1934.

Herz, Benjamin: Aufsichtsrechtliche Vorgaben für die Vergütung der Geschäftsleiter von Banken und Finanzdienstleistern, NZG 2018, 1050–1059.

Hesse, Katharina: Die Veröffentlichungspflicht für Vorstandsvergütung, Baden-Baden 2013 (zugl. Diss. Münster (Westf.) 2012).

Heuchemer, Frank-Karl/*Kloft*, Verena: Neue Verordnung über die aufsichtsrechtlichen Anforderungen an Vergütungssysteme von Instituten (Instituts-Vergütungsverordnung), WM 2010, 2241–2248.

Heun, Werner: Der Staat und die Finanzkrise, JZ 2010, 53–62.

Hirte, Heribert: Die Entwicklung des Unternehmens- und Gesellschaftsrechts im Jahr 2013, NJW 2014, 1219–1224.

Hitler, Adolf: Rede vom 30. Januar 1937 über Staat, Recht und Wirtschaft, DR 1937, 45–47.

Hoegen, Benedikt: Reform der Vorstandsvergütung, Baden-Baden 2018 (zugl. Diss. Heidelberg 2018).

Hoffmann, Dietrich/*Preu*, Peter: Der Aufsichtsrat, 5. Auflage, München 2003.

Hoffmann-Becking, Michael: Gestaltungsmöglichkeiten bei Anreizsystemen, NZG 1999, 797–804.

Hoffmann-Becking, Michael: Rechtliche Anmerkungen zur Vorstands- und Aufsichtsratsvergütung, ZHR 169 (2005), 155–180.

Hoffmann-Becking, Michael: Vorstandsvergütung nach Mannesmann, NZG 2006, 127–131.

Hoffmann-Becking, Michael: Wider die Entmachtung der Räte, ZHR 170 (2006), 2–8.

Hoffmann-Riem, *Wolfgang*/*Schmidt-Aßmann* Eberhard/*Voßkuhle*, Andreas (Hrsg.): Grundlagen des Verwaltungsrechts, Band I, 2. Auflage, München 2012 (zitiert: *Bearbeiter* in Hoffmann-Riem/Schmidt-Aßmann/Voßkuhle (Hrsg.), GVwR).

Hofstetter, Karl: Schlüsselrolle institutioneller Investoren in der Corporate Governance, in: Crone, Hans-Caspar von der/Forstmoser, Peter/Weber, Rolf H. u.a. (Hrsg.), Festschrift für Dieter Zobl zum 60. Geburtstag, Zürich 2004, S. 507–523.

Hohaus, Benedikt/*Weber*, Christoph: Die Angemessenheit der Vorstandsvergütung gem. § 87 AktG nach dem VorstAG, DB 2009, 1515–1520.

Hohenstatt, Klaus-Stefan: Das Gesetz zur Angemessenheit der Vorstandsvergütung, ZIP 2009, 1349–1358.

Hohenstatt, Klaus-Stefan/*Kuhnke*, Michael: Vergütungsstruktur und variable Vergütungsmodelle für Vorstandsmitglieder nach dem VorstAG, ZIP 2009, 1981–1989.

Holle, Philipp Maximilian: Rechtsbindung und Business Judgment Rule, AG 2011, 778–786.

Holle, Philipp Maximilian: Die Binnenhaftung des Vorstands bei unklarer Rechtslage, AG 2016, 270–280.

Holle, Philipp Maximilian: Aufarbeitung pflichtwidrigen Vorstandshandelns durch Aufsichtsrat und Aktionäre, ZHR 182 (2018), 569–602.

Hölters, Wolfgang (Hrsg.): Aktiengesetz Kommentar, 3. Auflage, München 2017 (zitiert: *Bearbeiter* in Hölters, AktG).

Hommelhoff, Peter: Aktuelle Impulse aus dem europäischen Unternehmensrecht: Eine Herausforderung für Deutschland, NZG 2015, 1329–1336.

Hucke, Anja: Geschäftsführer – Unternehmensleiter oder Geleitete?, AG 1994, 397–404.

Hüffer, Uwe: Aktienbezugsrechte als Bestandteil der Vergütung von Vorstandsmitgliedern und Mitarbeitern - gesellschaftsrechtliche Analyse, ZHR 161 (1997), 214–245.

Hüffer, Uwe/*Koch*, Jens (Hrsg.): Aktiengesetz Kommentar, 13. Auflage, München 2018 (zitiert: *Koch* in Hüffer/Koch, AktG).

Hupka, Jan: Das Vergütungsvotum der Hauptversammlung, Köln 2012 (zugl. Diss. Göttingen 2011).

Hupka, Jan: „Say on Pay“ vor US-amerikanischen Gerichten, RIW 2012, 758–763.

Iacobucci, Edward M.: The Effects of Disclosure on Executive Compensation, 48 U. Toronto L.J. 489–520 (1998).

IMF (International Monetary Fund): Global Financial Stability Report, Washington 2014, abrufbar unter: www.imf.org/External/Pubs/FT/GFSR/2014/01/pdf/text.pdf (Stand: 5.2.2019).

Isensee, Josef/*Kirchhof*, Paul (Hrsg.): Handbuch des Staatsrechts der Bundesrepublik Deutschland, Band IV, 3. Auflage, Heidelberg 2006 (zitiert: *Bearbeiter* in Isensee/Kirchhof (Hrsg.), Hdb. Staatsrecht).

Jahn, Joachim: Lehren aus dem „Fall Mannesmann“, ZRP 2004, 179–184.

Jarass, Hans D./*Pieroth*, Bodo (Hrsg.): Grundgesetz für die Bundesrepublik Deutschland, Kommentar, 15. Auflage, München 2018 (zitiert: *Bearbeiter* in Jarass/Pieroth, GG).

Jauernig, Othmar (Begr.)/*Stürner*, Rolf (Hrsg.): Bürgerliches Gesetzbuch, 17. Auflage, München 2018 (zitiert: *Bearbeiter* in Jauernig, BGB).

Jensen, Michael C./*Meckling*, William H.: Theory of the Firm: Managerial Behavior, Agency Costs and Ownership Structure, 3 J. Fin. Econ. 305–360 (1976).

Jensen, Michael C./*Murphy*, Kevin J.: CEO Incentives – It's Not How Much You Pay, But How, 68 Harv. Bus. Rev. 138–153 (1990).

Jensen, Michael C./*Murphy*, Kevin J.: Performance Pay and Top-Management Incentives, 98 J. Pol. Econ. 225–264 (1990).

Jost, Peter-J.: Die Prinzipal-Agenten-Theorie im Unternehmenskontext, in: Jost, Peter-J. (Hrsg.), Die Prinzipal-Agenten-Theorie in der Betriebswirtschaftslehre, Stuttgart 2001, S. 11–31.

Kalb, Sebastian/*Fröhlich*, Martin: Die Drittvergütung von Vorständen, NZG 2014, 167–170.

Katsas, Theodor: Die Inhaltskontrolle unternehmerischer Entscheidungen von Verbandsorganen im Spannungsfeld zwischen Ermessensfreiheit und Gesetzesbindung, Berlin 2006 (zugl. Diss. Berlin 2005).

Kau, Wolfgang M./*Leverenz*, Niklas: Mitarbeiterbeteiligung und leistungsgerechte Vergütung durch Aktien-Options-Pläne, BB 1998, 2269–2276.

Keiser, Thorsten: Die Herabsetzung von Managergehältern in der Krise als Organpflicht des Aufsichtsrats, RdA 2010, 280–287.

Kessler, Jürgen: Leitungskompetenz und Leitungsverantwortung im deutschen, US-amerikanischen und japanischen Aktienrecht, RIW 1998, 602–615.

Kiethe, Kurt: Falsche Erklärung nach § 161 AktG – Haftungsverschärfung für Vorstand und Aufsichtsrat, NZG 2003, 559–567.

Kiethe, Kurt: Höchstgrenzen für Vorstandsbezüge im Maßnahmenkatalog der Bundesregierung zur Aktienrechtsreform 2003 - verfassungswidrig und standortgefährdend, BB 2003, 1573–1579.

Kirchgässner, Gebhard: Homo Oeconomicus, 4. Auflage, Tübingen 2013.

Klatt, Matthias/*Meister*, Moritz: Der Grundsatz der Verhältnismäßigkeit, JuS 2014, 193–199.

Klausing, Friedrich: Reform des Aktienrechts, Berlin/Wien 1933.

Klausing, Friedrich: Gesetz über Aktiengesellschaften und Kommanditgesellschaften auf Aktien (Aktiengesetz) nebst Einführungsgesetz und „Amtlicher Begründung", Berlin 1937.

Klein, Martin: Die Änderungen des Deutschen Corporate Governance Kodex 2013 aus Sicht der Unternehmenspraxis, AG 2013, 733–742.

Kleinmanns, Hermann: Shareholder Activism – bedeutender Einfluss institutioneller Investoren auch in Deutschland?, IRZ 2016, 341–345.

Kling, Michael: Die Angemessenheit der Vorstandsvergütung gemäß § 87 AktG n.F., DZWIR 2010, 221–232.

Klöhn, Lars: Interessenkonflikte zwischen Aktionären und Gläubigern der Aktiengesellschaft im Spiegel der Vorstandspflichten, ZGR 2008, 110–158.

Klöhn, Lars: Die Herabsetzung der Vorstandsvergütung gem. § 87 Abs. 2 AktG in der börsennotierten Aktiengesellschaft, ZGR 2012, 1–34.

Koch, Jens: Das Gesetz zur Unternehmensintegrität und Modernisierung des Anfechtungsrechts (UMAG), ZGR 2006, 769–804.

Koch, Jens: Die Herabsetzung der Vorstandsbezüge gemäß § 87 Abs. 2 AktG nach dem VorstAG, WM 2010, 49–58.

Koch, Jens: Die schleichende Erosion der Verfolgungspflicht nach ARAG/Garmenbeck, NZG 2014, 934–942.

Koch, Jens: Investorengespräche des Aufsichtsrats, AG 2017, 129–141.

Kocher, Dirk: Zur Reichweite der Business Judgment Rule, CCZ 2009, 215–221.

Kohler, Klaus: Stock Options für Führungskräfte aus der Sicht der Praxis, ZHR 161 (1997), 243–268.

Köhler, Richard/*Küpper*, Hans-Ulrich/*Pfingsten*, Andreas (Hrsg.): Handwörterbuch der Betriebswirtschaft, Stuttgart 2007 (zitiert: *Bearbeiter* in Köhler/Küpper/Pfingsten (Hrsg.), Handwörterbuch der Betriebswirtschaft).

Kölner Kommentar zum Aktiengesetz, hrsg. von *Zöllner*, Wolfgang/*Noack*, Ulrich, Band II/1, §§ 76–94, 3. Auflage, Köln 2010; Band III, 1. Teillieferung, §§ 131, 132, 3. Auflage, Köln 2010; Band III, 5. Teillieferung, §§ 147–149, 3. Auflage, Köln 2014 (zitiert: *Bearbeiter* in KK-AktG).

König, Klaus/*Benz*, Angelika: Erscheinungsformen der Privatisierung, in: König, Klaus/Benz, Angelika (Hrsg.), Privatisierung und staatliche Regulierung, Baden-Baden 1997, S. 13–79.

Körner, Marita: Die Angemessenheit von Vorstandsbezügen in § 87 AktG – Eine unbeachtete Vorschrift?, NJW 2004, 2697–2702.

Kort, Michael: Zivilrechtliche Folgerungen unangemessen hoher Vorstandsvergütung – eine „Mannesmann"-Spätlese, DStR 2007, 1127–1133.

Kort, Michael: Interessenkonflikte bei Organmitgliedern der AG, ZIP 2008, 717–725.

Kort, Michael: Vorstandshandeln im Spannungsverhältnis zwischen Unternehmensinteresse und Aktionärsinteressen, AG 2012, 605–610.

Krauel, Wolfgang/*Broichhausen*, Thomas: Auswirkungen von Solvency II auf die Vergütungsstrukturen im Versicherungssektor, VersR 2015, 1189–1197.

Kremer, Thomas/*Bachmann*, Gregor/*Lutter*, Marcus/*Werder*, Axel von (Hrsg.)/*Ringleb*, Henrik-Michael (Mitbegr.): Deutscher Corporate Governance Kodex, 7. Auflage, München 2018 (zitiert: *Bearbeiter* in Kremer/Bachmann/Lutter/v. Werder, DCGK).

Kühnberger, Manfred/*Keßler*, Jürgen: Stock Option incentives – betriebswirtschaftliche und rechtliche Probleme eines anreizkompatiblen Vergütungssystems, AG 1999, 453–464.

Kuhner, Christoph: Unternehmensinteresse vs. Shareholder Value als Leitmaxime kapitalmarktorientierter Aktiengesellschaften, ZGR 2004, 244–279.

Laars, Reinhard/*Both*, David: NomosBundesrecht, Versicherungsaufsichtsgesetz, 4. Online-Auflage, Baden-Baden 2017 (zitiert: *Laars/Both* in Nomos-BR, VAG).

Lanfermann, Georg/*Maul*, Silja: Maßnahmenpaket der Europäischen Kommission zum Gesellschaftsrecht und Corporate Governance, BB 2014, 1283–1294.

Lanfermann, Georg/*Maul*, Silja: Überarbeitete EU-Aktionärsrechterichtlinie - gesetzgeberischer Handlungsbedarf bei der Vorstandsvergütung, BB 2017, 1218–1225.

Lange, Oliver: D&O-Versicherung und Managerhaftung, Handbuch, München 2014.

Langen, Markus/*Schielke*, Christian/*Zöll*, Oliver: Schluss mit Boni? Vergütung in Instituten nach der MaRisk-Novelle, BB 2009, 2479–2486.

Leuering, Simon: Offene Fragen zur Offenlegung der Vorstandsvergütung, NZG 2005, 945–950.

Leuering, Dieter: Vorstands- und Aufsichtsratsvergütung in der geänderten Aktionärsrechterichtlinie, NZG 2017, 646–651.

Levit, Doron/*Malenko*, Nadya: Nonbinding Voting for Shareholder Proposals, 5 J. Fin. 1579–1614 (2011).

Lieder, Jan: Der Aufsichtsrat im Wandel der Zeit, Jena 2006 (zugl. Diss. Jena 2006).

Lieder, Jan/*Fischer*, Philipp: The Say-on-Pay Movement – Evidence From a Comparative Perspective, ECFR 2011, 376–421.

Lindemann, Achim/*Heim*, Daniela: Die Vergütung von Vorständen – Begrenzung durch Nachhaltigkeit, Aktionärsrechte und Clawback, JuS 2018, 1121–1129.

Lingemann, Stefan: Angemessenheit der Vorstandsvergütung – Das VorstAG ist in Kraft, BB 2009, 1918–1924.

Linnerz, Markus: Vom Anfechtungs- zum Haftungstourismus? Stellungnahme zur geplanten Neuregelung aktienrechtlicher Haftungsklagen, NZG 2004, 307–313.

Lo, Kin: Economic Consequences of Regulated Changes in Disclosure: The Case of Executive Compensation, 35 J. Acct. & Econ. 285–314 (2003).

Löw, Hans-Peter/*Glück*, Anja: Vergütung bei Banken im Spannungsfeld von Arbeits- und Aufsichtsrecht, NZA 2015, 137–142.

Lücke, Oliver: Die Angemessenheit von Vorstandsbezügen – Der erste unbestimmbare Rechtsbegriff?, NZG 2005, 692–697.

Lutter, Marcus: Professionalisierung der Aufsichtsräte, NJW 1995, 1133–1334.

Lutter, Marcus: Corporate Governance und ihre aktuellen Probleme, vor allem: Vorstandsvergütung und ihre Schranken, ZIP 2003, 737–743.

Lutter, Marcus: Aktienrechtliche Aspekte der Angemessenen Vorstandsvergütung, ZIP 2006, 733–737.

Lutter, Marcus: Die Business Judgment Rule und ihre praktische Anwendung, ZIP 2007, 841–848.

Lutter, Marcus: Interessenkonflikte und Business Judgment Rule, in: Heldrich, Andreas/Prölls, Jürgen/Koller, Ingo u.a. (Hrsg.), Festschrift für Claus-Wilhelm Canaris zum 70. Geburtstag, Band II, München 2007, S. 245–256.

Lutter, Marcus/*Krieger*, Gerd/*Verse*, Dirk: Rechte und Pflichten des Aufsichtsrats, 6. Auflage, Köln 2016.

Macey, Jonathan R.: An Economic Analysis of the Various Rationales for Making Shareholders the Exclusive Beneficiaries of Corporate Fiduciary Duties, 21 Stetson L. Rev. 23–44 (1991).

Mangoldt, Hermann von (Begr.)/*Klein*, Friedrich/*Starck*, Christian (fortgeführt)/*Huber*, Peter M./*Voßkuhle*, Andreas (Hrsg.): Grundgesetz Kommentar, Band I, Präambel, Artikel 1–19, 7. Auflage, München 2018 (zitiert: Bearbeiter in v. Mangoldt/Klein/Starck, GG).

Manssen, Gerrit: Privatrechtsgestaltung durch Hoheitsakt, Tübingen 1994 (zugl. Habil. Regensburg 1993).

Marsch-Barner, Reinhard: Aktuelle Rechtsfragen zur Vergütung von Vorstands- und Aufsichtsratsmitgliedern einer AG, in: Crzelius, Georg/Hirte, Heribert/Vieweg, Klaus (Hrsg.), Festschrift für Volker Röhricht zum 65. Geburtstag, Köln 2005, S. 401–419.

Martens, Klaus-Peter: Stand und Entwicklung im Recht der Stock-Options, in: Habersack, Matthias/Hüffer, Uwe/Hommelhoff, Peter u.a. (Hrsg.), Festschrift für Peter Ulmer zum 70. Geburtstag am 2. Januar 2003, Berlin 2003, S. 399–418.

Martens, Klaus-Peter: Die Vorstandsvergütung auf dem Prüfstand, ZHR 169 (2005), 124–154.

Maßmann, Jens/*Luzhkova*, Yulia: Say-on-Pay und die neue Aktionärsrechterichtlinie, BOARD 2017, 116–118.

Maunz, Theodor/*Dürig*, Günter (Begr.)/*Herzog*, Roman/*Herdegen*, Matthias/*Scholz*, Rupert u.a. (Hrsg.): Grundgesetz Kommentar, 84. Ergänzungslieferung, München, August 2018 (zitiert: *Bearbeiter* in Maunz/Dürig, GG).

Menichetti, Marco J.: Aktien-Optionsprogramme für das Top-Management, DB 1996, 1688–1692.

Menke, Rainard/*Porsch*, Winfried: Verfassungs- und europarechtliche Grenzen zur individualisierten Zwangsoffenlegung der Vergütung der Vorstandsmitglieder, BB 2004, 2533–2537.

Merkt, Hanno: US-amerikanisches Gesellschaftsrecht, 3. Auflage, Frankfurt a.M. 2013.

Mertens, Hans-Joachim: Vorstandsvergütung in börsennotierten Aktiengesellschaften – Bemerkungen zu § 87 Abs. 1 Satz 2 und 3 AktG, AG 2011, 57–63.

Möschel, Wernhard: Regulierung und Deregulierung. Versuch einer theoretischen Grundlegung, in: Fuchs, Andreas/Schwintowski, Hans-Peter/Zimmer, Daniel (Hrsg.), Festschrift für Ulrich Immenga zum 70. Geburtstag, München 2004, S. 277–290.

Mülbert, Peter O.: Shareholder Value aus rechtlicher Sicht, ZGR 1997, 129–172.

Mülbert, Peter O.: Marktwertmaximierung als Unternehmensziel der Aktiengesellschaft, in: Crzelius, Georg/Hirte, Heribert/Vieweg, Klaus (Hrsg.), Festschrift für Volker Röhricht zum 65. Geburtstag, Köln 2005, S. 421–441.

Müller, Jürgen/*Vogelsang*, Ingo: Staatliche Regulierung, Baden-Baden 1979.

Müller-Bonanni, Thomas/*Mehrens*, Christian: Neue Vergütungsregeln für Banken – Entwurf der Instituts-Vergütungsverordnung, NZA 2010, 792–797.

Münch, Ingo von (Begr.)/*Kunig*, Philip (Hrsg.): Grundgesetz Kommentar, 6. Auflage, München 2012 (zitiert: *Bearbeiter* in v. Münch/Kunig, GG).

Münchener Kommentar zum Aktiengesetz, hrsg. von *Goette*, Wulf/*Habersack*, Mathias, Band I, §§ 1–75, 5. Auflage, München 2019; Band II, §§ 76–117/MitbestG/DrittelbG, 5. Auflage, München 2019; Band III, §§ 118–178, 4. Auflage, München 2018; Band IV, §§ 179–277, 4. Auflage, München 2016; Band VII, Europäisches Aktienrecht, SE-VO, SEBG, Europäische Niederlassungsfreiheit, 4. Auflage, München 2017 (zitiert: *Bearbeiter* in MüKoAktG).

Münchener Kommentar zum Bürgerlichen Gesetzbuch, hrsg. von *Säcker*, Franz Jürgen/*Rixecker*, Roland/*Oetker*, Hartmut u.a., Band III, Schuldrecht – Allgemeiner Teil II, 8. Auflage, München 2019 (zitiert: *Bearbeiter* in MüKoBGB).

Münchener Kommentar zum Handelsgesetzbuch, hrsg. von *Schmidt*, Karsten, Band IV, §§ 238–342e, 3. Auflage, München 2013 (zitiert: *Bearbeiter* in MüKoHGB).

Murphy, Kevin J.: Explaining Executive Compensation: Managerial Power versus the Perceived Cost of Stock Options, 69 UCLA L. Rev. 847–869 (2002).

Murphy, Kevin J.: Regulating Banking Bonuses in the European Union: A Case Study in Unintended Consequences, 19 Eur. Fin. Mgmt. 631–657 (2013).

Murphy, Kevin J./*Sandino*, Tatiana: Executive Pay and "Independent" Consultants, 49 J. Acct. & Econ. 247–262 (2010).

Musielak, Hans-Joachim: Vertragsfreiheit und ihre Grenzen, JuS 2017, 949–954.

Niedig, Klaus/*Sünner*, Eckart: Offenlegung von Organvergütungen?, ZRP 2005, 39.

Nikolay, Judith C.: Die neuen Vorschriften zur Vorstandsvergütung – Detaillierte Regelungen und offene Fragen, NJW 2009, 2640–2647.

Nikoleyczik, Tobias/*Graßl*, Bernd: Überarbeitung des Deutschen Corporate Governance Kodex (DCGK) – Die Änderungsvorschläge der Regierungskommission aus der Plenarsitzung vom 13.10.2016, NZG 2017, 161–169.

Noll, Bernd/*Haag*, Fridolin: Schärfere Regulierung von Managergehältern in Aktiengesellschaften?, Wirtschaftsdienst 2009, 380–387.

Nörr, Knut Wolfgang: Zur Entwicklung des Aktien- und Konzernrechts während der Weimarer Republik, ZHR 150 (1986), 155–181.

O'Reilly, Charles A./*Main*, Brian G. M.: Economic and psychological perspectives on CEO compensation: a review and synthesis, (2010) 19 Industrial and Corporate Change 675–712.

Osterloh, Margit/*Rost*, Katja/*Madjdpour*, Keyhan Philip: Pay without Performance, in: Deutsches Netzwerk Wirtschaftsethik EBEN Deutschland e.V. (Hrsg.), Forum Wirtschaftsethik, 16. Jg., Nr. 4, Herrnhut 2008, 28–41.

Overlack, Arndt: Der Einfluß der Gesellschafter auf die Geschäftsführung in der mitbestimmten GmbH, ZHR 141 (1977), 125–144.

Paefgen, Walter G.: Unternehmerische Entscheidungen und Rechtsbindung der Organe in der AG, Köln 2002 (zugl. Habil. Tübingen 2002).

Paefgen, Walter G: Die Darlegungs- und Beweislast bei der Business Judgment Rule, NZG 2009, 891–896.

Paschos, Nikolaos/*Goslar*, Sebastian: Der Referentenentwurf des Gesetzes zur Umsetzung der Aktionärsrechterichtlinie (ARUG II) aus Sicht der Praxis, AG 2018, 857–874.

Peltzer, Martin: Die Haftung des Aufsichtsrats bei Verletzung der Überwachungspflicht, WM 1981, 346–352.

Peltzer, Martin: Wider den „greed" – Betrachtungen zu §§ 86 und 87 AktG, in: Schneider, Uwe H./Hommelhoff, Peter/Schmidt, Karsten u.a. (Hrsg.), Festschrift für Marcus Lutter zum 70. Geburtstag, Köln 2000, S. 571–586.

Peltzer, Martin: Trial and Error – Anmerkungen zu den Bemühungen des Gesetzgebers, die Arbeit des Aufsichtsrats zu verbessern, NZG 2009, 1041–1047.

Peltzer, Martin: Das Zulassungsverfahren nach § 148 AktG wird von der Praxis nicht angenommen!, in: Burgard, Ulrich/Walther, Hadding/Mülbert, Peter O. u.a (Hrsg.), Festschrift für Uwe H. Schneider zum 70. Geburtstag, Köln 2011, S. 953–968.

Peng, Lin/*Röell*, Aisla: Manipulation and Equity-Based Compensation, 98 Am. Econ. Rev. 285–290 (2008).

Peng, Lin/*Röell*, Aisla: Managerial Incentives and Stock Price Manipulation, 69 J. Fin. 487–526 (2014).

Peters, Kai: Angemessene Informationsbasis als Voraussetzung pflichtgemäßen Vorstandshandelns, AG 2010, 811–817.

Petersen, Thomas: Optimale Anreizsysteme, Wiesbaden 1989 (zugl. Diss. Bonn 1988).

Picot, Arnold/*Dietl*, Helmut: Neue Institutionenökonomie und Recht, in: Ott, Claus/Schäfer, Bernd (Hrsg.), Ökonomische Analyse des Unternehmensrechts, Heidelberg 1993, S. 306–330.

Picot, Arnold/*Dietl*, Helmut/*Franck*, Egon/*Fiedler*, Marina/*Royer*, Susanne: Organisation, Stuttgart 2015.

Picot, Arnold/*Reichwald*, Ralf/*Wigand*, Rolf T.: Die grenzenlose Unternehmung, 5. Auflage, Wiesbaden 2003.

Plagemann, Nikolaus/*Rahlmeyer*, Niklas: Vier Corporate Governance Trends für 2015, NZG 2015, 895–899.

Pratt, John W./*Zeckhauser*, Richard J.: Principal and Agents: An Overview, in: Pratt, John W./Zeckhauser, Richard J. (Hrsg.), Principal and Agents: The Structure of Business, Boston (MA) 1985, S. 1–35.

Prendergast, Canice: The Provision of Incentives in Firms, 37 J. Econ. Lit. 7–63 (1999).

Priester, Hans-Joachim: Interessenkonflikte im Aufsichtsrat – Offenlegung versus Vertraulichkeit, ZIP 2011, 2081–2085.

Prinz, Enrico/*Schwalbach*, Joachim: Zehn Anmerkungen zur laufenden Debatte um Managergehälter, AR 2013, 111–113.

Prölss, Erich (Begr.)/*Dreher*, Meinrad (Hrsg.): Versicherungsaufsichtsgesetz, 13. Auflage, München 2018 (zitiert: *Bearbeiter* in Prölss/Dreher, VAG).

Protokolle der Verhandlungen des Arbeitsausschusses des Vorläufigen Reichswirtschaftsrats zur Beratung des Entwurfs eines Gesetzes über Aktiengesellschaften und Kommanditgesellschaften auf Aktien, abgedruckt bei: *Schubert*, Werner/*Hommelhoff*, Peter (Hrsg.), Die Aktienrechtsreform am Ende der Weimarer Republik, Berlin/New York 1987, S. 101–774.

Protokolle des Aktienrechtsausschusses der Akademie für Deutsches Recht, abgedruckt bei: *Schubert*, Werner/*Schmid*, Werner/*Regge*, Jürgen (Hrsg.), Akademie für Deutsches Recht 1933–1945, Band I, Berlin/New York 1986.

Quassowski, Leo: Die Kapitalbasis, JW 1930, 2618–2623.

Raapke, Julius: Die Regulierung der Vergütung von Organmitgliedern und Angestellten im Aktien- und Kapitalmarktrecht, Frankfurt a.M. 2012 (zugl. Diss. Göttingen 2012).

Rapp, Marc Steffen/*Wolff*, Michael: Determinanten der Vorstandsvergütung, ZfB 80 (2010), 1075–1112.

Rappaport, Alfred: Shareholder Value: Wertsteigerung als Maßstab für die Unternehmensführung, Stuttgart 1995 (eine von Wolfgang Klien übersetzte Version der englischen Originalfassung: Creating Shareholder Value: The New Standard für Business Performance, New York 1986).

Redeke, Julian: Zur gerichtlichen Kontrolle der Angemessenheit der Informationsgrundlage im Rahmen der Business Judgment Rule nach § 93 Abs. 1 Satz 2 AktG, ZIP 2011, 59–64.

Renner, Moritz: Hauptversammlungszuständigkeit und Organadäquanz, AG 2015, 513–523.

Reupke, Hans: Der Nationalsozialismus und die Wirtschaft, Berlin 1931.

Richter Rudolf/*Furubotn*, Eirik G.: Neue Institutionenökonomik, 4. Auflage, Tübingen 2010.

Rieble, Volker: Ausstrahlungswirkungen des VorstAG auf Führungskräftevergütungen, in: Rieble, Volker/Junker, Abbo/Giesen Richard (Hrsg.), Finanzkriseninduzierte Vergütungsregulierung und arbeitsrechtliche Entgeltsysteme, München 2011, S. 107–131.

Riesenhuber, Karl: Vergütungssysteme unter dem Blick von Governance und Compliance, in: Rieble, Volker/Junker, Abbo/Giesen Richard (Hrsg.), Finanzkriseninduzierte Vergütungsregulierung und arbeitsrechtliche Entgeltsysteme, München 2011, S. 133–154.

Rönnau, Thomas/*Hohn*, Kristian: Die Festsetzung (zu) hoher Vorstandsvergütungen durch den Aufsichtsrat – ein Fall für den Staatsanwalt?, NStZ 2004, 113–123.

Roth, Günther H.: Die (Ohn-)Macht der Hauptversammlung, ZIP 2003, 369–378.

Roth, Markus: Unternehmerisches Ermessen und Haftung des Vorstands, München 2001 (zugl. Diss. Hamburg 2000).

Rubner, Daniel/*Raible*, Karl-Friedrich: Die Novelle der Institutsvergütungsverordnung – neue Anforderungen an die Vergütungssysteme der Banken, NZG 2017, 1052–1056.

Rubner, Daniel: Anforderungen an Vergütungssysteme im Finanzsektor, NZG 2010, 1288–1291.

Sachs, Michael: Grundgesetz Kommentar, 8. Auflage, München 2018 (zitiert: *Bearbeiter* in Sachs, GG).

Säcker, Franz Jürgen/*Boesche*, Katharina Vera: Vom Gutsherren zum Gutsverwalter: Wandlungen im Aufsichtsratsrecht unter besonderer Berücksichtigung des Mannesmann-Urteils, BB 2006, 897–905.

Schaefer, Hans: Shareholder Activism und Corporate Governance, NZG 2007, 900–903.

Schäfer, Carsten: Die Binnenhaftung von Vorstand und Aufsichtsrat nach der Renovierung durch das UMAG, ZIP 2005, 1253–1259.

Schilling, Wolf Ulrich: Shareholder Value und Aktiengesetz, BB 1997, 373–381.

Schlegelberger, Franz/*Quassowski*, Leo/*Herbig*, Gustav u.a. (Hrsg.): Aktiengesetz Kommentar, Band I, §§ 1–124, 3. Auflage, Berlin 1939 (zitiert: *Schlegelberger/Quassowski*, AktG).

Schmidt, Bernd: Compliance in Kapitalgesellschaften, Baden-Baden 2010 (zugl. Diss. Oldenburg 2010).

Schmidt, Jessica: Die Umsetzung der Aktionärsrechte-Richtlinie 2017: der Referentenentwurf für das ARUG II, NZG 2018, 1201–1220.

Schmidt, Karsten/*Lutter*, Marcus (Hrsg.): Aktiengesetz Kommentar, Band I, §§ 1–149, 3. Auflage, Köln 2015 (zitiert: *Bearbeiter* in K. Schmidt/Lutter, AktG).

Schmidt, Reinhard H./*Spindler*, Gerald: Shareholder-Value zwischen Ökonomie und Recht, in: Assmann, Heinz-Dieter/Brinkmann, Tomas/Gounalakus, Georgios u.a. (Hrsg.), Freundesgabe für Friedrich Kübler zum 65. Geburtstag, Heidelberg 1997, S. 515–555.

Schmidt, Reinhard H./*Weiß*, Marco: Shareholder vs. Stakeholder, in: Hommelhoff, Peter/Hopt, Klaus J./Werder Axel von (Hrsg.), Handbuch Corporate Governance, 2. Auflage, Stuttgart 2009, S. 161–183.

Schmidt-Bleibtreu, Bruno/*Klein*, Franz (Begr.)/*Hofmann*, Hans/*Hennecke*, Hans-Günter (Hrsg.): Kommentar zum Grundgesetz, 14. Auflage, Köln 2018 (zitiert: *Bearbeiter* in Schmidt-Bleibtreu/Klein/Hofmann/Hennecke, GG).

Schmidt-Preuss, Matthias: Regulierung – Reflexionen aus Anlass der Liberalisierung im Strom- und Gassektor, in: Bauer, Hartmut/Czybulka, Detlef/Kahl, Wolfgang u.a. (Hrsg.), Festschrift für Reiner Schmidt zum 70. Geburtstag, München 2006, S. 547–559.

Schmolke, Klaus Ulrich: Die Aktionärsklage nach §148 AktG – Anreizwirkungen de lege lata und Reformanregungen de lege ferenda, ZGR 2011, 398–442.

Schneider, Thomas: Möglichkeiten und Grenzen der Umsetzung der gesellschaftsrechtlichen und bankenaufsichtsrechtlichen Anforderungen an Risikomanagement auf Gruppenebene, Berlin 2009 (zugl. Diss. Mainz 2009).

Schneider, Uwe H.: Interessenkonflikte im Aufsichtsrat, in: Habersack, Mathias/Hommelhoff, Peter (Hrsg.), Festschrift für Wulf Goette zum 65. Geburtstag, München 2011, S. 475–485.

Schneider, Uwe H./*Anzinger*, Heribert M.: Institutionelle Stimmrechtsberatung und Stimmrechtsvertretung - „A quiet guru's enormous clout", NZG 2007, 88–96.

Schnieders, Ferit: Haftungsfreiräume für unternehmerische Entscheidungen in Deutschland und Italien, Köln/München 2009 (zugl. Diss. Bonn 2007).

Schockenhoff, Martin/*Culmann*, Johannes: Shareholder Activism in Deutschland, ZIP 2015, 297–307.

Schockenhoff, Martin/*Nußbaum*, Anton: Claw-Back-Klauseln in Vorstandsverträgen, AG 2018, 813–822.

Scholderer, Frank: Unabhängigkeit und Interessenkonflikte der Aufsichtsratsmitglieder, NZG 2012, 168–176.

Schüller, Anette M.: Vorstandsvergütung, Baden-Baden 2002 (zugl. Diss. Tübingen 2000).

Schulz, Arne: Aktienkursorientierte Vergütungssysteme für Führungskräfte, Wiesbaden 2010 (zugl. Diss. Hamburg 2009).

Schulze, Reiner (Hrsg.): Bürgerliches Gesetzbuch Handkommentar, 10. Auflage, Baden-Baden 2019 (zitiert: *Bearbeiter* in Schulze, BGB).

Schüppen, Matthias: Vorstandsvergütung – (K)ein Thema für die Hauptversammlung?, ZIP 2010, 905–913.

Schwalbach, Joachim: Entwicklung der Managervergütung, BFuP 51 (1999), 592–602.

Schwalbach, Joachim/*Graßhoff*, Ulrike: Managervergütung und Unternehmenserfolg, ZfB 67 (1997), 203–217.

Schwark, Eberhard: Zur Angemessenheit der Vorstandsvergütung, in: Damm, Reinhard/Heermann, Peter W./Veil, Rüdiger (Hrsg.), Festschrift für Thomas Raiser zum 70. Geburtstag am 20. Februar 2005, Berlin 2005, S. 377–398.

Schwennicke, Andreas/*Auerbach*, Dirk (Hrsg.): Kreditwesengesetz (KWG) mit Zahlungsdienstaufsichtsgesetz (ZAG) und Finanzkonglomerate-Aufsichtsgesetz (FKAG), 3. Auflage, München 2016 (zitiert: *Bearbeiter* in Schwennicke/Auerbach, KWG).

Schwetzler, Bernhard: Shareholder Value Konzept, Managementanreize und Stock Option Plans, DWB 59 (1999), 332–350.

Sehrbrock, David: Die Rechtsfolgen der „Aufsichtsleiter" – Pflichten und Eingriffsbefugnisse der §§ 132–137 VAG, VersR 2016, 1017–1027.

Seibert, Ulrich: Das 10-Punkte-Programm "Unternehmensintegrität und Anlegerschutz", BB 2003, 693–698.

Seibert, Ulrich: Das VorstAG – Regelungen zur Angemessenheit der Vorstandsvergütung und zum Aufsichtsrat, WM 2009, 1489–1493.

Seibert, Ulrich: Finanzmarktkrise, Corporate Governance, Aufsichtsrat, DB 2009, 1167–1171.

Seibert, Ulrich: Die Koalitionsgruppe „Managervergütungen": Rechtspolitische Überlegungen zur Beschränkung der Vorstandsvergütung (Ende 2007 bis März 2009), in: Kindler, Peter/Koch, Jens/Ulmer, Peter u.a. (Hrsg.), Festschrift für Uwe Hüffer zum 70. Geburtstag, München 2010, S. 955–972.

Seibert, Ulrich: Gesetzliche Steuerungsinstrumente im Gesellschaftsrecht, ZRP 2011, 166–169.

Seibert, Ulrich: Was ist Corporate Governance und warum beschäftigt sie die Gesetzgebung so intensiv?, in: Erle, Bernd/Goette Wulf/Kleindiek, Detlef u.a. (Hrsg.), Festschrift für Peter Hommelhoff zum 70. Geburtstag, Köln 2012, S. 1111–1121.

Seibt, Christoph H.: Interessenkonflikte im Aufsichtsrat, in: Grundmann, Stefan/Haar, Brigitte/Merkt, Hanno u.a. (Hrsg.), Festschrift für Klaus J. Hopt zum 70. Geburtstag am 24. August 2010, Band I, Berlin/New York 2010, S. 1363–1390.

Semler, Johannes: Leistungs- und erfolgsbezogene Vorstandsvergütungen, in: Förschle, Gerhart/Kaiser, Klaus/Moxter, Adolf (Hrsg.), Festschrift für Wolfgang Dieter Budde, München 1995, S. 599–614.

Semler, Johannes/*Schenck*, Kersten von (Hrsg.): Arbeitshandbuch für Aufsichtsratsmitglieder, 4. Auflage, München 2013 (zitiert: Bearbeiter in Semler/v. Schenck (Hrsg.), ArbHdb. Aufsichtsratsmitglieder).

Semler, Johannes/*Peltzer*, Martin (Begr.)/*Kubis*, Dietmar (Hrsg.): Arbeitshandbuch für Vorstandsmitglieder, 2. Auflage, München 2015 (zitiert: *Bearbeiter* in Semler/Peltzer/Kubis (Hrsg.), ArbHdb. Vorstandsmitglieder).

Simon, Oliver/*Koschker*, Maximilian: Vergütungssysteme auf dem Prüfstand – Neue aufsichtsrechtliche Anforderungen für Banken und Versicherungen, BB 2011, 120–126.

Snyder, Franklin G.: More Pieces of the CEO Compensation Puzzle, 28 Del. J. Corp. L. 129–183 (2003).

Sodan, Helge: Das Beitragssatzsicherungsgesetz auf dem Prüfstand des Grundgesetzes, NJW 2003, 1761–1766.

Sodan, Helge (Hrsg.): Grundgesetz, 4. Auflage, München 2018 (zitiert: *Bearbeiter* in Sodan, GG).

Spindler, Gerald: Das Gesetz zur Offenlegung von Vorstandsvergütungen – VorstOG, NZG 2005, 689–692.

Spindler, Gerald: Haftung und Aktionärsklage nach dem neuen UMAG, NZG 2005, 865–872.

Spindler, Gerald: Prognosen im Gesellschaftsrecht, AG 2006, 677–689.

Spindler, Gerald: Vorstandsgehälter auf dem Prüfstand – das Gesetz zur Angemessenheit der Vorstandsvergütung (VorstAG), NJOZ 2009, 3282–3291.

Spindler, Gerald: Von der Früherkennung von Risiken zum umfassenden Risikomanagement – zum Wandel des § 91 AktG unter europäischem Einfluss, in: Kindler, Peter/Koch, Jens/Ulmer, Peter u.a. (Hrsg.), Festschrift für Uwe Hüffer zum 70. Geburtstag, München 2010, S. 985–998.

Spindler, Gerald: Rechtsfolgen einer unangemessenen Vorstandsvergütung, AG 2011, 725–734.

Spindler, Gerald: Zur Zukunft der Corporate Governance Kommission und des § 161 AktG, NZG 2011, 1007–1013.

Spindler, Gerald/*Stilz*, Eberhard (Hrsg.): Kommentar zum Aktiengesetz, Band I, §§ 1–149, 4. Auflage, München 2019; Band II, §§ 150–410, SpruchG, SE-VO, 4. Auflage, München 2019 (zitiert: *Bearbeiter* in Spindler/Stilz, AktG).

Stammerjohan, William: CEO Compensation and Subsequent Firm Performance: An Empirical Investigation, 2 Corp. Ownership & Control 86–103 (2004).

Suchan, Stefan W./*Gerdes*, Ralf: Änderung der Aktionärsrechterichtlinie, WPg 2017, 1034–1040.

Suchan, Stefan W./*Winter*, Stefan: Rechtliche und betriebswirtschaftliche Überlegungen zur Festsetzung angemessener Vorstandsbezüge nach Inkrafttreten des VorstAG, DB 2009, 2531–2539.

Teichmann, Robert/*Koehler*, Walter (Hrsg.): Aktiengesetz Kommentar, 3. Auflage, Heidelberg 1950 (zitiert: *Koehler* in Teichmann/Koehler, AktG).

Thaeter, Ralf/*Guski*, Roman: Shareholder Activism: Gesellschaftsrechtliche Schranken aktiven Aktionärsverhaltens, AG 2007, 301–308.

Thole, Christoph: Managerhaftung für Gesetzesverstöße – Die Legalitätspflicht des Vorstands gegenüber seiner Aktiengesellschaft, ZHR 173 (2009), 504–536.

Thomas, Randall S.: Explaining the International CEO Pay Gap: Board Capture or Market Driven?, 57 Vand. L. Rev. 1171–1267 (2004).

Thümmel, Roderich C: Manager- und Aufsichtsratshaftung nach dem Referentenentwurf zur Änderung des AktG und des HGB, DB 1997, 261–264.

Thüsing, Gregor: Wertende Schadensberechnung, München 2001 (zugl. Habil. Köln 2000).

Thüsing, Gregor: Die Angemessenheit von Vorstandsvergütungen – Mögliche Handlungsoptionen zur Sicherstellung, DB 2003, 1612–1615.

Thüsing, Gregor: ECLR. Auf der Suche nach dem iustum pretium der Vorstandstätigkeit, ZGR 2003, 457–507.

Thüsing, Gregor: Das Gesetz über die Offenlegung von Vorstandsvergütungen, ZIP 2005, 1389–1397.

Thüsing, Gregor: Das Gesetz zur Angemessenheit der Vorstandsvergütung, AG 2009, 517–529.

Thüsing, Gregor/*Forst*, Gerrit: Nachhaltigkeit als Zielvorgabe für die Vorstandsvergütung, GWR 2010, 515–518.

Trescher, Karl: Aufsichtsratshaftung zwischen Norm und Wirklichkeit, DB 1995, 661–665.

Tusch, Sebastian/*Schuster*, Doris-Maria/*Herzberg*, Julia: Die Institutsvergütungsverordnung 3.0, WM 2017, 2289–2295.

Ulmer, Peter: Aktienrecht im Wandel, AcP 202 (2002), 143–178.

Unmuth, Nikolai Michael: Vergleich und Verzicht im aktienrechtlichen Organhaftungsrecht aus der Perspektive des Aufsichtsrats, Baden-Baden 2018 (zugl. Diss. Tübingen 2018).

Van Kann, Jürgen: Das neue Gesetz über die Offenlegung von Vorstandsvergütungen, DStR 2005, 1496–1500.

Van Kann, Jürgen/*Keiluweit*, Anjela: Das neue Gesetz zur Angemessenheit der Vorstandsvergütung. Wichtige Reform oder viel Lärm um nichts?, DStR 2009, 1587–1592.

Velte, Patrick: Say on Pay als wirkungsvolles europäisches Regulierungsinstrument, EuZW 2013, 893–898.

Velte, Patrick: Say on Pay-Regulierung nach der Neufassung der Richtlinien 2007/36/EU und 2013/34/EU, NZG 2017, 368–371.

Verse, Dirk: Regulierung der Vorstandsvergütung – mehr Macht für die Aktionäre? Überlegungen zur geplanten Reform des say on pay, NZG 2013, 921–930.

Vetter, Eberhard: Begrenzung der Vorstandsbezüge durch Hauptversammlungsbeschluss?, ZIP 2009, 1307–1309.

Vetter, Jochen: Reformbedarf bei der Aktionärsklage nach § 148 AktG?, in: Krieger, Gerd/Lutter, Marcus/Schmidt, Karsten (Hrsg.), Festschrift für Michael Hoffmann-Becking zum 70. Geburtstag, München 2013, S. 1317–1340.

Vogels, Werner: Herabsetzung übermäßig hoher Dienstvergütungen in der Privatwirtschaft, JW 1931, 3644–3646.

Voßkuhle, Andreas; Grundwissen – Öffentliches Recht: Der Grundsatz der Verhältnismäßigkeit, JuS 2007, 429–431.

Wagner, Gerhard: Organhaftung im Interesse der Verhaltenssteuerung - Skizze eines Haftungsregimes, ZHR 178 (2014), 227–281.

Wagner, Jens/*Wittgens*, Jonas: Corporate Governance als dauernde Reformanstrengung: Der Entwurf eines Gesetzes zur Angemessenheit der Vorstandsvergütung, BB 2009, 906–911.

Weber, Rolf H.: Wirtschaftsregulierung in wettbewerbspolitischen Ausnahmebereichen, Baden-Baden 1986.

Weber-Rey, Daniela: Ausstrahlungen des Aufsichtsrechts (insbesondere für Banken und Versicherungen) auf das Aktienrecht – oder die Infiltration von Regelungssätzen?, ZGR 2010, 543–590.

Weber-Rey, Daniela: Vergütungsregeln für den Finanzsektor – Drama in drei Akten, VersR 2010, 599–601.

Weber-Rey, Daniela/*Buckel*, Jochen: Die Pflichten des Aufsichtsrats bei der Mandatierung des Vergütungsberaters, NZG 2010, 761–766.

Wellhöfer, Werner/*Peltzer*, Martin/*Müller*, Welf (Hrsg.): Die Haftung von Vorstand, Aufsichtsrat, Wirtschaftsprüfer, München 2008 (zitiert: *Bearbeiter* in Wellhöfer/Peltzer/Müller (Hrsg.), Haftung).

Wenger, Ekkehard/*Terberger*, Eva: Die Beziehung zwischen Agent und Prinzipal als Baustein einer ökonomischen Theorie der Organisation, WiSt 1988, 506–514.

Werder, Axel von: Shareholder Value-Ansatz als (einzige) Richtschnur des Vorstandshandelns, ZGR 1998, 69–91.

Wettich, Carsten: Aktuelle Entwicklungen in der Hauptversammlungssaison 2011 und Ausblick auf 2012, NZG 2011, 721–727.

Wettich, Carsten: Vorstandsvergütung: Bonus-Malus-System mit Rückforderungsmöglichkeit (claw back) und Reichweite des Zuständigkeitsvorbehalts zugunsten des Aufsichtsratsplenums, AG 2013, 374–383.

Wiesner, Peter M.: Neue Brüsseler Impulse für Corporate Governance und Gesellschaftsrecht, BB 2003, 213–217.

Wighardt, Nils Christian/*Berger*, Andreas: Angemessenheit von Vorstandsvergütungen und Beschränkung der steuerlichen Absetzbarkeit, NZG 2017, 1370–1373.

Wilsing, Hans-Ulrich/*Linden*, Klaus von der: Vorstandsvergütung und ihre Transparenz – Gedanken zur Kodexnovelle 2013, DStR 2013, 1291–1295.

Wilsing, Hans-Ulrich/*Linden*, Klaus von der: Compliance-Management, Investorengespräche, Unabhängigkeit und ein moralischer Imperativ – Gedanken zur Kodexnovelle 2017, DStR 2017, 1046–1050.

Winnen, Armin: Die Innenhaftung des Vorstandes nach dem UMAG, Baden-Baden 2009 (zugl. Diss. Köln 2008).

Winter, Jaap: Corporate Governance Going Astray, in: Grundmann, Stefan/Haar, Brigitte/Merkt, Hanno u.a. (Hrsg.), Festschrift für Klaus J. Hopt zum 70. Geburtstag am 24. August 2010, Band I, Berlin/New York 2010, S. 1521–1535.

Winter, Stefan: Prinzipien der Gestaltung von Managementanreizsystemen, Wiesbaden 1996 (zugl Diss. Berlin 1996).

Wolf, Martin: Die neuen Vorschriften zur Vergütung sind überzogen und unausgereift, VW 2010, 587–588.

Wolff, Birgitta/*Homann*, Karl: Managerbezüge – Eine wirtschaftsethische Perspektive, ZGR 2010, 959–979.

Zetzsche, Dirk: Langfristigkeit im Aktienrecht? – Der Vorschlag der Europäischen Kommission zur Reform der Aktionärsrechterichtlinie, NZG 2014, 1121–1131.

Zieglmeier, Christian: Die Systematik der Haftung von Aufsichtsratsmitgliedern gegenüber der Gesellschaft, ZGR 2007, 144–166.

Zöllner, Wolfgang: Unternehmensinnenrecht: Gibt es das?, AG 2003, 2–12.